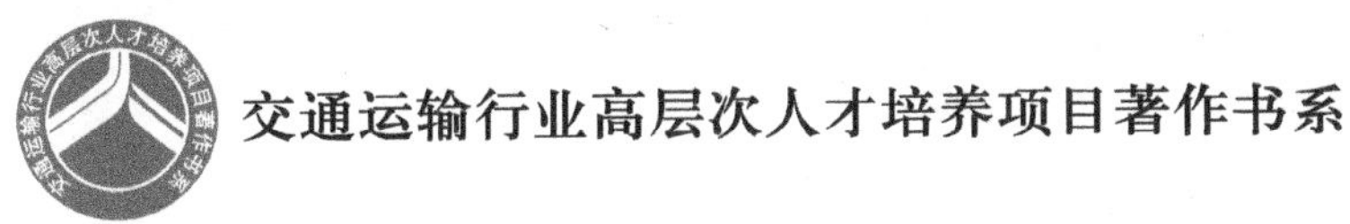

汪宏宇　傅毅明　等　编著

中国交通一卡通

发展与实践

The Industrial Development and Practice of China T-Union Card

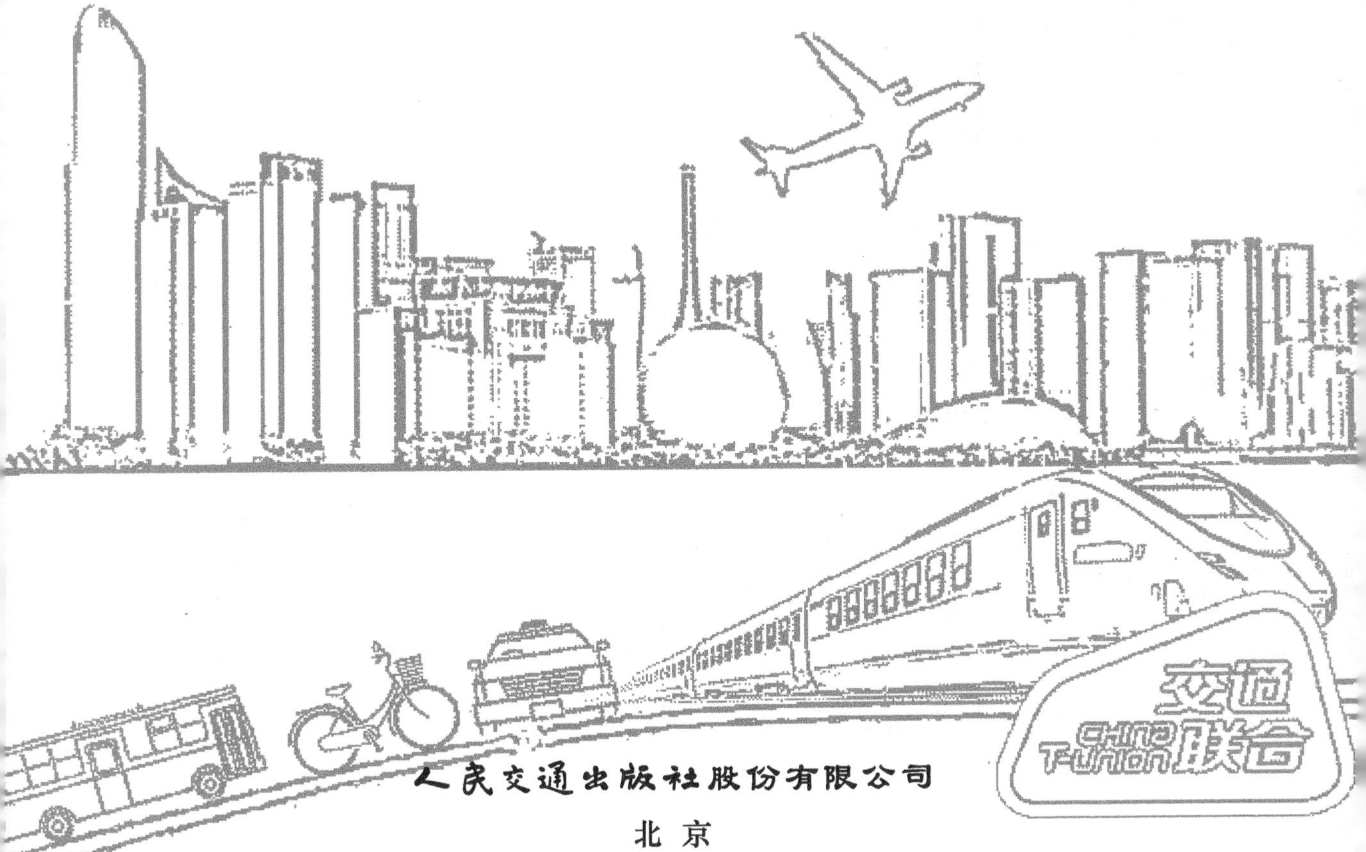

人民交通出版社股份有限公司

北　京

内　容　提　要

本书依托公共交通支付迭代发展的历史背景，探究了交通一卡通的产业生态，描述了中国交通一卡通互联互通取得的成效，重点分析了交通一卡通发展的中国模式。此外，还对交通一卡通的政策法规、标准规范、技术应用、交通一卡通数据的治理和赋能等进行了详尽介绍。

本书可供交通一卡通管理人员和从业人员使用，也可供广大交通一卡通用户阅读参考。

图书在版编目(CIP)数据

中国交通一卡通发展与实践 / 汪宏宇等编著. — 北京：人民交通出版社股份有限公司，2020.6

ISBN 978-7-114-16335-7

Ⅰ. ①中…　Ⅱ. ①汪…　Ⅲ. ①城市交通—公共交通系统—IC 卡—概况—中国　Ⅳ. ①F572

中国版本图书馆 CIP 数据核字(2020)第 023534 号

交通运输行业高层次人才培养项目著作书系

Zhongguo Jiaotong Yikatong Fazhan yu Shijian

书　　名：**中国交通一卡通发展与实践**

著 作 者：汪宏宇　傅毅明　等

责任编辑：潘艳霞

责任校对：孙国靖　扈　婕

责任印制：张　凯

出版发行：人民交通出版社股份有限公司

地　　址：(100011)北京市朝阳区安定门外外馆斜街 3 号

网　　址：http://www.ccpcl.com.cn

销售电话：(010)59757973

总 经 销：人民交通出版社股份有限公司发行部

经　　销：各地新华书店

印　　刷：北京虎彩文化传播有限公司

开　　本：787 × 1092　1/16

印　　张：10.75

字　　数：262 千

版　　次：2020 年 6 月　第 1 版

印　　次：2020 年 6 月　第 1 次印刷

书　　号：ISBN 978-7-114-16335-7

定　　价：80.00 元

本书编写组

主　　任：汪宏宇

副 主 任：傅毅明　张　翔　李　硕

编写人员：郎　莹　沈敬怡　李　琳　朱　莹
黎鹭丹　王一路　沈伟彬　李宏媛
李四洋　聂晓鹏　郄金辉　王轶坤
姜　丛　郑　烨　路　尧　李　琛
王　娟　王　鲸　黄恒昌　侯凤丽
谢　丹　唐　猛　王孝广　江思雨
王瀚璋　曹原源　靳　玉　高诗语
张静逸

专家顾问：李　铭　顾海兵　陈艳艳　赵　惟
肖震宇　张　弛　张毅松　陈志刚
裘国志　甄永峰　阚文华　高　强
姜世平　刁林山　张　纲　谢向宇

书系前言

Preface of Series

进入21世纪以来,党中央、国务院高度重视人才工作,提出人才资源是第一资源的战略思想,先后两次召开全国人才工作会议,围绕人才强国战略实施做出一系列重大决策部署。党的十八大着眼于全面建成小康社会的奋斗目标,提出要进一步深入实践人才强国战略,加快推动我国由人才大国迈向人才强国,将人才工作作为"全面提高党的建设科学化水平"八项任务之一。十八届三中全会强调指出,全面深化改革,需要有力的组织保证和人才支撑。要建立集聚人才体制机制,择天下英才而用之。这些都充分体现了党中央、国务院对人才工作的高度重视,为人才成长发展进一步营造出良好的政策和舆论环境,极大激发了人才干事创业的积极性。

国以才立,业以才兴。面对风云变幻的国际形势,综合国力竞争日趋激烈,我国在全面建成社会主义小康社会的历史进程中机遇和挑战并存,人才作为第一资源的特征和作用日益凸显。只有深入实施人才强国战略,确立国家人才竞争优势,充分发挥人才对国民经济和社会发展的重要支撑作用,才能在国际形势、国内条件深刻变化中赢得主动、赢得优势、赢得未来。

近年来,交通运输行业深入贯彻落实人才强交战略,围绕建设综合交通、智慧交通、绿色交通、平安交通的战略部署和中心任务,加大人才发展体制机制改革与政策创新力度,行业人才工作不断取得新进展,逐步形成了一支专业结构日趋合理、整体素质基本适应的人才队伍,为交通运输事业全面、协调、可持续发展提供了有力的人才保障与智力支持。

"交通青年科技英才"是交通运输行业优秀青年科技人才的代表群体,培养选拔"交通青年科技英才"是交通运输行业实施人才强交战略的"品牌工程"之一,1999年至今已培养选拔282人。他们活跃在科研、生产、教学一线,奋发有为、锐意进取,取得了突出业绩,创造了显著效益,形成了一系列较高水平的科研成果。为加大行业高层次人才培养力度,"十二五"期间,交通运输部设立人才培养专项经费,重点资助包含"交通青年科技英才"在内的高层次人才。

人民交通出版社以服务交通运输行业改革创新、促进交通科技成果推广应用、支持交通行业高端人才发展为目的，配合人才强交战略设立“交通运输行业高层次人才培养项目著作书系”（以下简称“著作书系”）。该书系面向包括“交通青年科技英才”在内的交通运输行业高层次人才，旨在为行业人才培养搭建一个学术交流、成果展示和技术积累的平台，是推动加强交通运输人才队伍建设的重要载体，在推动科技创新、技术交流、加强高层次人才培养力度等方面均将起到积极作用。凡在“交通青年科技英才培养项目”和“交通运输部新世纪十百千人才培养项目”申请中获得资助的出版项目，均可列入“著作书系”。对于虽然未列入培养项目，但同样能代表行业水平的著作，经申请、评审后，也可酌情纳入“著作书系”。

高层次人才是创新驱动的核心要素，创新驱动是推动科学发展的不懈动力。希望“著作书系”能够充分发挥服务行业、服务社会、服务国家的积极作用，助力科技创新步伐，促进行业高层次人才特别是中青年人才健康快速成长，为建设综合交通、智慧交通、绿色交通、平安交通做出不懈努力和突出贡献。

交通运输行业高层次人才培养项目
著作书系编审委员会
2014 年 3 月

作者简介

Author Introduction

汪宏宇，1973年生，北京理工大学信息与通信工程博士，现任中国交通通信信息中心所属北京中交金卡科技有限公司（全国交通一卡通数据交换中心）总经理，成绩优异的高级工程师，长期从事信息化规划、信息化系统设计、卫星导航、卫星通信等领域的技术研究和工程建设工作。先后荣获"第十一届北京技术市场金桥奖二等奖""2010信息北京十大应用成果奖""卫星导航定位科技进步奖一等奖""交通运输系统'两学一做'优秀党务工作者称号"。2015年起全面主持全国交通一卡通互联互通工作，被评为2015—2016年度交通运输青年科技英才（交人教发〔2017〕88号）。

先后参与国家北斗导航卫星系统一代、二代重大工程建设；参与原国防科工委北斗二代民用示范工程建设；负责上海世博会安保工作重点营运车辆动态信息公共交换平台建设；主持建设新疆公众交通卫星导航监控系统，组织网约车监管信息交换平台工程可行性研究等工作，是全国道路运政管理信息系统、全国重点营运车辆联网联控系统的主要设计者。

先后主持编制《道路运输管理工作规范》与《道路运输管理工作规范图集》行业管理规范。作为全国交通一卡通互联互通项目的总负责人，主持建设全国交通一卡通互联互通工程，先后主持制定交通一卡通互联互通行业系列标准，其中《交通一卡通移动支付技术规范　第1部分：总则》（JT/T 1059.1—2016）获2017年度"中国公路学会科学技术奖一等奖"并入选交通运输部科技成果推广项目。

前　言

Foreword

改革开放40年来，中国经济发展速度超乎人们想象，在很多领域实现了从零到一的突破式增长。交通领域的发展更是如此。2018年12月，交通运输部在例行新闻发布会正式宣布：我国高速铁路、高速公路以及港口万吨级泊位数量等均位居世界第一，机场数量和管道里程位居世界前列，"五纵五横"综合运输大通道基本贯通，中国路、中国桥、中国港、中国高铁成为亮丽的中国名片，现代综合交通运输体系初步形成。

"要想富，先修路"，这样的标语在我们国家曾经到处可见，也是中国人民的实践智慧。中国经济的卓越成就，很大一部分可归结为交通领域的成功发展。因此，透视中国交通领域何以发展，是解构中国经济奇迹的一个有效棱镜。交通是社会发展的重要推动力，它不仅包括交通基础设施的"硬实力"，更包括交通服务体系的"软实力"。作为普通人，我们对交通产业发展的直观感受，并不是来自于高速公路、大型桥梁、大型港口等的建设过程，而是我们对公共交通服务的体验过程。中国从"交通大国"向"交通强国"的转变，关键还在于打造更加优质的交通服务。

当前，中国正处于城镇化的发展阶段，数亿级人口将转移到城市居住，公共交通服务体验将成为居民融入城市生活的润滑剂，而公共交通支付是城市公共交通服务的重中之重。尽管单次消费金额小，但支付频次高，从而影响了公众对城市生活的满意度。

城市公共交通一卡通指单一的城市公交卡实现各种公共交通工具的统一支付。在经历人工售票、月票、投币付费等阶段之后，1999年前后，公交一卡通应运而生，各大城市纷纷成立交通一卡通运营公司，简称"通卡公司"，一卡通的出现解决了使用零钱乘车的不便，也让公共交通管理变得高效和规范。在过去的20年里，以通卡公司为产业核心的交通一卡通产业，在技术上实现了多次迭代升级，包括从接触性IC卡到非接触性IC卡，从M1卡到双界面CPU卡，从实体卡到虚拟卡；在服务模式上也在不断推陈出新，如从公交支付领域拓展到小额支付领域，从城市内部使用到全国互联互通使用等。从小到大、从弱到强，在中国仍为发展中国家且区域发展不平衡的背景下，交通一卡通产业的形成为我们提供了便捷、安全、廉价、平等的公共交通支付服务平台。

为什么中国能够实现这个巨大成就呢？首先，改革开放以来，中国城镇化事业的蓬勃发展催生了亿万城市居民日益增长的公共交通出行需求，而用户需求是交通一卡通产业发展的根本动力。其次，这项工程始终伴随着从“交通大国”到“交通强国”的国家战略推进。交通大国和交通强国要求有更加高效、便捷的支付服务来支撑，交通一卡通在国家战略的推动下不断迭代、不断发展。未来，这项成就极有可能跟随“一带一路”倡议走向国际，打破发达国家在公共交通支付领域的技术、产品和模式垄断。最后，这一巨大成就应该归结于党和政府全心全意为人民服务的宗旨，把交通一卡通产业始终当成服务民生的重要手段。“小卡片，大民生”，在公交服务之外，交通一卡通还承载了很多政府公益功能，如对老年人、学生等特殊人群的公交补贴，培养大众绿色出行的习惯，甚至通过分析交通一卡通大数据，优化城市交通规划路径和帮助出台相关政策等。

在中国进入新时代后，城市公共交通支付产业会有很多发展机遇，也面临诸多挑战。中国供给侧结构性改革、产业转型升级以及区域经济一体化等发展新形势，要求交通一卡通产业进一步互联互通，也带来了各地方产业格局的变动；以移动支付为代表的新兴支付技术的应用，促进交通一卡通技术模式的升级，也带来了支付安全等问题；以大数据为代表的赋能应用，扩展了交通一卡通的社会职能，也带来信息管理等问题。在此背景下，我们应该深刻总结中国交通一卡通的发展，探索中国交通一卡通的治理和大数据赋能应用，促进交通一卡通更好地为人民服务。

本书前四章梳理了公共交通支付经历过的几个时代的历史背景以及现阶段互联互通的推行路径，归纳产业构成和性质，总结产业的中国模式，旨在启发读者认识交通一卡通的意义和思考交通一卡通的未来发展；后四章从管理体系、技术体系、标准规范的角度进行专业解读，并从大数据的角度探析数据治理和赋能案例，旨在为同行提供决策、实践、管理和研究的参考。

作　者

2019 年 11 月

目　　录

Contents

上篇　发展与研究

下篇　应用与实践

上篇　发展与研究

第一章　城市公共交通支付的时代变迁

在中国，每天有将近2.5亿人次乘坐公交车，有超过6600万人次乘坐地铁。作为这个庞大出行人群中的一员，你是否了解，这些习以为常的上车下车、购票刷卡、充值消费的行为背后，隐藏着一个介于传统服务业与现代服务业之间的产业——公共交通支付产业。

中国的公共交通支付方式历经了纸质票、月票、投币、IC卡❶、移动支付等多个时代。作为城市公共交通服务体系的重要组成部分，公共交通支付虽小，但却关系到亿万人民群众的出行。曾经，这个产业有着比较固定的"游戏玩家"、服务模式和利益格局，但随着中国经济的发展、社会需求的变化、科技手段的创新，这个基于传统产业衍生出的支付领域也在经历着翻天覆地的变化。从人工售票到无人售票；从接触式IC卡到非接触式；从M1卡❷到CPU卡❸；从实体卡到二维码、NFC(近场通信)等移动支付技术；从本地支付到全国互联互通等。每一次技术和支付模式的迭代发展，都是不同历史时期社会发展和人民需求发展的产物。可以说，相对于中国各类支付应用领域，公共交通支付是与百姓日常生活关系最为密切的产业之一。

第一节　售票时代

一、人工售票时代

城市公共交通发展伊始，大多采取人工售票模式，即售票员向每一位上车乘客收取现金，同时撕下金额相等的小发票作为购票凭证，如图1-1所示。中国的城市公共交通最早可追溯到1899年，德国西门子公司向北京交付了中国第一辆有轨电车，运行于当时北京城外的马家堡和城内的哈德门之间。1906年，天津第一条有轨电车上路。两年后，英资兴办的上海有轨电车开通，从静安寺开往外滩，全程不过6公里。自此，公共交通逐渐成为城市居民出行的重要方式。除了上海、北京等一线城市，中国多数大中型城市的公共交通发展于新中国成立以后，即20世纪50年代。经过半个多世纪的发展，人工售票模式逐渐在20世纪90年代开始被其他模式所取代。因此，一般认为，我国城市公共交通支付的人工售票时代为20世纪50年代到90年代，时至今日，尽管人工售票仍然存在，但已经不是城市公共交通最主流的支付方式。

在人工售票时代早期，公交售票员是个令人向往的工作。改革开放以前，中国经济尚不发达，路上车也不多，私家车更是少见，公交车是人们出行的必要工具。每个公交站点都有成群结队的等候人群，车辆到站后人们蜂拥而上。虽然车厢内人挤人，但每个人的脸上都洋

❶ 集成电路卡。

❷ M1卡是指菲利浦下属公司恩智浦出品的芯片缩写，全称为NXP Mifare 1，系列属于非接触式IC卡。

❸ CPU卡也称智能卡，卡内的集成电路中带有微处理器CPU、存储单元以及芯片操作系统COS。装有COS的CPU卡相当于一台微型计算机，不仅具有数据存储功能，同时具有命令处理和数据安全保护等功能。

溢着挤上车的幸福笑容，大人抱着孩子，孩子满脸羡慕地盯着售票员手里的票夹子。在那个狭小的公交车厢里，售票员的地位是“神圣”的，永远不拥挤的专属座位、票夹子里五颜六色的票根、一张张票撕票时的仪式感。

20 世纪 90 年代初，城镇化快速发展，数以亿计的人开始涌入城市工作生活，市民的公共交通出行需求与日俱增，人工售票压力极大，也逐渐暴露出这种支付方式的缺陷。比如，乘客时常遇到忘记带零钱的尴尬，售票员找零、点票等交易过程变得异常耗时，同时售票员服务的语气和态度，也成为很多乘客投诉抱怨的原因。尤其是乘车高峰期，售票员应接不暇，难以避免乘客逃票、漏票、购短乘长等行为（图 1-2）。

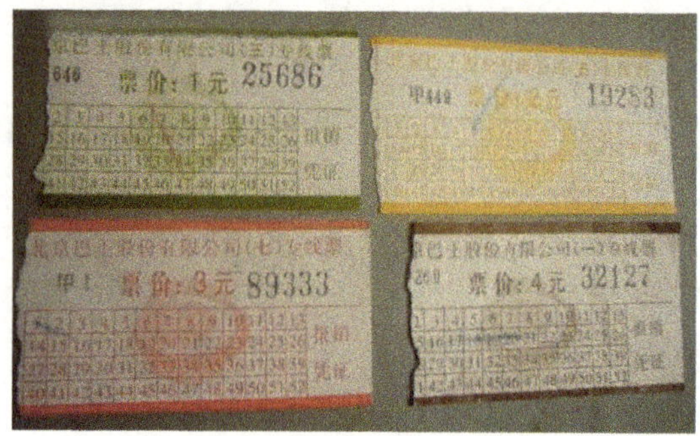

图 1-1　公共交通的纸质车票

图 1-2　售票员向乘客售票

目前，在一些欠发达地区和人口较少的城市，仍然存在人工售票模式。比如，一些中小型城市或县区的公交线路和农村班线，因为运营管理和技术方面的种种困难，仍在使用人工售票方式；个别城际公交线路里程复杂，需要人工售票以配合驾驶员实现对乘客支付的管控。而对于大部分大中型城市而言，人工售票给售票员带来了巨大的工作负担、给乘客带来了乘车支付的不便，给交通运输企业带来了高额的管理成本。随着时间的推移，人工售票逐渐成为历史。

二、月票时代

面对人工售票的各种弊端，公共交通运营企业很早就开始探索更加高效的支付手段作为补充。公交月票作为升级版的人工售票方式，在 20 世纪 40 ~ 50 年代开始陆续登上各个城市交通的历史舞台。随着城市轨道交通的建设，很多城市分别推出了公交月票和地铁月票。月票是乘客一次性交完一个月的乘车费用，根据各地规定在当月内可有限次或无限次地乘坐指定的公共交通设施。乘客在乘车时，向售票员出示月票，售票员检查月票无误后允许乘客乘车。如果该月票是限次的，售票员还需在月票上打孔作为记号（图 1-3）。如果是无限次的硬卡月票，则持卡人出示月票即可乘坐，这也是月票的主流模式。图 1-4 是 1991 年上海市公共交通无限次硬卡月票。

上海在 1908 年发行了公共交通月票，当时英商电车公司在《字林西报》上刊登了发售月票的广告，每张成人月票售价 8 元，相当于当时 156 市斤大米的价格，而且售票对象只限于外国人。一直到 1909 年 7 月，华人才能购买月票，每张价格为 5 银圆。根据《北京志·公共交通志》记载，民国十四年（1925 年）4 月 1 日，当时的北平电车股份有限公司首次发行了通月票和通季票，那个时候的公交月票只有达官贵人才用得起。根据广州公共汽车发展史记载，在民国二十六年（1937 年）3 月，广州市公共交通开始使用月票，但当时因管理问题和时局紧张，月票使用不到一年便夭折。

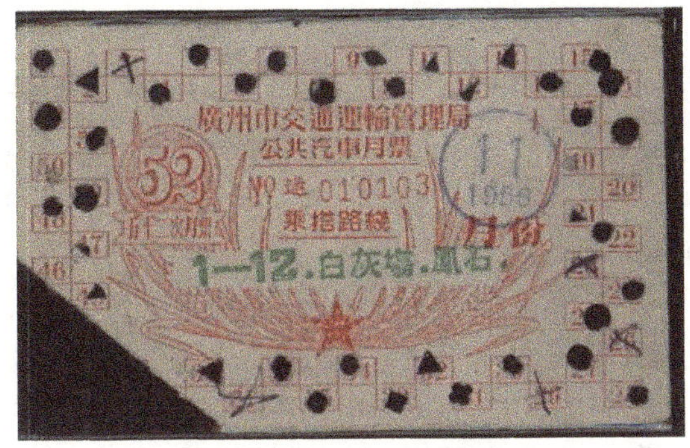

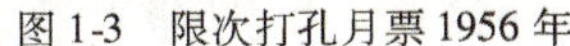
图 1-3　限次打孔月票 1956 年

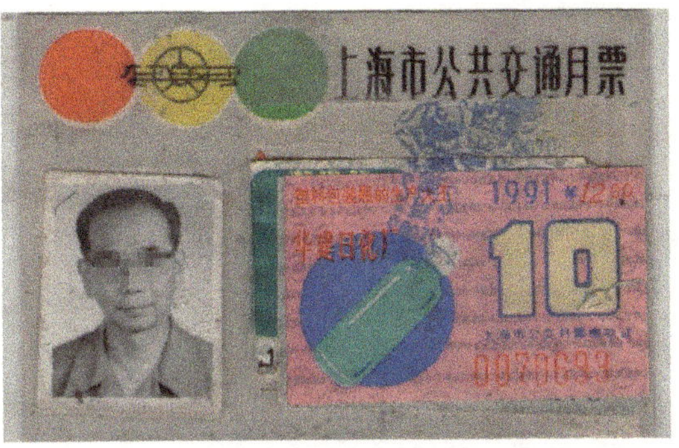

图 1-4　无限次硬卡月票

一直以来，政府补贴是月票运行的重要方式。政府针对不同人群发行不同月票，如职工月票、学生月票、老年人月票，并按照当地规定给予不同优惠。图 1-5 所示为 1987 年北京普通职工月票。北京的学生月票发行于 1946 年，当时每天上下学可以用 4 次，价格为中学生 2 元 7 角、小学生 1 元 2 角。2005 年 5 月，学生纸质月票改为一卡通 IC 卡式月票，从原先的不限次数改为限制刷卡 140 次，如图 1-6 所示。

图 1-5　北京职工月票

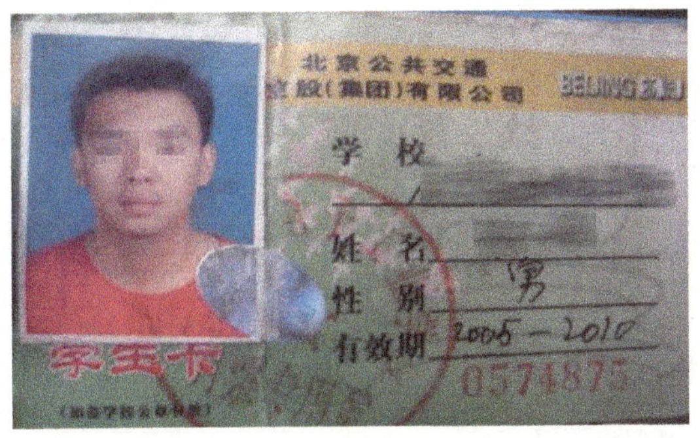

图 1-6　北京学生月票

月票的出现，的确减轻了乘客需要自备零钞的不便性，也减轻了售票员收款找零的负担。但是，大部分月票都是一张纸质卡片，加盖运输企业公章，非常易于仿制，冒用他人月票，成年人冒用学生票、儿童票等行为屡禁不止，造成企业利益严重受损。为此，运输企业不得不每隔一段时间就重新发行新月票。另一方面，月票制度的改革可能与票价过低和政府补贴不足有关。随着公共交通走上市场化轨道，政府财政补贴逐渐下调，多年来实行的月票制度产生的收益，无法弥补高昂的运营成本，经济效益随之衰减。

为解决月票带来的亏损问题，很多公交公司试图改革。上海公交在 1995 年亏损达到 8 亿元，为此上海实施了以体制、机制、票制的“三制”改革，正式取消了月票。广州市在 2004 年也退出了月票时代。北京是最后一个取消月票的城市，直到 2007 年 1 月 1 日才取消了公交成人月票卡、学生月票卡和公交地铁联合月票卡，公交月票正式退出历史舞台。

三、无人售票时代

无人售票也是售票的一种方式，是指乘客上车后自行支付费用，因而无须售票员的介入，由乘客自备零钱，通常是 1 元硬币或纸币，按照公交公司事先设定的统一票价，向投币箱中放入现金。车上同时自动播放语音提示，如“本车为无人售票车，请前门投币上车，不设找零，后门下车”。

无人售票的方式对于乘客来说，由于乘车前需自备零钞，十分不便。比如说，3 元的票价，若乘客身上没有 3 张 1 元，要么无法乘车，要么需要投一张 5 元。有些乘客因为不满意这种制度，和驾驶员或乘务员发生冲突，容易在上车处造成拥堵，影响其他乘客乘车。如图 1-7 所示，媒体对公交车“多给钱不找”提出质疑。

对公交公司而言，取消售票员可以降低人员成本，监督乘客投币行为改由驾驶员兼任，但驾驶员对乘客的监督效果十分有限，在驾驶室内很难看清乘客是否全部投币，尤其是在高峰期逃票、不足额投币、投假币等现象十分常见。如图 1-8 所示，2001 年 4 月 20 日《北京日报》中《无人售票公交车遭遇假币困扰》一文曾报道：“为了使这些‘币’能够瞒天过海，逃票者投‘币’时可谓煞费苦心。他们有的是把一张钱撕成两瓣儿使，这次投一半，下次投另一半，投的时候把钱卷起来；有的是把钱折成一个三角形，外面一张五角的，里头包的或是几个一分硬币，或是一块水果糖，有时甚至是一张糖纸。也有人晚间乘车时投假币，甚至把银行收银员练习点钞的练功券投进去糊弄人。”

『多给钱不找』质疑

经济琐谈

图 1-7　1996 年 7 月 24 日《北京日报》

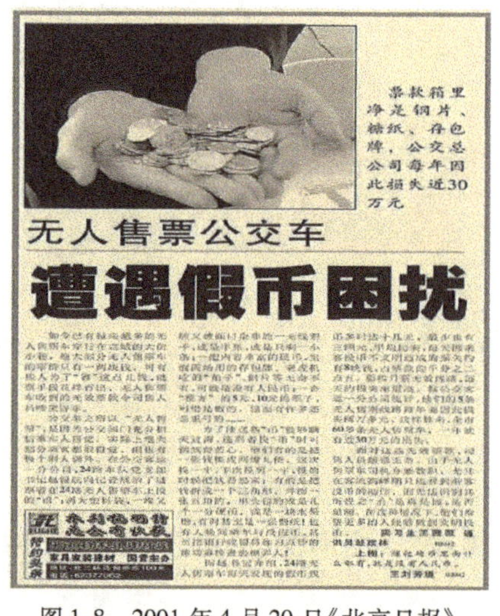

票款箱里净是钢片、糖纸、存包牌，公交总公司每年因此损失近30万元

无人售票公交车

遭遇假币困扰

图 1-8　2001 年 4 月 20 日《北京日报》

随着乘客的增加，票款数额的增大，投币所带来的现金管理问题给运输企业带来巨大压力。我们来看一个普通城市的公交公司在无人售票时代下的真实案例。2015 年，宜春市公共交通公司拥有 31 条公交线路，营运公交车 332 辆左右，每天票款收入约 9 万元，双休日更是达到了 10 多万元，收到的大部分都是一元的纸币或硬币，纸币会被折成筒状、条状、团成一团……各种样式，点钞员需要将纸币一张张展开进行清点。而硬币的处理不仅要求点钞员手快，而且还要眼尖，因为在这些硬币中往往夹杂着假币和游戏币。假硬币、残缺纸币的问题，使得宜春市公交公司每年遭受的损失大约有 4 万元。点钞员每天上午 7:30 至 12:30 上班，票款必须全部点完。点钞完毕后，票款还要被送到复核组验钞、复核，只有复核确定没有问题，才能存储或兑换。

而地铁公司也存在同样的运营问题。地铁是购票进站，但由于客流量巨大，人工购票远不能满足需求，因此每个站点都会设置许多的自动购票机，这些自动购票机需要接受纸币或硬币，吐出车票后找零。以深圳地铁为例，2015 年全市地铁网线所有站点售卖单程票所需的零钱大约为 1400 万元，按照每枚一元硬币约重 6.3 克计算，保守估计，每年深圳地铁所有站点所需硬币约重 88 吨。深圳地铁一、二期车站自动售票机主要采用现金购票找零的模式，只接收 5 元、10 元纸币，并采用硬币找零，因此车站对零钞及硬币的需求量巨大，银行硬币供应量很难满足需求，搞得银行和地铁公司都苦不堪言。同时给地铁运营公司造成巨大的经营成本，投入大量人力物力资源对现金、硬币等每日清点核对，以及单程票的回收、搬运、清洗、更换等工作。

无人售票看似比人工售票更加先进，但是依然没有解决售票时代下，公共交通支付效率低、成本高、乘客体验差等根本性问题。

四、售票时代产业概况

售票时代包括人工售票、月票和无人售票三个阶段，在此期间，公交公司并没有从根本上解决公共交通支付带来的诸多问题。其根本原因在于，公共交通支付业务并没有形成一个独立的产业，而是由运输企业自行承担，整个售票时代的特点主要体现在以下三个方面。

第一，售票时代的公交公司基于交通结算目的催生了两种职业——公交车售票员和收数银员，这增加了人员成本。这两类员工的工作流程可以归纳为：售票员根据乘客的特征（是否具备享受公交车优惠资格）和乘车区间向乘客收取乘车费用；收数银员对当日汇总的钱币进行清点，并将清点完毕的钱款存在银行指定账户。在部分情况下，售票员同时也担任收数银员的工作。公共交通支付业务中的售票、检票和结算等日常票务工作，已成为运营企业一项烦琐、庞杂的任务，无法适应城市公共交通信息化发展的要求。

第二，除了月票，人工售票和无人售票都面临货币清点业务的困难。尤其在大中型城市，公交公司每天都会收到几十万元的零钞，需要有十几个人专门负责清点，如图 1-9 所示。清点之后，公交公司还需要派人到银行排队，将零钞存到银行。而银行也很不情愿费时费力地办理公交公司巨额零钞存储业务，导致很多公交公司的大量零钞躺在库房，无法兑现。这给公交公司造成了很大的资金流动成本和管理成本。

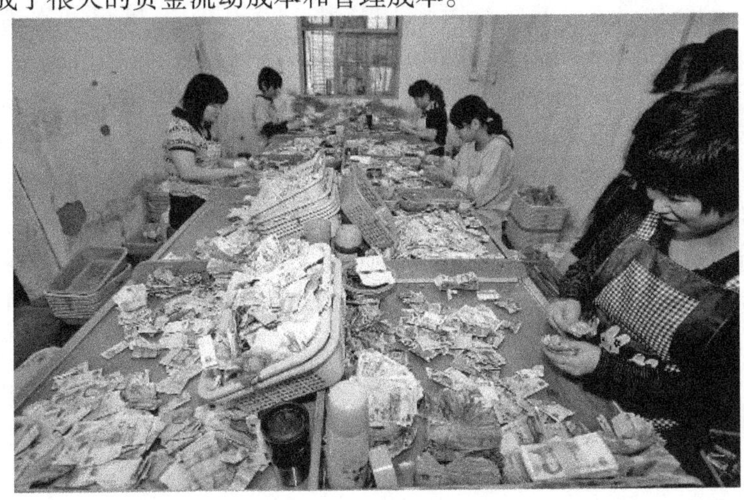

图 1-9　公交公司员工清点零钞

第三，售票时代的公交公司，还需要制定结算标准，包括基本的结算标准、特定人群优惠标准、区间收费标准以及其他标准，比如，在个别城市，夏季（空调车）和冬季有着不同的消费标准。这些标准的制定需要根据所在城市的具体规定和自身运营状况来定，成为一个重要的决策难题。

以上公共交通支付问题使得公交公司面临巨大的成本压力和运营压力。为此，公交公司积极采用新的支付技术，拥抱新的支付模式，试图摆脱支付问题带来的各种弊端，努力剥离支付业务对城市客运服务带来的拖累。在此背景下，芯片技术的引进和发展，使得中国快速走进了交通 IC 卡时代。

第二节 IC 卡 时 代

1993 年 6 月，国务院启动了“金卡工程”，即以发展电子货币为目的、以电子货币应用为重点的各类卡基应用系统工程。金卡工程以 IC 卡为载体。IC 卡是将一个微电子芯片嵌入符合 ISO 7816 标准的卡基中，做成卡片形式。按照 IC 卡与读写器之间的通信方式，需要将卡插入读卡器的称为接触式 IC 卡，只需要贴近而非插入的称为非接触式 IC 卡，同时具备接触式与非接触式通信接口的称为双界面卡。金卡工程一开始以发展金融 IC 卡为主，后来逐步在其他领域展开应用，尤其是在城市公共交通领域的应用取得了长足发展。

从出行服务角度看，在城市公共交通领域，公众通过使用交通 IC 卡，把碎片化的按次消费、零钱交易，转化成以 50 元、100 元为基础单位的整钱充值交易、化零为整消费。这对于公交、地铁等运输企业而言，极大地减轻了复杂的零钱处理工作量，使运输企业服务人员从繁杂的现金处理工作中脱身出来，将更多精力投入到运输服务中；而对乘客而言，在交易更加安全的前提下，一次充值即可实现多次使用，用低频次的充值交易，替代了高频次的现金交易，更加提升了公众公共出行的便捷性。

从技术层面来看，交通 IC 卡以计算机及各种电子收费终端取代售验票机制，以局域网和互联网作为信息传输的手段，通过集中发卡和密钥消费管理，实现了计费、收费、结算、统计、预测、决策、分析等业务。

一、接触式交通 IC 卡时代

交通 IC 卡在公共交通领域的应用始于 1994 年。当年 9 月，杭州市公共交通总公司在珠海亿达科技电子工业有限公司的支持下，成功开发了国内第一张接触式交通 IC 卡——金通月卡（图 1-10），并于次年 2 月 1 日起在公交 16 路上试用。同年 12 月，广州市第一公共汽车公司与邮电部广州通信设备厂共同开发的接触式交通 IC 卡于 12 月 26 日首发，并开始在公交 13 路试运行。在此之后，陆续有更多城市开始推行交通 IC 卡。例如，1995 年 7 月 14 日，上海强生出租汽车公司发行了国内第一张出租汽车乘车卡，于 12 月 25 日发行了交通 IC 卡。1995 年 8 月，珠海公共汽车上实现了接触式 IC 卡自动收费系统，成为全国第一个全面推行接触式交通 IC 卡的城市。之后国内其他城市也相继发行了接触式交通 IC 卡，如湖北武汉市和十堰市、辽宁大连市、山东青岛市等。

在交通 IC 卡推行的第一阶段，技术上主要以接触式 IC 卡为主。接触式交通 IC 卡不易被盗刷，但也存在很多使用问题。比如，由于接触式公交 IC 卡在刷卡时须将卡片插入读写器，读写完毕后，卡片自动弹出或人为抽出，导致刷卡速度较慢、执行效率不高；接触式 IC 卡的触点暴露在外，容易被污染，来自触点的静电可能破坏数据；卡上触点与读写设备频繁的机械接触会造成两者的磨损，常常形成接触不良等。

二、非接触式交通 IC 卡时代

随着非接触式 IC 卡读写技术的日益成熟，交通 IC 卡逐渐向非接触式智能卡升级。非接触式 IC 卡，又称射频卡，主要用于公交、电信、银行等领域，成功地解决了卡中无电源和免接触的难题，是电子器件领域的一大突破。该类卡与读卡设备无电路接触，而是通过无线技术进行读写，适用于使用频繁、信息量相对较少、可靠性要求较高的场合。非接触式 IC 卡在公共交通领域的广泛应用，推动了交通 IC 卡进入第二阶段（图 1-11）。

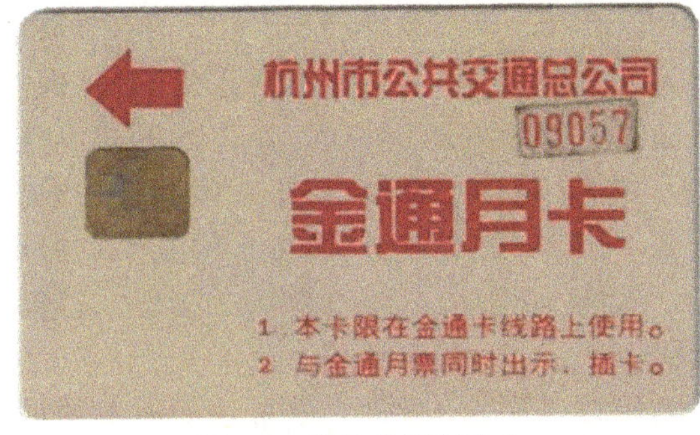

图 1-10　接触式交通 IC 卡

图 1-11　非接触式交通 IC 卡

1996 年 8 月，南京公交公司与农业银行联合发行了一种“万民卡”联名卡，它是一张信用卡大小的塑料卡，在上面镶嵌着一个像纽扣电池一般的芯片，该卡片称为 TM 卡，属于美国 DALLAS 公司的专利产品。乘客只要把 TM 卡带金属的表面在车载读卡器的接触头上轻轻一碰，短短 0.2 秒的时间验卡付费手续就完成了。1996 年 11 月，深圳公交集团成功地在全市所有无人售票公交车上推行非接触式 IC 卡储值票系统，使深圳公交集团成为全国首家大面积推行非接触式 IC 卡的公交企业。随后，贵阳公交集团于 1997 年 12 月 1 日在贵阳市区全部公交线路上推广使用 TM 卡电子收费系统。

TM 卡作为非接触式 IC 卡的过渡产品，很快被 M1 卡所取代。M1 卡采用菲利浦下属子公司恩智浦出品的 NXP Mifare1 系列芯片，成本较低，技术应用难度小，在早期被广泛应用于交通 IC 卡。但是多年来，各地频发 M1 卡密码被破解、盗刷、修改卡内余额等事件，威胁群众的财产安全，损害运输企业的利益。一个黑客破解软件，一台充值器，一台笔记本电脑，外加五分钟的操作，原本余额只剩几角钱的交通 IC 卡被篡改成数百元，并且能正常使用，这类案件在济南、北京、西安等各大城市均被曝出。

为解决资金安全问题，交通 IC 卡逐渐向 CPU 卡过渡。CPU 卡拥有自己的操作系统 COS，是真正意义上的智能卡，其安全性更强，操作更为灵活，并适用当前的存储要求。如表 1-1 所示，CPU 卡在存储空间、密钥控制、加密认证算法、交易流程、访问权限等层面，与 M1 卡相比有了很大提升。

CPU 卡和 M1 卡的对比　　表 1-1

对比项目	CPU 卡	M1 卡
存储空间	是 M1 卡的多倍	1 千～4 千字节
密钥控制	16 字节密钥，能实现分级分区多级密钥控制	6 字节密钥，各扇区单独加密

续上表

对比项目	CPU 卡	M1 卡
加密认证算法	采取通用公开软件或硬件加速算法，可定制，达到标准	不公开逻辑算法，但已被破解
交易流程	具备金融标准规范，也可由用户灵活设计，内置防拔流程	需自定义防拔流程
访问权限	对不同文件类型有灵活设计认证方式	仅支持只读、只写、读写、加、减操作

注：根据国内智能卡厂商建和诚达提供的资料整理。

2001 年 7 月，大连发行了国内第一张双界面 CPU 卡——“明珠卡”，此后，全国多个城市开始逐渐采用 CPU 卡替代 M1 卡。那时候，大部分城市交通 IC 卡使用的是进口芯片，成本比 M1 卡更高，尽管 CPU 卡解决了安全隐患，但很多城市因为成本原因，推广速度并不快。2006 年，按照国家关于加强安全管理的明确要求，我国开始推进研发自主知识产权的 CPU 卡芯片、可操作系统、储备 CPU 卡的技术。2013 年，交通 IC 卡进一步加大了 CPU 卡的应用推广升级及系统改造速度，并在 2018 年全面停止对 M1 卡的技术支持及维护工作。目前，M1 卡已经基本退出中国公共交通支付的历史舞台。

交通 IC 卡时代极大地提升了乘客的公共交通出行效率，并培育了乘客持卡消费习惯。这一方式下，乘客与运输企业的互动包括开卡、卡充值、卡退换服务等。其中，乘客进行开卡和卡退换服务的次数很少，开卡渠道大多在公交站、地铁站，有些城市也会利用便利店、小超市、街边书报亭等地方开展服务。乘客在购买新卡时需要缴纳押金或卡成本费用，一般为 10～30 元。当卡出现问题不能使用时，可以到服务网点人工办理卡退换，押金也可退还。此外，充值也是交通 IC 卡的主要服务项目之一，大部分持卡人习惯小额充值，每次 50 元、100 元，最多 200 元，因此地铁站的充值窗口经常排着长队。

图 1-12　交通卡自助充值机

随着发卡量的增加，充值业务的压力也越来越大，运输企业的交通 IC 卡服务网点无法满足用户的需求，很多开通地铁的城市开始采用自助充值设备辅助开展充值服务。自助充值机开通了购买当日票的功能，早期的机器只支持现金充值，如图 1-12 所示，机器一般能够识别 5 元、10 元、20 元、50 元、100 元的纸质钞票。根据起点和终点确定收费金额，用户插入钞票后自动弹出当日单程公交卡片，并进行自动找零。

三、IC 卡时代产业概况

交通 IC 卡时代的到来，催生了产业新机构的诞生。在 IC 卡初期，同一城市内各类运输企业会分别发行 IC 卡，公交、地铁间的换乘需要不同卡片，甚至不同公交公司间也需要使用多张卡片进行换乘，群众出行十分不便。因此，使用一张交通 IC 卡能通行全城是百姓最直接的诉求，也是城市交通运输管理者需要优先引导运营机构实现的服务项目。由于卡片覆盖了城市内部包括公交、地铁、出租等多种公共交通方式，实现了一张卡通用支付的功能，交通 IC 卡有了新的名字——交通一卡通。

公共交通支付属于民生领域较为重要的预付卡之一。在现金时代，乘客买票乘车，在得到服务后向运输公司付钱，这种一对一价值交换行为一般不需要中介支付行业。无现金支付时代使得人们的这种简单直接的付款过程变得复杂，因此需要引入中介服务机构，这类机构被称为"通卡公司"。通卡公司一般由城市人民政府牵头，协调当地多类运输企业共同组建，统一发行交通一卡通，并提供城市公共交通支付服务。

通卡公司可以简单地归类为由政府统一指导的公益服务类企业。本质上，通卡公司开展的是支付服务转接业务，即乘客一方乘车，不是将车费直接交给公交公司这一方，而是通过充值，将钱打入了通卡公司，通卡公司收到钱后，根据乘客在不同公共交通出行方式的消费情况，将钱再相应地转到交通运输企业。

通卡公司的出现，标志着城市公共交通支付业务逐渐完善成为一个完整的产业。该产业的组成单元承担了一定社会经济功能的生产，具有相当规模和社会影响力，主要体现在满足规模性、功能性、职业性，并围绕产业形成了相关产业链。

首先，交通一卡通使用规模不断扩大。据不完全统计，截至 2017 年 8 月，全国交通卡累计发行量达 8.5 亿张，覆盖 8 亿以上人口，使用范围覆盖了多种公共交通方式。[1] 公交车是交通一卡通的主要消费领域，覆盖程度 99% 以上，刷卡消费额度占总消费比例较高。地铁为第二大刷卡消费领域，覆盖率为 50% ~80%，根据地区不同，有所差异。同时，还在其他地方特色的交通方式上提供支付服务，如出租汽车、公共自行车、轮渡等。目前，全国多数城市依托公共交通系统建立了交通一卡通应用服务，覆盖全国所有的直辖市、90% 以上省会城市及大部分地级市。其中，约有 40% 是由传统运输企业发卡，其余企业为独立于传统运输企业、新成立的企业等。根据专业机构预测，随着产业日趋成熟，未来每年公共交通支付服务规模将以 15% 的速度增长，未来规模将可达千亿元，蕴含着巨大的市场发展空间和应用场景。

其次，随着我国交通运输事业蓬勃发展，传统公共交通运输产业已处于成熟状态，但是其提供的支付服务，包括人工售票、月票乃至自动投币等无人售票方式，一直无法满足人们便捷出行的基本要求。而通卡公司受公交、地铁等运输企业委托，开展当地发卡工作，并为运输企业提供票卡结算服务，为公众提供卡发行、退换等服务。这些提供运营服务的公司，主要承担了城市公共交通运输业的支付服务，并且在公众中具有相当的认知度，在今后的一段时期，仍将呈现出不断发展壮大的势头。

再次，交通一卡通产业集聚了一批优秀的专业从业人员。这些从业人员中，很大一部分来自传统运输企业，他们具有丰富的公共交通运输服务专业知识，懂得如何运用新的理念和方式，解决传统的公共交通运输服务的难题。这些人中很多人都成为产业第一代的领军人物。另外一批是最早看到产业巨大潜质的人，他们大多为相关支付产业转行而来。除此之外，还包括很大一批技术、管理、服务等实操人员等。随着产业在发展、技术在变革，产业内的从业人员也在不断学习新的技术、新的理念，旨在为产业注入新的活力。

最后，交通一卡通产业衍生出众多交通一卡通相关产品，形成了围绕通卡公司的关联产业链，并延伸至芯片设计、制造模块封装、终端生产等基础产业环节和技术研发环节。在产

---

[1] 本书全国统计数据均不含港澳台。

业链上下游的企业中，包括交通一卡通芯片厂商、系统集成商等，也包括车载机具终端、地铁闸机终端等厂商。这些企业依附于交通一卡通产业，时刻紧跟国家政策、公众需求的变化，拓展新的业务市场。

第三节　移动支付时代

随着“无现金社会”进程的加速，加之手机等智能终端渗透率的进一步提升，以及互联网企业巨额资源的持续投入进行市场培育和用户习惯的培养，中国的移动支付市场规模呈现爆发式的增长，从2011年的700多亿元增长至2016年的35万亿元，而且预计到2019年底，中国的移动支付市场规模将达到104万亿元，7年时间增长接近1400倍，增长速度可以用奇迹来形容。

在移动支付大环境的驱使下，手机制造商、电信运营商、IC卡制造商等陆续启动了基于全终端手机、SWP-SIM卡、蓝牙异形卡等多类型支付介质的生产，将移动支付虚拟化广泛应用于金融产业、电信产业、交通一卡通产业等，实现了公众便捷且多样化的支付方式。

一、移动支付在公共交通的应用

2014年前后，大量互联网企业瞄准公共交通支付频次高、用户黏性强、用户数据海量的这些特点，进入公共交通领域，大力发展线上购票、扫码支付、NFC支付等业务（图1-13）。与此同时，由于消费习惯的培养，公众对于交通出行新支付方式的接受程度越来越高。因此，传统通卡公司也逐步尝试从交通IC卡向手机App（应用程序）和二维码的形态转型，建立了线上服务平台，发行新形式的交通一卡通。

图1-13　二维码扫码支付

最先进入公共交通领域的移动支付技术为NFC支付技术，其最早于2003年由菲利普半导体和索尼公司联合开发，兼容ISO 14443非接触式卡协议的无线通信技术，最终被国际化标准组织列为国际标准。NFC支付技术是一种短距离的高频无线通信技术，电子设备之间可以进行非接触式点对点数据传输（十厘米以内），具备非接触性和近场支付两个特点，由可信服务管理平台、产业应用系统、业务受理环境、用户终端四部分组成。它有主要三种操作模式：一是NFC配卡，点对点，即两个设备之间相互通信；二是NFC读卡器，进行卡片信息读取，如给交通一卡通进行充值；三是NFC虚拟卡模拟，如将手机加载交通一卡通，实现手机刷卡乘车等。

为了能够做到安全支付，NFC技术所有涉及敏感数据、加密运算等业务均需要单独安全芯片处理。因此需要一个安全单元（Secure Element，SE）。SE能够提供对敏感信息的安全存储（如交通一卡通应用），并为交易信息提供一个安全的执行环境。NFC芯片将从外部读写器接收到的指令，通过SE操作交通一卡通应用，SE进行处理后，再通过NFC控制器实现与外部读写器间的指令交互，从而让整个操作变得非常安全。说通俗点儿，它实际上就是把交通一卡通加载到手机的内置NFC芯片或SIM卡（用户识别卡），形成一张“虚拟卡”，然后把手机当成交通一卡通来用，支持包括空中开卡、圈存等线上服务。

相比于二维码支付技术，NFC 支付技术支持双向通信，最终解密后的数据存储在手机加密芯片 SE 中，安全系数更高。NFC 支付技术属于近场支付，支持脱机支付，也不用唤醒手机打开 App，直接在终端前轻轻一挥即可，效率更高(图 1-14、图 1-15)。相较于二维码，NFC 支付可以说是抢占先机，早在 2006 年，诺基亚就推出过第一台 NFC 手机，但是，它似乎一直是“老牛拉车——进展缓慢”。这么多年，一直被称为“沉睡的巨人”，最重要的一个原因就是交互。因为仅有 NFC 设备还不足以满足上述功能，还需要有受理终端设备，两者之间通过硬件标准和通信协议才能进行交互识别。也就是说，当一个城市想要满足多类人群的 NFC 交通一卡通刷卡应用时，需要与多种手机品牌的多类手机型号进行适配，运营机构花费时间和资金成本过高。在这种情况下，介于手机制造商、电信运营商、可穿戴设备制造商与通卡公司之间的第三方服务商出现了，通过建立一套共享服务平台，统一进行技术对接，通卡公司和各类服务商仅需通过一次改造，即可实现在多类运营商、多品牌型号间的 NFC 虚拟卡应用，降低合作成本。

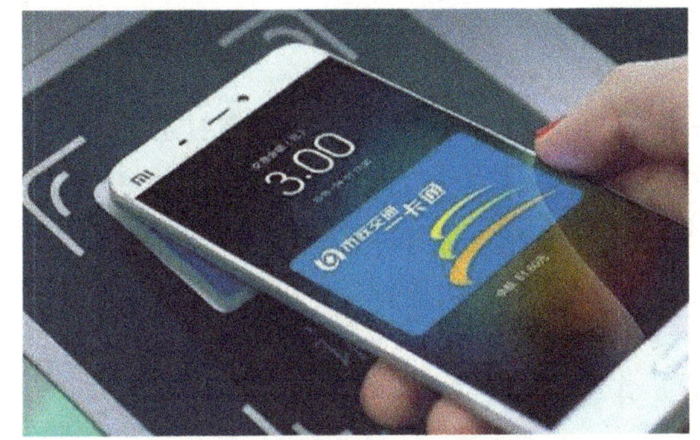

图 1-14　手机 NFC 公共交通支付

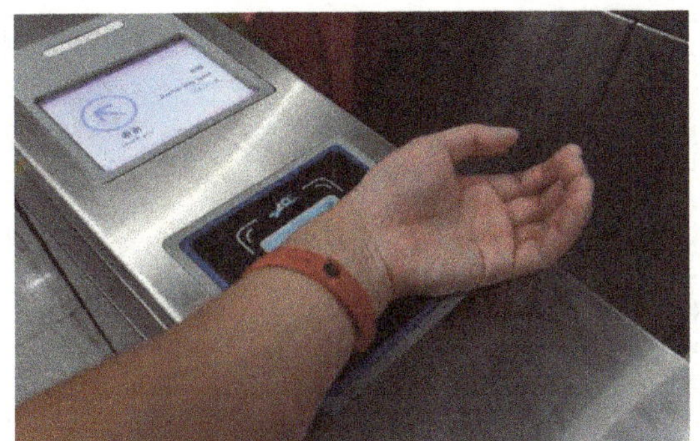

图 1-15　穿戴手环 NFC 版

案例 1-1:“交通联合”服务平台利用 NFC 技术在公共交通领域的探索和拓展

“交通联合”平台作为共享服务平台，最早在 2015 年探索 NFC 技术在交通一卡通领域的应用，当时具备 NFC 功能的手机总量才有千万级，数量太少；由于互联互通还没有推广，移动支付标准也没有统一，用手机模拟公交卡功能的技术接入重复性很高，开发成本巨大；需要进行线下圈存；当时的手机性能不高，反应时间超出人们出行使用的接受范围。2016 年，交通运输部发布了《交通一卡通移动支付技术标准》(JT/T 1059—2016)，为“交通联合”服务平台利用 NFC 技术在公共交通领域的探索和拓展提供了良好的环境，目前已与华为手机、中国移动等支付设备制造商开展合作，并在天津、兰州开展了 NFC 手机实体卡异地充值服务试点，在河北邯郸、山东临沂等地开展了虚拟卡空中开卡、圈存应用。为保证应用的普适性，下一步“交通联合”服务平台将进一步加大工作力度，加快与其他主流手机制造商、电信运营商、可穿戴设备制造商合作速度，丰富公共出行支付方式。

2016年，二维码支付在公共交通支付领域取得突破进展，并成为现在年轻人的时尚应用方式。具体而言，二维码支付即用户在乘车时使用App生成一个乘车码，通过受理机具上的扫码模块扫描后，实现对用户的账户结算。

目前，提供乘车码服务的App大概有两类：第一类是第三方支付App，主要代表有支付宝、微信等；第二类是发码方App，如通卡App、地铁App、公交App。经过几年的发展，二维码已日趋成熟，各发码方通卡公司、地铁公司或者公交公司都有乘车码产品，主要发布渠道为自家App以及支付宝等程序。

案例1-2：甘肃省二维码业务的探索和实践

2016年11月武威市发行交通一卡通卡，发行时当地旧卡存量约12万张，到2019年8月底交通一卡通卡累计发行量近25万张，且仍处在稳定增长的阶段。2018年5月21日，武威市率先上线交通运输部标准二维码，实现二维码扫码乘车。武威市二维码是通过第三方支付App生成二维码，通过车载终端上的扫描实现扫码乘车，在支付方式上，采用“先消费、后支付、免密码”，市民在乘坐公共交通工具时无须刷卡或现场购票。

2018年，二维码支付通行尚未在甘肃省内得到大规模推行，当地民众认识度不高，开通当月只有约5000笔刷卡交易。但在开通后的第二个月，交易笔数已提升至64287笔，7～9月平均增长率约为39%，到当年12月，当月交易笔数已突破100万，数据表明越来越多的市民开始接受并习惯使用二维码支付乘车。

酒泉市在2018年8月20日上线交通运输部标准二维码时，与武威市一样先选择通过第三方支付App实现扫码乘车。开通当月交易笔数仅为383笔，次月为90371笔，10～12月平均增长率约为49%，与武威不同的是，酒泉二维码使用人数增长更快，这与二维码支付乘车方式被越来越多市民所知、操作简单、用户习惯已培养等有关，且由于地域关系，武威、酒泉两市人员往来密切。

从甘肃的案例和数据上看，武威和酒泉两市在开通二维码后，交易笔数直线上升，这与第三方支付公司“一分钱乘车”“公交月卡”等营销活动有关。二维码对传统实体卡业务造成了一些影响。尽管两地每月新增开卡量已趋于稳定，普通卡的发行量并没有受到移动支付乘车的影响。就刷卡量而言，由于普通卡乘车折扣力度比第三方支付公司乘车优惠活动力度小，因此普通卡刷卡笔数略有下降。但因为第三方支付公司乘车优惠活动无持续性，且学生、老年人、残疾人等特殊人群较多使用折扣更低的特种卡。因此，总体上来说，传统卡并没有受到移动支付乘车的太大冲击。对普通市民来说，二维码支付乘车成为越来越多人日常出行方式的补充。对公交公司来说，二维码支付的应用减轻了售充人员的劳动强度，降低了管理费用，提高了工作效率、服务质量和信息化管理水平。

目前，在公交、地铁中应用二维码支付的人数逐渐变多，用户扫码支付习惯也正在养成。但是，二维码支付也存在一些问题，例如在高峰网络不佳时难以刷新二维码，部分人不得不放弃二维码而选择传统实体卡。另外，二维码应用的安全系数也是需要重点考虑的问题。

二、移动支付时代生物识别技术探索

2019 年，蚂蚁金服的“蜻蜓”、微信的“青蛙”开启刷脸支付热潮。第三方支付产业经历 IC 卡时代和移动支付时代后，开始进入生物支付时代。生物支付就是利用人的生物特性，如指纹、脸、静脉、虹膜、声纹等，代替传统的密码，实现在支付场景下的支付。2016 年，《二十国集团数字普惠金融高级原则》中提出：“促进数字金融服务的客户身份识别——通过开发客户身份识别系统，提高数字金融服务的可得性，该系统应可访问、可负担、可验证，并能适应以基于风险的方法开展客户尽职调查的各种需求和各种风险等级。”这一要求为生物识别技术的应用发展提供了方向性指引。

目前，我国刷脸支付已经逐渐开始在日常生活中普及，包括一些商场、超市和零售商店都已经开始试点使用刷脸支付。作为人们日常生活中极为重要且使用频繁的交通领域，刷脸支付发展更加引人关注。2018 年底，国内个别城市在轨道交通场景下已经展开了通过人脸识别的方式消费过闸的技术验证。2019 年 1 月，浙江金华公交上线刷脸乘车，正式开启了刷脸支付在交通领域的实际应用。经过一段时间的发展，已经有越来越多的地区开始在交通领域中试行应用刷脸支付，图 1-16 所示为济南地铁一号线开辟的人脸识别通道。

图 1-16　济南地铁一号线设立人脸识别通道

刷脸支付是继 IC 卡支付和移动支付后，在公共交通支付市场的又一补充技术。与移动支付和 IC 卡支付相比，刷脸支付能够解决手机没电、忘记带卡导致的种种无法付费的尴尬情况。由于可以确定消费实体是谁，刷脸支付可以定位到刷卡人的数据标签，且基于这些数据可以进行应用拓展，例如，为预防公共安全事件，可与城市安全部门联动，对社会危险人员的信息进行采集、识别，并存储到后台管理系统中，当其进入公共交通设施内，采取相应预警措施，一方面可以保障市民乘车安全，另一方面也可以减轻地铁安检压力。

虽然许多地区都在积极试行交通刷脸支付，但作为新兴技术，刷脸支付还需要进一步完善才能更好地应用在交通出行上。例如，需要定制专门的软件来适应多种刷脸环境，包括公交、地铁环境下光线明暗变化、高峰流量冲击等，同时设备稳定性问题也可能导致检测效率低，通过速度无法保证。

刷脸支付应用面临的最主要问题还是信息安全问题，由于针对人脸信息保护的法律条文缺失，相当一部分用户担心自身人脸信息安全而不愿使用这种支付方式。人脸隐私性较弱，在交通出行的密集使用中，可能存在人脸信息被窃取从而被盗刷的风险。刷脸支付必然会有人脸数据储存，现在交通领域刷脸支付多以当地公交公司推广建设为主，不论是自身建立数据库还是外包给技术公司，在技术安全上都有一定风险。此前就有相关报道，一家人工智能企业被曝发生大规模数据泄露事件，有 680 万条数据疑似泄露，包括身份证信息、人脸识别图像及图像拍摄地点等，为业界和用户敲响了人脸识别的安全警钟，这也是未来交通刷脸支付应用需要特别注意的地方。

三、移动支付时代产业概况

移动支付技术、生物识别等技术的应用，使得交通一卡通的形式更为多样。交通一卡通实现了从一张实体卡到一张虚拟卡的转变，也在探索从一个二维码、一个手机到一张面孔的转变。移动支付技术与手机便携的特点以及交通一卡通公共属性的结合，使得手机既可以作为消费的终端，也可以成为充值、转账及查询工具，为交通一卡通持卡人带来前所未有的消费体验。图 1-17 展示了公共交通领域支付技术的演变过程。

图 1-17　公共交通领域支付技术演变过程

在移动支付时代，互联网公司作为新的参与主体逐渐加入，提升了普通乘客的乘车体验，同时也给整个产业带来新的活力。

首先，通卡公司更加积极地拥抱互联网，尤其是移动互联网技术，开发 App，维护和运营线上开卡、充值、查询等业务，满足公众出行服务新需求。

其次，互联网公司的加入，使得交通一卡通产业的竞争更加激烈。互联网企业的商业模式与通卡公司有很大不同，一般通过前期不计成本的投入，换来市场份额的无限扩大，最终形成寡头市场。这将打破现有各地通卡公司共存的产业格局。因此，产业需要调整商业模式，并共同探讨如何与互联网公司"化敌为友"，正确与互联网公司进行合作，对现有产业形成有益增补，而非全面替代。

第三，移动支付等新型技术的应用，对交通一卡通产业的上游厂商产生很大影响。最直接的影响是降低了对交通 IC 卡制造商的需求，但为终端机具和系统集成商创造了新机遇：公交和地铁上需要铺设新的读卡设备，以识别二维码、NFC、智能穿戴等支付信号；系统集成商需要重新调试支付终端与读卡设备之间的互容性。另外，芯片厂商的需求有了很大改变，以前 IC 卡的芯片需求有所下降，但是集成到手机、手表等移动终端产品的芯片需求有所增加。

第四节　互联互通时代

在交通 IC 卡时代和移动支付时代，城市公共交通支付效率大幅提升，为城市居民的市内交通出行提供了极大方便。但城市之间的公共交通体系仍是割裂的，并没有实现跨区域的互联互通。城市与城市之间的公共交通支付互联互通，需要动员不同城市之间的交通支付体系进行连通。在由支付媒介技术更新带来的时代变革后，城市公共交通支付在跨区域范围的应用突破，开创了又一个新时代——互联互通时代。

自 1997 年开始，建设部负责交通 IC 卡相关事项，并初步探索了城市间交通一卡通互联互通模式，为中国交通一卡通互联互通之路奠定了良好基础。长三角地区作为我国目前经济发展速度最快、经济总量规模最大的经济交通中心，吸引了大量以商务活动和旅游观光为目的的人员。鉴于人员的频繁流动，进行跨地区资源整合成为长三角交通发展的主题。2002 年，长三角地区启动城市公共交通一卡通互联互通项目。互通方式以点对点互通为主，结算方式主要采取两两互相结算。以上海为例，上海与无锡、安徽阜阳是互通的，采用的结算方式是：上海与无锡相互结算、上海与阜阳相互结算，而无锡与阜阳也单独结算。两两结算的模式适用于互通城市数量较少的情况。随着互通城市的逐渐增多和跨区域交易的量不断扩大，城市的结算平台开始变得复杂，存在大量重复劳动。

2008 年国家大部制改革，国务院在交通部的基础上，组建了交通运输部。将交通部、中国民用航空总局的职责，建设部的指导城市客运职责，整合划入交通运输部。交通运输部在住建部原有互联互通工作的基础上，在 2013 年正式启动了交通运输部全国交通一卡通互联互通工作，并发布了《交通运输部关于贯彻落实〈国务院关于城市优先发展公共交通的指导意见〉的实施意见》，要求加快推进交通一卡通互联互通工作，完善移动支付体系建设，到 2020 年基本实现各大城市群跨市域、跨省域互联互通。为全面落实好此项工作，交通运输部连续四年将"交通一卡通互联互通"纳入更贴近民生实事工作内容，指导中国交通通信中心成立全国交通一卡通数据交换中心负责交通一卡通互联互通具体实施工作，从政策引导、标准制定、密码统一、平台建设、业务规范、认证检测等多方面完善顶层设计，并按照"以点带面，先区域后全国"的城市拓展思路，在全国范围内交通一卡通互联互通推进工作。

在政府的大力支持以及产业的共同努力下，交通一卡通互联互通取得长足进步。2015 年 6 月，长春市轨道交通集团有限公司正式发行印有"交通联合"标志的全国交通一卡通，成为国内首家按照交通运输部技术规范发行全国交通一卡通的单位。江苏省也在 2015 年推出了具有互联互通功能的交通一卡通，如图 1-18 所示。

历经 5 年的发展，截至 2019 年 12 月全国已经加入互联互通的地级以上城市超过 86%，并形成“交通联合”品牌，如图 1-19 所示。图 1-20 显示了交通一卡通互联互通加入的城市数量。

图 1-18　江苏发行的交通一卡通互联互通卡

图 1-19　交通联合标志

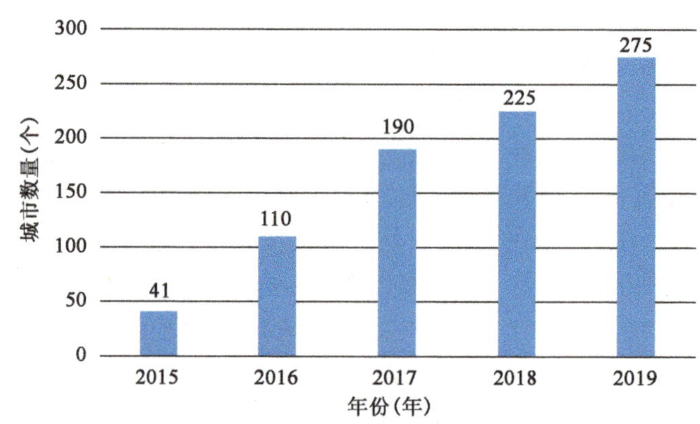

图 1-20　2015—2019 年互联互通城市数量

注：2017 年和 2018 年的数据来自全国交通一卡通数据交换中心；2015 年和 2016 年的数据来自相关产业网站；2019 年的数据是交通运输部 2020 年全国交通运输工作会发布。

与此同时，全国交通一卡通互联互通的发卡量也在逐年增加。2016 年 11 月，全国各地互联互通卡累计发卡数量为 125 万张，到 2018 年 11 月累计发行互联互通卡达到 2448 万张，增长 1856%，到 2019 年 12 月累计发行互联互通卡达 6000 余万张。交通一卡通互联互通打破了行政区域的限制，实现了城际交通一卡通系统之间的融通对接，也为交通一卡通产业带来了新的变革。

在交通一卡通产业的发展过程中，支付手段始终在不断地适应经济社会发展的变化，不断适应群众需求的变化，不断适用技术的变化。从四个维度对比分析各种公共交通支付时代的特点：第一个维度是适用条件，主要考虑各类公共交通支付方式被广泛应用的经济社会条件；第二个维度是安全性，主要考虑用户的信息安全和支付安全；第三个维度是用户便利性问题；第四个维度是从公共交通系统运营商的角度讨论各类公共交通支付方式在运行过程中的灵活度。各类公共交通支付方式的状况对比归纳为表 1-2。

从表 1-2 可以看出,我国城市公共交通支付呈现出“越来越便利”的特点。这对于提升群众出行体验满意感、提升公共交通运营企业效率、促进区域间经济社会联系等,都具有重要意义。随着我国各项交通基础设施的完善,线上线下结合的商业模式蓬勃发展,将推动以公共交通支付为代表的交通服务提质升级,促进行业现代治理能力大幅跃升,中国将不断从“交通大国”向“交通强国”迈进。

公共交通支付方式对比　　表 1-2

<table>
<tr><th>支付方式</th><th>适用条件</th><th>安全性</th><th>便利性</th><th>灵活性</th></tr>
<tr><td>人工售票</td><td rowspan="3">1950—2000 年
经济欠发达阶段
公共交通供给有限
公共交通需求有限
存在现金消费习惯</td><td rowspan="3">支付安全性高
信息安全性高</td><td>排队等候时间长需要自备零钞</td><td>需要组织人力售票、监督和清点零钞</td></tr>
<tr><td>月票支付</td><td>排队等候时间短不需自备零钞</td><td>需要监督月票使用的不规范行为</td></tr>
<tr><td>投币支付</td><td>需要自备零钞</td><td>监督和清点成本高</td></tr>
<tr><td>M1 卡支付</td><td rowspan="2">1994—2013 年
经济初步发展阶段
公共交通供给增加
公共交通需求增多
持卡消费习惯养成</td><td>支付安全较低存在一定信息安全问题</td><td rowspan="2">排队等候时间短线下充值不便</td><td rowspan="2">需要组织线下服务网点</td></tr>
<tr><td>CPU 卡支付</td><td>支付安全较 M1 卡高</td></tr>
<tr><td>移动支付</td><td>2014 至今
经济相对发达阶段
公共交通供给规模大
公共交通需求规模大
无现金消费习惯形成
互联网商业模式引进</td><td>存在支付和信息安全隐患</td><td>无需排队
无现金支付
支付模式灵活</td><td>能灵活地链接多个主体</td></tr>
</table>

第二章　中国交通一卡通的互联互通

2013 年,交通运输部提出加快城市公共交通一卡通互联互通工作,为人民群众出行做好事、实事的意见。在随后的五年里,围绕交通一卡通的各项标准、政策相继出台,一项牵动全国亿万百姓生活的交通卡互联互通工程从无到有、由点及面,让这个原本无人问津、习以为常的传统服务性行业重新焕发出勃勃生机。

事实上,交通一卡通互联互通并不是一个创新性的概念,世界上很多国家和城市为了方便城市公共交通支付,也都相继推出了以智能卡为载体的交通卡,形成了各自的交通支付体系,关于交通卡互联互通的话题成为很多国家共同研究和探讨的课题之一。

通俗来说,交通卡互联互通就是实现一张卡在不同城市、不同交通方式,甚至在不同国家使用。这个看似简单的需求,背后却是整个国家公共交通支付体系的重大变革。其中,美国和日本在交通卡互联互通方面的探索起步较早,一些经验值得借鉴。

第一节　国外交通一卡通的运营及互联互通

一、美国交通一卡通运营情况

美国几乎每个城市都有各自的交通一卡通,其中比较典型的有洛杉矶的 TAP 卡,纽约的 MetroCard 和华盛顿的 SmarTrip 卡等。这一点和我国比较类似,每个城市都推出自己的交通一卡通,只能在城市范围内使用。但在美国,有些城市功能的辐射范围不只局限于本市,部分城市的交通一卡通可以在其卫星城使用,例如美国纽约和华盛顿两个城市的交通一卡通运营情况。

图 2-1　MetroCard

1. 纽约 MetroCard

纽约 MetroCard 由纽约大都会运输署管理(图 2-1)。纽约大都会运输署简称 MTA,成立于 1968 年,管辖范围为大纽约地区,覆盖五大区、纽约州 12 个郡、新泽西州及康涅狄格州部分地区,管理范围包括地铁、公共汽车及轮渡等城市公共交通系统,该部门主要在上述地区统一开展发卡、充值、收费标准和优惠制定等业务。

地铁站是交通一卡通发行和充值的主要地点,用户可以在纽约地铁站的人工窗口购卡、退卡和充值,也可以在地铁站的充值机器自助充值。2019 年 5 月 31 日,纽约引进了 Apply Pay 和 Google Pay,卡片发行和充值的便利性得到大大提高。MTA 还针对游客推出了周卡、月卡等不限次交通一卡通,对推动当地旅游业发挥了重要作用。

交通支付费用标准也由 MTA 制定。目前,纽约的公交车和地铁设为统一票价,每程是 2.75 美元。MetroCard 为一种纸质卡,可以反复充值使用。购卡时充值金额达到 5 美元,可以额外获得 5% 的充值奖励;购买价值 8 美元或以上多程卡的乘客,会额外赠送 15% 的充值款,赠送金额会自动计入卡中。另外,用户每日首次刷卡起两小时内可以获得一次公交和地铁的免费转乘。在 MetroCard 过期后的一年内,用户可以到售卡网点将旧卡余款转存到新卡上。在过期后的两年内,也可将过期旧卡寄到 MTA,MTA 会回邮一张新卡,同时将旧卡余额移资到新卡。

MetroCard 与国内交通一卡通相比具有以下特色,如该卡可充值 20 美元,实际卡内金额为 21 美元,可供四人同时乘车,而国内交通一卡通都会限制刷卡时间间隔,一次只能供一名乘客使用。为方便其他类型用户,MTA 还推出了周票和月票等。周票是 30 美元,7 日内不限次数乘坐。月票是 112 美元,30 日内不限次数乘坐。这类卡特别适合来纽约旅游的人群,对促进当地旅游业发展具有重大作用。

2. 洛杉矶 TAP 卡

洛杉矶 TAP 卡由洛杉矶郡都会运输局(以下简称运输局)负责管理(图 2-2)。运输局创建于 1993 年,监管公交、铁路、公路及其他与交通相关的建筑项目,辐射洛杉矶及其周边卫星城。在 TAP 卡的发行和个性化服务的提供上,运输局会委托专门的供应商来运营,例如在 2017 年,可信身份识别领域的重要产商 IDEMIA 就被运输局选为 TAP 卡及相关个性化服务的供应商。

图 2-2　TAP

在洛杉矶的各个车站都有自动售卡和充值设备,购买 TAP 卡需要支付 1 美元工本费,票价根据不同人群有所区别。普通人票价单程 1.75 美元,老年人、残疾人等特殊人群 75 美分,62 岁以上的老人及残疾人非高峰期票价 35 美分。TAP 卡还发行了一些无限次数车票,主要有以下四种:普通全天票,票价 7 美元,老年人和残疾人等特殊群体 2.5 美元;周票(7 日通票)25 美元;月票(30 日通票)100 美元;此外,还有适用于地铁和其他交通工具的 EZ 通行车票 110 美元。

运输局参与收费标准的制定,并通过扣取卡内余额获取服务费。持有 TAP 卡的用户如果超过 18 个月不使用 TAP 卡,每月将会被扣除 1 美元的服务费。运输局非常重视持卡用户的信息安全和支付安全,TAP 卡用户在遇到卡片丢失或被盗时,在办理新卡的过程中可以恢复余额。

二、美国交通一卡通互联互通

美国交通一卡通互联互通即美国公交合作研究计划(The Transit Cooperative Research Program),由美国运输研究委员会(Transportation Research Board)发起,目标是实现不同机构相互协调和信息共享,从而使得乘客能够跨地域乘坐公共交通工具。

1. 美国交通一卡通互联互通基本情况

第一,遵守同一套通用规则。这套通用规则对技术规范、处理流程、费用分担和服务付款、法律框架和信息交换等做了明确规定。美国公交合作研究计划还提出了两种能达到互联互通的技术设想，一是和华盛顿特区类似，从单一供应商处采购技术；二是和金融服务业类似，制定接口规范，确定各方供应商必须遵守的规则。

第二，实现不同地区之间的互通。美国各城市的交通一卡通供应商不同，系统也各有特点。比如，纽约 MetroCard 使用的是 MTA 系统，洛杉矶 TAP 卡使用 IDEMIA 的技术规范。因此，美国交通一卡通互联互通，关键在于处理好不同供应商之间的竞争和合作关系，实现不同城市之间系统、业务、技术等相互兼容。

第三，实现多个支付场景的互通。美国的互联互通主要体现在不同公共交通方式之间的支付互通，这一点已经基本实现。目前，美国大部分交通一卡通能实现地铁、公交巴士、城市轻轨、轮渡等的支付，部分交通一卡通还能用于火车的支付。另外，美国的互联互通还试图将交通一卡通的支付功能从交通运输扩展到其他领域，包括金融服务和消费支付等。

第四，实现系统的统一和开放。统一和开放的支付系统要求采用非接触性智能卡支付，接受彼此的封闭式储值支付产品、接受多种支付设备、统一支付业务程序等。图 2-3 所示为 TCRP 提供的支付系统架构设想。

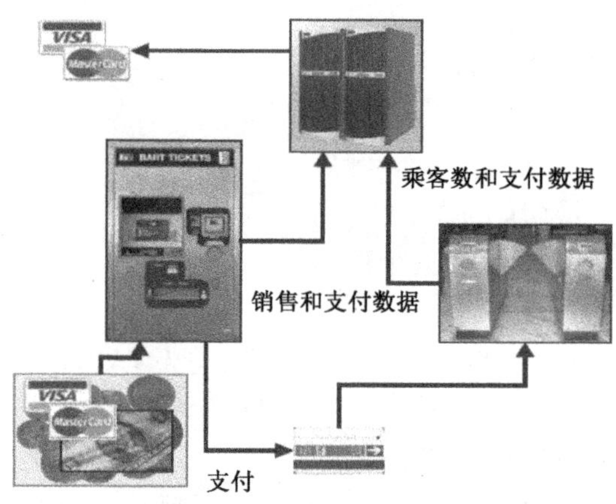

图 2-3　支付系统架构设想

2. 美国交通一卡通互联互通面临的挑战

第一，美国互联互通面临的直接挑战就是各个城市存在各自的供应商和系统。由于美国属于联邦制国家，联邦政府不太可能出台一个强制性的标准执行方案，无法运用行政力量实现互联互通。因此，交通一卡通的互联互通需要依赖各个城市或各个供应商自行建立行业组织、制定统一标准。

第二，美国互联互通存在制度障碍。具体包括：①管理和组织问题，即如何建立起行业组织、制定和执行统一标准是个问题；②财务管理问题，包括支付标准、服务费标准等由谁来定的问题；③客户影响问题，即考虑用户的变化问题；④设备标准设计问题；⑤运输业运营问题等。

第三，美国互联互通受到各个供应商的技术和成本因素的制约。互联互通涉及设备、系统、管理模式的修改，而各个供应商的技术差异，决定了修改难度和修改成本，修改难度和修改成本高的供应商可能缺乏加入互联互通的动力。

3. 美国交通一卡通互联互通的实施路径

第一,系统先行,统一标准。美国互联互通将建立可互操作系统摆在先行位置。可互操作系统的首要任务,是成立一个行业组织,负责推动标准的制定和执行,即要求每一个参与互联互通的城市遵循这套标准。

第二,建立可互的智能卡支付系统。具体需要六大支撑因素:①管理和组织支撑,充分考虑到不同机构的组织文化和管理决策过程的影响;②财务管理支撑,确保每个参与者不会遭遇收入损失,促进更多城市参与互联互通;③乘客需求支撑,即需要引导乘客最大限度地使用可互智能卡支付系统;④设备支撑,确保各地设备支持智能卡的互操作性;⑤运输业支撑,确保运输业的参与单位支持或建立可互智能卡支付系统;⑥政策支撑,各个城市出台相关政策推动互联互通。

第三,同步业务规则和技术标准。美国一方面试图维持现状,避免损害互联互通参与者,特别是交通一卡通供应商的原有利益;另一方面又要推动交通一卡通在不同地区和行业之间的互联互通。为此,美国推行的模式是,每次添加新的互联互通地区时,需要分析和识别该区域的业务规则和技术差异,然后分析系统修改成本,最后实现区域间系统的相容性和互操作性。图 2-4 描述了区域间相互操作性系统修改流程。

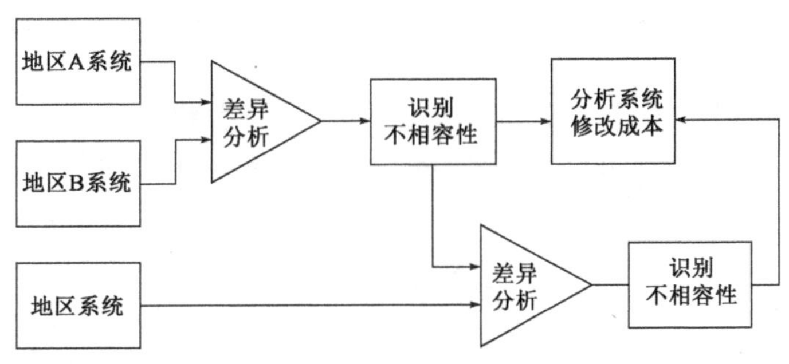

图 2-4　区域间相互操作性系统修改流程

第四,重视信息交换和管理。美国将信息交换和管理视为是推进互联互通的重要环节。基于可互操作的交通一卡通和票价支付系统,实现不同机构之间的信息交换。可互操作的票价支付系统为识别差异的数据元素提供手段。美国认识到信息交换的价值,通过从卡和关联交易记录中扣除适当的费用,使各个参与者在票价支付系统中共同获益。

整体而言,美国交通一卡通互联互通的路径可由图 2-5 简单概括。

三、日本交通一卡通运营情况

亚洲作为全球人口最多的地区,其对智能交通的发展需求与日俱增,中国、韩国、泰国、日本等国家发行交通一卡通数量和规模逐步扩大。其中,日本交通一卡通发展水平、业务模式、发卡规模及对未来发展趋势的把握等均处于世界领先水平。

日本各公共交通运营企业原本从属于日本国有铁道,由于常年经营不善负债巨大,1987

年日本国有铁道被分割成7家民营企业,合称为JR。JR各家公司没有从属关系,皆有固定的管辖地域范围,彼此之间保持着既竞争又合作的关系。尽管各公司均采用统一的JR为标志,但所发行的卡面使用不同颜色作为区分。

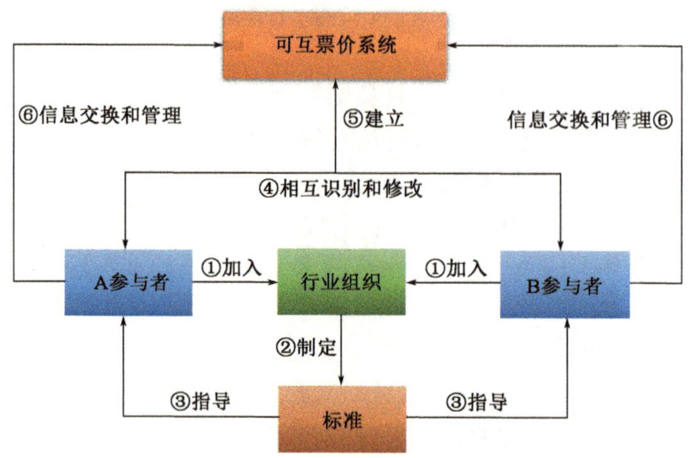

图2-5　美国交通一卡通互联互通路径

目前,日本有10种交通一卡通,由不同主体发行,分别是JR东日本发行的Suica卡(西瓜卡)、东京地铁发行的PASMO卡、JR北海道发行的Kitaca卡、JR西日本发行的ICOCA卡、JR东海发行的TOICA卡、JR九州发行的SUCOOA卡、西日本铁道发行的Nimoca卡、福冈交通局发行的HAYAKAKEN卡,还有关西地区协会发行的后付费PiTaPa卡。由于日本交通一卡通各个运营主体具有一定的相似性,所以从整体的角度分析日本的交通一卡通运营方式,详见表2-1。

日本的交通一卡通运营方式　　表2-1

运营项目	主要特征	典型示例
卡片发行	以记名、实名、定期卡为主	Suica卡发行定期票卡、记名学生卡和通票卡等
卡片充值	自助及其站点等多种充值方式并存	JR东日本提供多功能售票机充值、人工充值等
商户合作	和小额应用场景、信用卡企业和移动手机厂商合作	Suica卡和9万家商户合作,发行信用卡联名卡和移动Suica卡等
价格标准	卡片押金、充值金、消费标准、退卡手续费等不同	Suica售价2000日元,包含1500日元充值金和500日元的押金
退卡程序	一般只能在所辖车站办理退卡	Suica卡会退还卡中未使用金额和500日元押金,并从余额中扣除220日元的手续费

注:根据网络信息整理。

和我国相似，日本交通一卡通运行呈现分散化特征，各个地区由不同主体发行不同的交通一卡通，且利润主要来自充值和押金的沉淀资金。日本交通一卡通的运营企业虽然都是民营或私营性质，但由于这些企业多由国有铁道转制而来，受国有铁道一体化运营模式的影响较大，各 JR 公司仍能达成良好的合作。此外，尽管日本交通一卡通为乘客提供了很好的公共服务，但为了吸引更多海外游客，日本公共交通运营公司大多推出了日券/周游券，以对交通一卡通形成有益的补充。

四、日本交通一卡通互联互通

在过去，日本的交通一卡通呈现"分割"特征，不同的交通一卡通只能够在相应范围内使用。2013 年 3 月，由 JR 东日本发起，各主要铁路公司参与，成立了"交通 IC 卡相互利用中心"，宣布日本全国铁路和公交系统的 142 家运营商交通一卡通实现相互兼容服务。纳入兼容服务范围的主要有 JR 东日本的 Suica 卡、JR 东海的 TOICA 卡、JR 西日本的 ICOCA 卡、JR 九州的 SUGOCA 卡和东京民营铁路公司的 PASMO 卡等 10 个种类，覆盖日本主要城市铁路和公交的 8198 万张 IC 卡。乘客只要持兼容的交通一卡通就能在日本通行，可以从北海道畅行至南部的九州，支付 52 家铁路公司以及 96 家公交公司的交通费。

1. 日本交通一卡通互联互通基本情况

日本的公共客运交通主要由 6 家企业负责，它们严格划分各所在区域的运营范围，尽管这有利于各自实现专业化管理和成本收益监测，但随着社会和经济的发展，严格划分运营区域带来了技术接口多、监管协调难等问题。特别是自 20 世纪 70 年代以来，日本进入"后城市化"阶段，人口主要集中在东京都市圈、中部都市圈和大和近畿都市圈。都市圈的扩大使得不同行政区域的人口流动日益频繁，使得交通一卡通在不同地区实现互联互通成为迫切的现实需求。

日本交通一卡通运营公司的市场化运作，为互联互通起到了积极作用。私营企业的逐利性，使得日本交通一卡通会随着市场需求的变化而主动改变。其次，这些公司曾经的国有化背景也有利于促进互联互通协作。日本各大交通运营企业前身是日本国有铁道，在历史上有协同协调的经历。尽管在私有化后各大企业分割运营范围，但这些企业仍然共同出资经营"财团法人铁道技术综合研究所"和"铁道情报系统株式会社"，在研发和系统建设上实现合作。日本各个交通运营企业在技术上多采用索尼的 Felica 技术，技术上的统一也有利于互联互通的推进。日本交通一卡通的互联互通也体现在支付场景的拓展，为了扩展新的盈利点，交通一卡通运营公司积极探索其他支付业务，逐渐实现了由传统的交通支付向小额支付的扩展。

2. 日本交通一卡通互联互通的实施路径

日本交通一卡通的互联互通方式和美国类似，即一方面成立行业协会制定统一标准；另一方面各个地区通过修改各自的系统实现技术对接。但是在具体互联互通推进过程中，JR 东日本起到了主导作用。这是因为，JR 东日本公司发行的西瓜卡规模最大，截至 2019 年 1 月末，Suica 卡（西瓜卡）的发行量约 7467 万张。因此，JR 东日本公司牵头组建了交通一卡通通用技术中心，其他公司发行的交通一卡通如果加入互联互通，首先要和 Suica 卡的技术标准一致。

保证各种卡原有的市场存量是日本互联互通的一个基本宗旨，这决定了日本采用了与美国不同的实施路径。举个例子，JR 东日本的 Suica 卡和 JR 西日本的 ICOCA 卡互联互通，指的是持有 Suica 卡可在 JR 西日本经营的地域范围内刷卡乘车，持有 ICOCA 卡可在 JR 东日本经营的地域范围内刷卡乘车，而不是 JR 东日本到 JR 西日本的经营范围发行 Suica 卡，JR 西日本到 JR 东日本的经营范围发行 ICOCA 卡。在保护各个运营企业利益的基础上，通过充分整合“分割空隙”地带和提供更便捷的“无缝出行”体验增加总体发卡量。

整体而言，日本交通一卡通“互联互通”的路径可由图 2-6 简单概括。

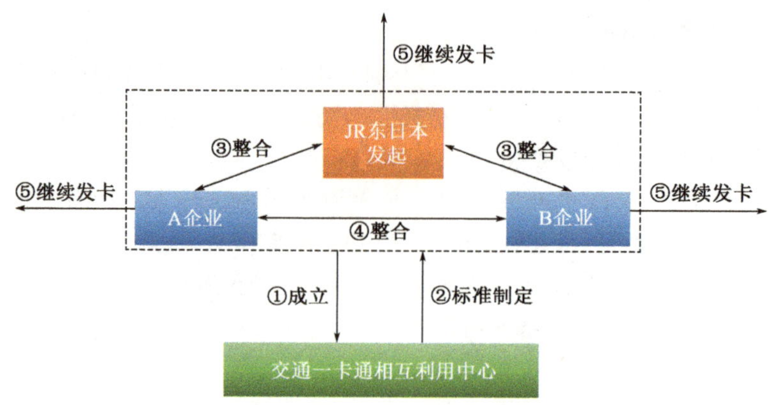

图 2-6　日本交通一卡通“互联互通”路径

第二节　中国交通一卡通互联互通实施背景与推进思路

一、实施背景

相比其他国家，中国交通一卡通互联互通面临的环境更为复杂。第一，中国交通一卡通用户规模十分庞大，仅以北京市政交通一卡通为例，截至 2019 年 12 月，共发卡 1.7 亿张，市场保有量超过 1.3 亿张，这一数量对于世界其他国家而言是难以想象的。因此，如何更高效地在不同城市之间进行交通卡发行、管理和服务是一大挑战。第二，中国的区域发展极不平衡，按第一财经周刊关于中国城市的分类，可以分为一线、新一线、二线、三线、四线和五线城市，因此如何在全国范围内推行统一政策统一标准的交通一卡通是一大挑战。第三，由于历史原因和制度原因，中国交通支付领域长期存在地方分割现象，交通一卡通发展各自为战，面临着如何实现互联互通等现实问题。因此，我国的互联互通没有固定模式可以借鉴，需要在发展过程中不断摸索。

我国交通一卡通互联互通推进面临的首要问题即是行业顶层设计不完善问题。在 2012 年之前，除《国务院关于城市优先发展公共交通的指导意见》为纲领性文件外，尚未有对于交通一卡通的统一管理规定和规范性文件指导行业发展。因此，虽然在城市人民政府的有力指导下，各地交通一卡通企业能够为本地百姓提供特色出行支付服务，但是整个行业仍处于离散状态，企业间独立发展、各自为政，难以突破发展局限性，而且也难以实现互联互通以及与其他行业的相互融合。

其次要面临的问题即是全国的交通一卡通标准杂乱且不互通，2013 年全国有 12.2% 的城市使用建设部标准，7.9% 的城市使用金融 PBOC3.0 标准，而 79.9% 的城市则使用的是自定义标准，标准不一致导致城市间不能实现互联互通，甚至在某些城市内的公共汽车和轨道交通之间也需要使用两张不同的卡，给人民群众的公共出行造成了较大不便。

第三，我国交通一卡通运营机构众多，且有各自的信息系统，互联互通后各运营机构间将产生庞大的异地交易数据，就像银行间产生的跨行交易数据一样，交通一卡通行业也需要建立一个类似"银联"的全国系统，进行相关数据交换、结算管理以及信息服务等。全国系统的公平公正、安全稳定运行是要首先考虑的要素。

第四，有相当一部分企业担心开展交通一卡通互联互通工作，需要大量更换机具终端、各类信息系统，这些更换将会提升企业运营成本。同时，也担心新标准出台后，原有交通一卡通卡片将不能再使用，短期内大规模换卡将给企业带来运营风险，也造成不好的社会影响。

二、推进思路

为了更好地完成国务院交办的任务，方便人民群众便捷、高效、安全出行，交通运输部与行业共同努力，逐步探索出一条符合中国交通一卡通行业发展规律的互联互通之路。

第一，市场为主，政策引导。考虑到交通一卡通行业具有市场化程度高、参与主体众多、自主性强等特点，因此，在交通一卡通互联互通的推进过程中始终坚持企业的市场主体地位，在政策和标准出台和各类措施实施前，反复征求行业意见，充分参与行业发展方向制定。在实施过程中不强调政府主导，更加注重其在行业管理中的引导作用，针对交通一卡通行业顶层设计不完善制约行业发展的问题，通过健全法规政策，完善标准规范，理顺体制机制，强化引导服务等措施，提高资源配置效率，为企业提供公平的竞争环境。

第二，统筹兼顾，兼容并蓄。统筹考虑各地应用现状、实际应用需求和技术发展趋势，从公交交通一卡通互联互通入手，逐步扩展到城市轨道交通、出租汽车、道路旅客运输、水路旅客运输等各类交通运输方式互联互通，从城市内公共交通方式互联互通，到跨市域、跨省域互联互通。同时，本着避免浪费的原则，在互联互通实施过程中，充分利用行业原有存量资源，兼容原有标准的各自优势，在发挥原有设施作用的前提下，采用在旧机具、旧系统上进行升级改造的方式降低企业投入，避免浪费。

第三，统一标准，有序推进。围绕实现互联互通的要求，制定全国统一的技术标准，在不影响存量卡使用的同时，推动全国交通一卡通互联互通机具和系统的升级改造。采取逐步替换、平稳过渡的方式，实现非互联互通到互联互通的转变，旧标准卡片仍可继续正常使用，新标准卡片能够在改造的互联互通机具上跨地区使用，不影响百姓正常公共出行，也不会产生向企业大规模挤兑现象。以郑州市为例，2012 年 9 月 5 日，郑州市城市一卡通有限责任公司成立，采用旧有标准发行了交通一卡通 CPU 卡，实现在郑州市公交、地铁、出租汽车上的使用。2016 年，郑州市正式加入交通运输部交通一卡通互联互通，新发行互联互通卡十几万张，原有 900 多万张旧标准卡片仍能继续使用，两条腿并行走路，有效实现了郑州市互联互通工作的平稳过渡。

第四，区域示范，全面带动。考虑到交通一卡通行业的实际情况和带动效应，选择京津冀、长三角、珠三角、长江经济带中游城市群等条件比较成熟的重点地区，率先启动实施城市间交通一卡通互联互通工程。同时，根据行业发展现状，强调站在建设综合运输体系的层面，推进互联互通，大力拓展交通一卡通在出租汽车、长途客运、城际轨道、水上客运、公共自行车及停车场等交通运输领域的应用。

第三节　中国交通一卡通互联互通具体措施

一、政策引导

近年来，党中央、国务院高度重视、强化交通运输发展，多次对交通运输工作作出重要指示批示，“先行官”成为引领行业发展的新旗帜，“三个服务”“四个交通”“三个转变”“五化工程管理”等发展现代交通运输业理念成为行业共识。2012 年 12 月 29 日，《国务院关于优先发展城市公共交通的指导意见》正式发布，明确提出“十二五”期间，进一步完善城市公共交通移动支付体系建设，全面推广普及城市公共交通“一卡通”，加快其在城市不同交通方式中的应用。加快完善标准体系，逐步实现跨市域公共交通“一卡通”的互联互通。

为了贯彻落实国务院文件精神，2013 年 5 月 9 日，交通运输部道路运输司就公共交通一卡通互联互通工作向部领导提交了《关于落实城市公共交通“一卡通”有关工作情况的报告》，交通运输部主要领导先后作出批示，其中时任交通运输部副部长的冯正霖作出批示：“加快城市公共交通一卡通互联互通工作，道路运输司会同有关部门做了大量基础性工作，具备为人民群众出行做好事实事的条件，可加快推进。”杨传堂部长批示：“同意推广”。

随后，交通运输部于 2013 年 6 月 18 日发布《交通运输部关于贯彻落实〈国务院关于城市优先发展公共交通的指导意见〉的实施意见》（交运发〔2013〕368 号），要求加快相关工作，完善移动支付体系建设，2020 年实现全国互联互通。

从 2013 年起，交通运输部组牵头组建交通一卡通工作组，中国交通通信信息中心作为实施单位，正式启动为交通一卡通行业摸底和调研工作。为全面摸清交通一卡通市场发展和运营企业的实际情况，在全国范围内开展了深入调研，除通过调查问卷外，实地走访了北京、天津、河北、上海、江苏、广东、浙江、吉林、山东、河北、湖北、安徽、广西、云南等多个地区，召开了与交通运输主管部门和交通运营企业的座谈会，深入典型企业开展有关运营情况的研究，收集了大量第一手资料。

在一系列深入调研的过程中，工作组充分掌握了交通一卡通行业的现状、存在的突出问题和政策诉求，也深刻了解到这个行业改革的复杂性和迫切性。由于在过去近 10 年里，我国交通一卡通行业一直缺乏顶层设计和统一的标准体系，整个行业发展处于各自为政、混乱无序的状态。全国 300 多个地级市都陆续建立了 IC 卡系统，这些预付费卡的发行规则和资金管理大部分由地方企业自行规定，也难以从技术上实现互联互通以及与其他行业的相互融合，不适应人民群众便捷出行的要求。大家意识到行业迫切需要转变现有发展方式，亟须出台行业指导政策，在总结各地经验的基础上，通过加强顶层设计，发挥市场主体和政府引导作用，促进资源有效整合，从而使行业朝更健康的方向发展。

2015 年是交通一卡通互联互通具有里程碑意义的一年。当年 5 月，交通运输部正式发布《交通运输部关于促进交通一卡通健康发展加快实现互联互通的指导意见》（交运发〔2015〕65 号），这是行业管理部门第一次正式出台针对交通一卡通行业的政策文件，对交通一卡通行业进行了顶层设计，让交通一卡通行业有了明确的发展方向，整个行业从此走上了互联互通发展的快车道。

2016 年,交通运输部发布《交通运输信息化“十三五”发展规划》,其中明确要求实施“互联网 +”便捷交通的发展模式,通过政企合力推动“畅行中国”信息服务系统建设,在京津冀、长江经济带等重点区域,率先启动交通一卡通互联互通,持续推进城市公交智能化建设,支撑公交都市建设示范工程。

2018 年,交通运输制定出台了《交通一卡通运营服务质量管理办法(试行)》(交办运〔2018〕17 号),明确了各地交通运输主管部门、制定了交通一卡通运营机构和运输企业在推进交通一卡通互联互通工作中的职责,确定了交通一卡通运营服务质量方面的基本准则和工作规范。同年 6 月,国家认监委与交通运输部联合发布《交通一卡通产品认证管理办法》,为切实保障持卡人利益提供了政策和技术支撑。

这些文件的出台有效解决交通一卡通行业管理缺位问题,引导行业向规范化、智慧化发展,不断提升交通一卡通为民服务质量。

二、标准先行

俗话说“没有规矩不成方圆”,规矩就是标准。现代社会结构越来越精密复杂,而越精密复杂的结构就越需要完善的标准,标准就是社会文明进步的基础和阶梯。对交通一卡通行业来说,互联互通的关键首先是技术标准的统一,它引领着行业发展方向,是整个行业进步的发动机,也是发挥政策驱动的源动力。

在 2015 年以前,我国各地区在交通一卡通发展过程中依据自身需求选择了不同的技术体系,包括住建部的《数字城市一卡通互联互通通用技术要求》、人民银行发布的《中国金融集成电路(IC)卡规范(PBOC3.0)》以及部分企业自定义标准。其中,自定义标准占比 79.9%,建设部标准占比为 12.2%。上述标准间均不能完全实现跨市域、跨交通方式互联互通。

为了更好地推动交通一卡通行业健康发展,规范卡片发行,实现互联互通,拓展行业业务发展,2013 年 5 月起,中国交通通信信息中心配合交通运输部开展公共交通 IC 卡标准编写工作,先后走访全国 20 多个省、自治区、直辖市,广泛征求了行业 IC 卡运营企业和制造企业的意见,在充分考虑市场多标准并存的状况下,采取了与其他行业兼容共享的技术路线,编制完成《公共交通 IC 卡技术规范》,包含了卡片、读写终端、技术接口、安全管理等方面内容,形成电子钱包、电子现金双应用单余额的技术路线。

2014 年 3 月,交通运输部发布了《交通运输部关于做好〈城市公共交通 IC 卡技术规范(试行)〉验证工作的通知》(交运发〔2014〕74 号),正式启动标准验证工作。2015 年,中国交通通信信息中心成功获得国际标准化委员会批准的国际卡组织应用服务机构注册识别码(RID 码)和发卡机构注册识别码(IIN 码)号段资源,成为全国交通一卡通互联互通国际 RID 码和 IIN 码的登记、分配和管理单位。RID 码和 IIN 码的成功申请,可以有效规范各地交通一卡通企业发卡过程中不规范的卡号命名规则和应用服务划分,解决未来清分结算过程中可能出现的问题,给予用户快捷的品牌和服务辨识方法,方便持卡人出行。

经过一年多的验证,2015 年 5 月,交通运输部正式印发《城市公共交通 IC 卡技术规范》(JT/T 978—2015),随后又陆续出台了《交通一卡通移动支付技术规范》(JT/T 1059—2016)系列标准和《交通一卡通二维码支付技术规范》(JT/T 1179—2018)。标准的出台解决了各地交通一卡通技术标准不统一的问题,是实现交通运输行业交通一卡通规范化、标准化、统一化的重要手段，在解决目前行业存在的标准不一、管理难等问题的同时，进一步推动了交通运输信息化发展。

标准化是创新技术产业化、市场化的关键环节，也是国家对行业规范治理的重要手段。交通一卡通互联互通是关系国计民生、涉及人民财产安全的重要项目，在发展之初就认识到建立健全标准体系的重要性，从始至终坚持实施标准管理，纳入政府职能，增强标准的权威性和严肃性，加强标准制定和执行。但由于我国交通领域的标准化工作总体上比较薄弱，存在标准缺失、整体质量不高、标准体系不健全、标准意识淡薄、标准执行不力等问题。交通一卡通行业管理部门应当在前期标准体系建设的基础上，继续加强推广力度，系统制定和推行技术标准和公共服务标准，更好地保障群众合法权益，并引导社会资源更加高效、公平地为百姓开展公共交通支付服。

三、技术保障

密钥管理和清分结算是互联互通的基础，为了满足全国互联互通业务需求，综合考虑交通一卡通服务民生的本质，交通运输部历时两年建立了一套兼容国产密码算法的交通一卡通安全防护体系，密钥使用遵循社会公益性原则，实行两级管理。一级密钥为部级密钥，由交通运输部负责管理；二级密钥比较特别，为省级（包括区域、城市级）密钥，分别由省级交通运输主管部门和相应的城市人民政府负责管理。同时按照市场化原则，交通运输部建立了全国交通一卡通数据交换和结算平台，承担跨地区和跨行业的数据交换、资金结算、信息服务等业务。各地根据不同情况，又建设了区域、省、城市数据交换和结算平台，负责所辖区域内的数据交换和资金结算，形成了多级管理体系。除此之外，制定了有关业务规则，科学界定了各机构间的职责，并通过手续费分润的方式，保证互联互通各个参与者共同获益。

为了满足全国跨地域、跨交通方式的资金结算需求，按照市场化原则，交通运输部建立了全国交通一卡通数据交换和结算平台，承担跨地区和跨行业的数据交换、资金结算、信息服务等业务。各地根据不同情况，又建设了区域、省、城市数据交换和结算平台，负责所辖区域内的数据交换和资金结算，形成了多级管理体系。截至 2019 年 9 月，国家级交通一卡通数据交换和结算平台，已实现了与 1 个区域平台，16 个省级平台，以及 151 个城市级平台共计 291 个城市的数据对接。除此之外，交通运输部还印发了《交通运输部办公厅关于发布〈全国交通一卡通清分结算业务规则（试行）〉等文件的通知》（交办运〔2015〕146 号），科学界定了各机构间的职责，从清分结算、差错处理、收费标准、争议处理等方面，明确了数据交换体系的工作规范。

自互联互通工作开展后，原来“过得很舒适”的交通一卡通运营企业相继开展互通改造工作，争先加入互联互通，行业中越来越多的运营机构在面对众多新兴支付技术时，都提出如何在保证互联互通基础上确定行业新技术发展方向，实现应用技术统一的需求，并提出急需建立一套统一的移动支付技术支撑要求。2017 年初，交通运输部完成了基于 NFC 支付方式的移动支付相关平台建设，达到城市运营机构通过与交通一卡通 NFC 移动支付平台统一对接就可以实现多支付介质中交通一卡通电子虚拟卡空中开卡、空中充值等技术实现的技术条件。但是，国内交通一卡通行业标准体系仍然处于建立与完善阶段，因为移动支付技术发展速度较快，多模式的移动支付、高算法的生物识别支付等技术手段和多样化交通一卡通互联互通产品正在逐步被引入交通一卡通行业，以满足人民群众多样化的出行需求。2018年初，个别城市在交通一卡通领域开展技术验证，但距离大规模推广尚且有一段距离。

四、认证检测

随着交通一卡通产品认证进入实施阶段，行业管理部门、地方政府、一卡通运营企业、公共交通运输企业、制造企业对产品认证的需求与重视程度不断提高，在制度实施层面迫切需要进一步明确相关政策、加强组织领导。为有序、规范地推进相关工作，交通运输部于2016年提出建立交通一卡通产品认证体系，依据统一的技术标准、质量要求和基本业务规则，制定科学合理的系统和设备检测规范与流程，严格执行卡片、终端机具及应用系统的认证检测，以逐步推进有关标准的落地实施，全面提升交通一卡通产品质量。

在充分调研交通一卡通认证认可发展状况的基础上，从2016年6月开始，交通运输部委托中国交通通信信息中心起草《交通一卡通产品认证管理办法》。当时，起草单位面向全国31个省(区、市)交通运输主管部门和运营企业、技术企业进行了意见征集工作。2017年8月，交通运输部与国家认证认可监督管理委员会商定联合发布《交通一卡通产品认证管理办法》和《交通一卡通产品认证目录》。

经逐条研究，多次修改，2018年6月，《交通一卡通产品认证管理办法(试行)》及《交通一卡通产品认证第一批目录》(国认证联〔2018〕34号)正式发布。同年，交通一卡通受理终端产品认证工作正式启动，交通一卡通产品认证技术委员会成立，承担秘书处工作。

2019年3月，国家认证认可监督管理委员会发布《交通一卡通产品认证实施规则通用要求》的公告(编号:CNCA－JK－01:2018)，4月开始受理交通一卡通卡片及卡片应用认证工作。2019年7月，新增陆地交通设备和交通一卡通两个认证领域。

认证检测工作的开展对交通一卡通产品质量起到了事前规范的作用，降低了交通一卡通运营企业因软硬件环境问题带来的风险，确保交通一卡通关键设备和系统的标准符合性、稳定性和可靠性，以及业务环境的一致性和兼容性。

五、区域协同

随着社会主义市场经济体制的不断完善，我国经济一体化发展逐步增强，特别是长江三角洲、珠江三角洲等区域经济一体化发展速度加快，区域交通一体化规划和建设问题也被国家各个层面提上了议事日程。交通运输一体化不仅是区域经济一体化的重要内容和切入口，更是实现区域经济一体化的重要基础和前提条件。建设区域快速交通系统，实现连线成网、互联互通，可以有效缩短时间，改变地区人们在居住、就职等方面的传统观念，给商务、旅游、购物等创造条件，促进资金、技术、人才、信息、劳动力的多向交流，使区域内资源达到最优配置，发挥最佳效益，满足多方需求。

因此，中国交通一卡通的互联互通在推行过程中始终以区域为重点、以综合交通运输为纽带。考虑到交通一卡通行业的实际情况和带动效应，交通运输部首先选择京津冀、长三角、珠三角、长江经济带中游城市群等条件比较成熟的重点地区，率先启动系统和终端改造工作。部分城市在实现互联互通之后将地方经验传授给周边其他城市，协同开展互联互通工作，形成了良好的带头作用。早在2012年，江苏省交通厅就提出了互联互通江苏标准，并联合四个城市一起去推动探讨,形成了一个初步方案,后续又按交通部标准做全国范围的互联互通工作。2015 年 5 月,应交通运输部、江苏省交通运输厅要求,江苏交通一卡通有限公司成立,负责全面落实全国互联互通技术标准在江苏的推进、实施工作。江苏省的 13 个地市通卡公司都作为股东参与了进来。2015 年,江苏交通一卡通有限公司按照交通运输部要求,对江苏省 13 个城市的公交、地铁进行软硬件整体改造,到 2016 年更换了 16 万台终端,在 2017 年 10 月全面实现了全省公共交通支付的全面互联互通,使江苏省成为全国交通一卡通工程的典范。

六、国际化应用

随着"一带一路"倡议的提出和推行,优先发展以交通为主的基础设施互联互通成为促进国际交流互助合作和构建国际经济带的重要组成部分。交通一卡通是附着于交通基础设施的重要民生服务,也是促进中国服务和技术标准走出国门的重要抓手。因此,交通运输部在推进国内工作的同时也关注"走出去"推进进程,在积极探索与"一带一路"沿线地区和国家在交通一卡通领域的合作。

2015 年,中国交通通信信息中心获得 RID 码和 IIN 码号段资源,负责与国际 RID 码和 IIN 码使用相关政策的制定和费用的收取,参与国际 RID 码和 IIN 码相关业务规则的制定。这为交通一卡通参与国外市场竞争奠定了标准基础。

2018 年 9 月,中国交通通信信息中心赴匈牙利开展交通一卡通业务合作会谈,双方表达了在"一带一路"框架下积极推进两国交通支付领域服务合作的意愿,希望在交通一卡通技术标准、数据结算、密码应用、配套服务体系等方面进行全方位合作,共同推动交通一卡通项目在匈牙利的落地实施。

2019 年 11 月,中国交通通信信息中心赴印度尼西亚开展交通一卡通互联互通在"一带一路"国家中的推广和项目合作会谈,签署了战略合作备忘录,初步明确了双方合作的业务方向和基本原则,为未来交通一卡通的国际化应用奠定了基础。

第四节　中国交通一卡通互联互通取得的成效

截至 2019 年 12 月,全国已初步实现 275 个地级市、448 个县级城市城市交通一卡通互联互通并发卡,覆盖约 3 万余条公交线路、121 条地铁线路、4.7 万余个公共自行车桩锁、3.6 万辆出租汽车以及 35 条轮渡线路。其中,29 个地级以上城市完成全部地铁线路改造,20 个地级以上城市实现移动支付应用。全国累计发行互联互通卡 6000 余万张,发行用于机具终端的 PSAM 卡近 100 万张,异地交易笔数达 3.6 亿笔。

截至 2020 年 5 月底,全国累计发行互联互通卡约 7200 万张,全国发卡量呈现逐年递增趋势,如图 2-7 所示。排名前 10 位的地区分别是江苏省(1143.3 万张)、北京市(933 万张)、福建省(611.74 万张)、浙江省(548.02 万张)、山东省(444.72 万张)、广东省(384 万张)、天津市(340 万张)、吉林省(298.24 万张)、江西省(274.83 万张)、四川省(241.19 万张),如图 2-8 所示。

2019 年,全国跨城市交易笔数 1.41 亿笔,环比增长了 271%。从 2019 年下半年数据看,月均交易 10 万笔以上的省(区、市)达到 18 个,其中百万笔以上的 3 个(吉林省、河北省、江苏省）。其中，甘肃省2019年的交易总笔数是上一年的107.92倍，上海市2019年的交易总笔数是上一年的85.51倍，多数省（区、市）交易笔数都呈增长的趋势。2019年交易笔数前10位的地区为吉林省、江苏省、河北省、天津市、河南省、广东省、北京市、福建省、辽宁省、贵州省，见图2-9。

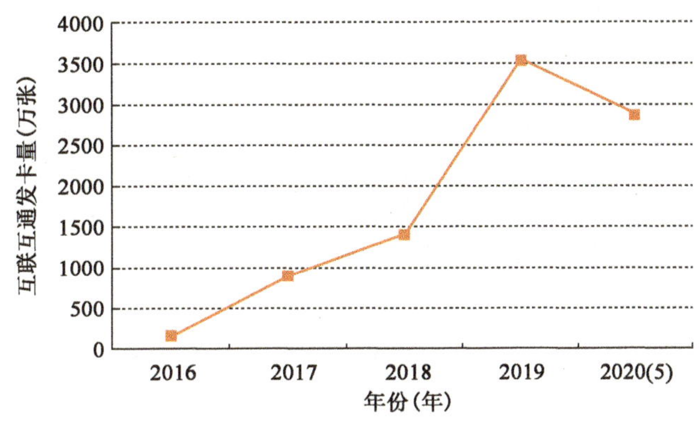

图2-7　2016—2020年5月全国交通一卡通发卡量增长图

注：2020（5）指的是截止到2020年5月的发卡量，按照时间比例推算出2020全年的发卡量，仅供参考。

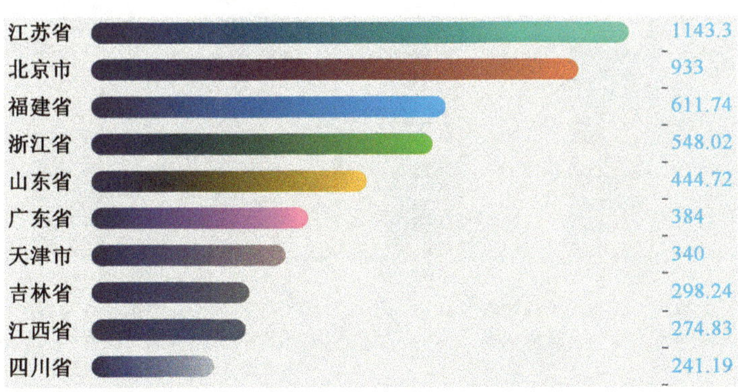

图2-8　2019年底全国发卡总量前10位的地区统计图（单位：万张）

从占比上看，2019年7—12月江苏省累计跨城市交易笔数占下半年全国总交易笔数的16%，吉林省为15.06%，河北省为14.42%，图2-10和图2-11为2019年全国各省（区、市）交易量推叠图。

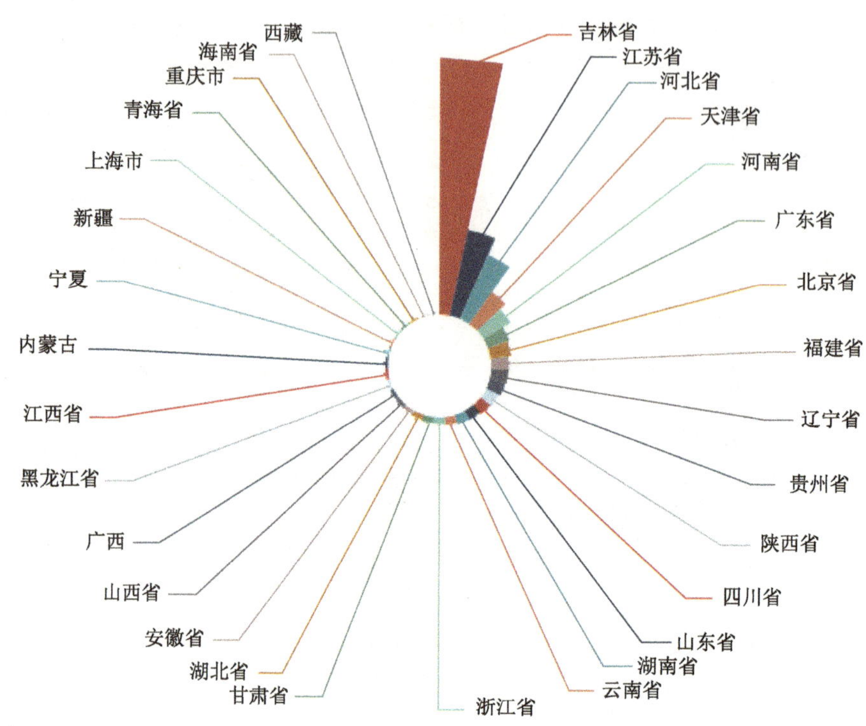

图 2-9　2019 年全国各省(区、市)交易总笔数占比

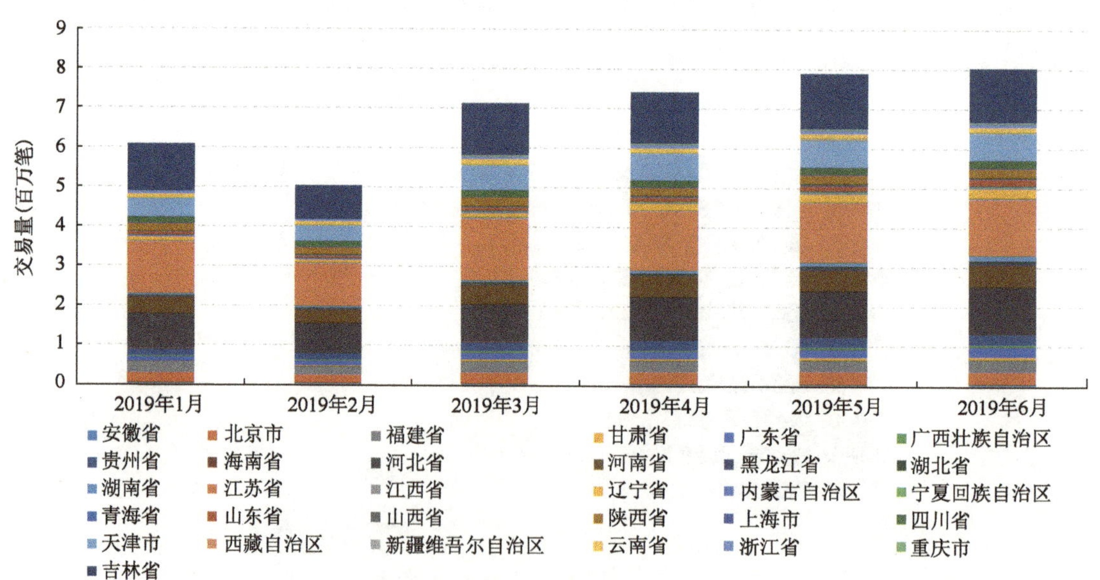

图 2-10　2019 年 1—6 月全国各省(区、市)交易笔数堆叠图

图 2-12 为 2018 年和 2019 年各月全国跨城交易笔数的增长情况。从图上看,全国交通一卡通跨地市交易笔数具有逐月上升的特点,受春节影响,每年 1—2 月跨地市出行需求相对较低,下半年异地出行需求明显高于上半年,每年 12 月份的跨地市交易量最高,说明 12 月份是用户异地出行的高峰时段。

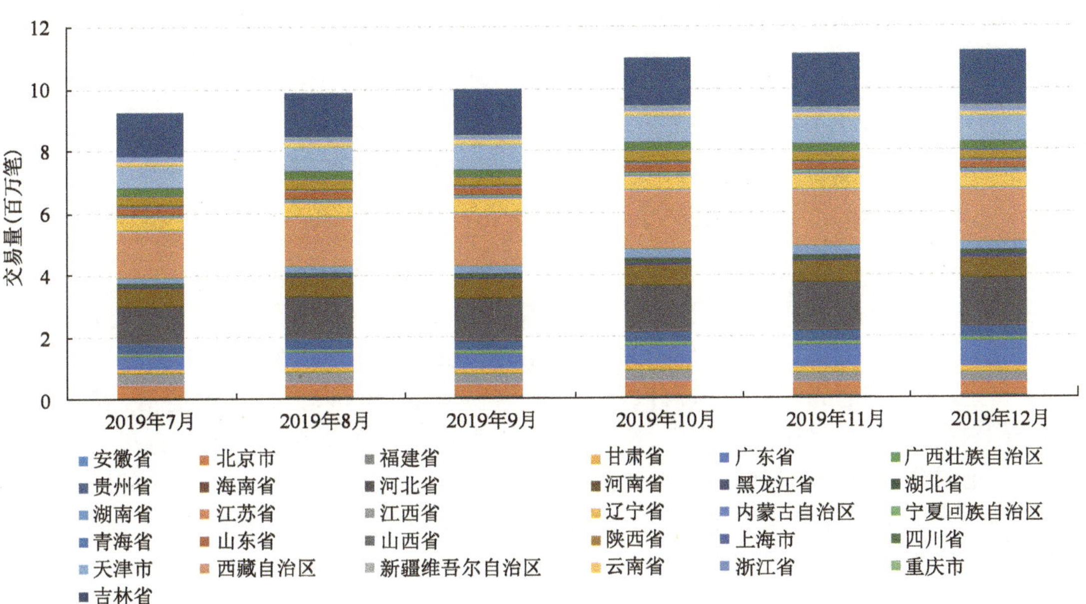

图 2-11　2019 年 7—12 月全国各省(区、市)交易笔数堆叠图

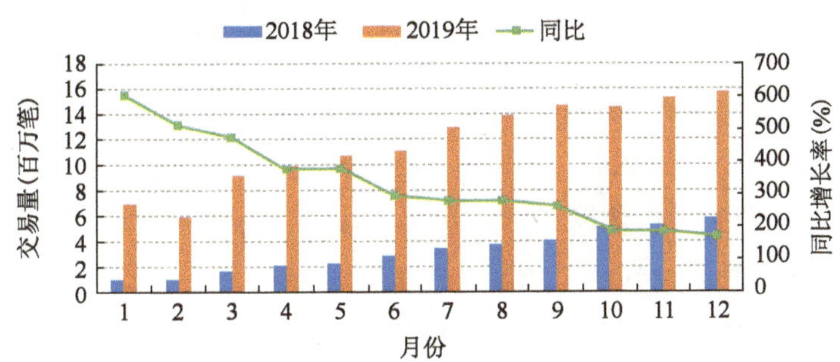

图 2-12　2018 年和 2019 年各月全国跨城交易笔数增长曲线图

第三章　交通一卡通产业分析

从发展背景来看,我国公共交通支付经历了售票时代、IC 卡时代、移动支付时代和互联互通时代。不同的时代,这张看似普通的卡片都在为百姓生活出行发挥着至关重要的作用。它的生产、发行、运营过程涵盖了设计、研发、生产、应用、标准等环节,涉及通信、制造、材料等多个学科领域,这些环节相互交织、环环相扣,逐步形成和推动着一个庞大的产业链,使得交通一卡通对经济社会的影响更加全面深刻。交通一卡通产业在 IC 卡时代逐渐形成,并在移动支付时代和互联互通时代得到进一步发展,未来在“交通强国”的道路上,交通一卡通产业还将进一步发挥更重要的作用。

第一节　交通一卡通产业生态

从经济学的角度而言,产业是利益相互联系的各个相关行业所组成的业态总称。要认识交通一卡通产业生态,首先需要分析构成产业生态的价值网,即整个生态是如何为社会服务并创造经济价值的。其次,需要从产业的核心主体出发,了解都有哪些主体构成及其主要的运营模式。再次需要了解产业的上游主体和下游主体,从而知道交通一卡通产业在产业链中的角色位置。

一、交通一卡通产业生态价值网

交通一卡通产业在发展过程中形成了特色的产业生态。产业生态的形成意味着产业内部各个主体的联系逐渐从随机、偶然、无序走向规律、频繁和合理,从而减少产业内部的无效联系,发挥产业作为整体的优势。产业生态的形成也意味着,产业内各个主体已经实现了密不可分的联系,一旦某个主体缺失,则产业内部的其他主体将会遭遇损失。

价值流动是交通一卡通产业生态的核心。交通一卡通产业生态价值网包括最重要的发卡主体公司(即通卡公司),也包括交通运输企业、政府、消费者以及多个既相互独立又互相联系的其他主体。它们依据不同的角色定位,基于价值和利益关系,形成长期而稳定的网络组织,具体见图 3-1。

由图 3-1 可知交通一卡通产业生态的价值产生的流程顺序。

第一阶段,交通一卡通制造商生产卡片,终端机具商和系统集成商等提供设备和系统服务,发卡公司采购后,对交通一卡通和终端机具等灌输密钥。在这过程中,交通一卡通制造商等获得发卡公司的采购费和技术服务费,但部分地区的发卡公司不直接负责终端机具的采购。

第二阶段,发卡公司通过在各类应用场景投放终端机具,实现和运输企业等的合作,并把交通一卡通出售给个人持卡用户或集体持卡用户。在这过程中,发卡公司获得用户购买卡片和充值卡片的资金。

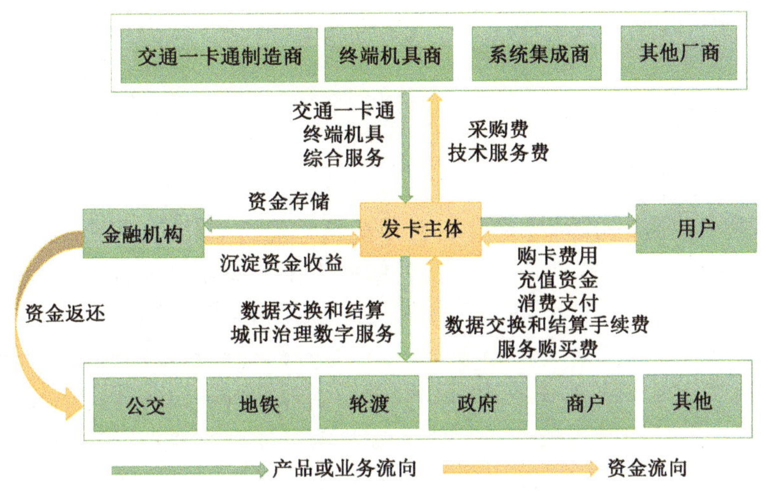

图 3-1　交通一卡通产业生态价值网

第三阶段，用户持有交通一卡通进行消费，所支付的金额由发卡公司进行数据交换和结算。发卡公司进行数据交换和结算后，从支付金额扣取一定比例的服务费，并将剩余资金结算给运输企业和商户等主体。部分发卡公司凭借数据优势和数据分析的能力，还为政府提供公交调度、线路优化决策等社会服务，获得政府购买服务的收益。

交通一卡通产业生态价值的实现，离不开更为广泛的宏观环境支撑。交通一卡通产业生态的宏观环境具体包括政策环境、经济环境、文化环境和标准环境等。党和政府高度重视交通民生事业，出台大量利好政策促进交通一卡通产业的发展。同时，改革开放以来我国经济迅速发展也为交通一卡通产业提供了良好的经济环境。特别是，随着无现金消费习惯的养成，无论是交通一卡通还是基于手机等终端的虚拟卡、二维码等，已经成为群众日常生活不可替代的一部分。随着全国交通一卡通互联互通项目的深入推广，交通一卡通产业也日趋完善，逐渐向更加标准化、便利化、智慧化方向发展。

二、交通一卡通产业生态核心主体

随着交通一卡通产业的出现，与之相关、配套的上下游产业链随即产生。由于供给与需求的关系，衍生出众多交通一卡通相关产品，包括卡片、终端、系统等，形成了不同产业的企业之间的关联产业链，延伸至芯片设计、制造模块封装、终端生产、系统应用等基础产业环节和技术研发环节。在产业链上下游的企业中，部分企业主要服务于其他行业的生产，交通一卡通产品只是其业务拓展的一部分，如交通一卡通芯片厂商、信息系统厂商等；也有部分企业是伴随着交通一卡通产业而产生的，如车载机具终端、地铁闸机终端等。这些企业依附于交通一卡通产业，时刻紧跟国家政策、公众需求的变化，以拓展新的业务市场份额。

在交通一卡通产业的整个链条中，核心主体是发卡机构。产业的核心主体能够从供给侧和需求侧共同为产业发展提供动力，具备平台的性质和功能，在产业链中处于中间位置，和其他主体直接构成联系。

在 20 世纪 90 年代，交通一卡通一般由公交集团发行，因此，如果一个城市有多个公交集团，则同一城市可能有多种交通一卡通流通，群众出行需要携带多张交通一卡通，十分不便。因此，实现“一城一卡”十分重要。

进入21世纪后，大部分地方政府联合当地的公交集团，共同组建通卡公司。据统计，全国范围内已有近450家交通一卡通运营实体，其主体类型复杂多样，从公司性质上分为国有独资（如哈尔滨、广州）、国有控股（如北京、杭州、武汉、上海）、民营控股（如吉林、榆林）多种，绝大多数股东为地方国资；从股权结构上看，单一股东较少，多数运营实体股权结构复杂，如西安通卡公司股东有12家，上海通卡公司股东有9家（涉及外资企业），南京8家，天津通卡有7家等。其中，既有专门从事交通一卡通运营的通卡类企业，也有地铁、公交等交通运输企业，还有地方由当地金融监管部门牵头，组织地方银行及本地企业共同运营交通一卡通。随着移动支付技术的兴起，支付宝、微信等互联网公司也逐渐参与交通一卡通发行工作。

案例3-1：深圳通有限公司成立于2004年7月，由深圳市的国有企业共同组建，其中深圳市地铁集团有限公司占股40%、深圳巴士集团股份有限公司占股30%、深业深港（集团）有限公司占股15%、深圳市运发集团股份有限公司占股15%。主要目的是实现深圳市公共交通“一张卡、一个标准、一个公司运营”的原则，并于2007年12月实现“深圳通”卡全覆盖。深圳通有限公司主要负责智能IC卡（包括用于公共大客车、公共小客车、出租汽车、地铁、轻轨、轮渡等公共交通智能IC卡）的开发、制作、销售、应用、充值等业务，并在移动支付时代积极和互联网企业合作扩展二维码等移动支付的应用。

交通运输部于2017年对185家发卡主体发出的调研问卷情况统计显示，各类主体因所属行业不同，在管理部门、股权结构、资金来源等方面存在较大差异。例如在投资方性质上，国有独资13家、国有控股81家、国有参股4家、民营企业50家、银行5家、全民所有制27家，集体所有制1家。在发卡主体业务性质上，一卡通运营平台76家、交通运输企业103家、银行5家。在管理部门上，由于交通一卡通主要由各城市人民政府主导，不同城市对当地交通一卡通运营企业的主要管理部门也不相同，主要有交通运输、经信委、国资委、城市人民政府信息化办公室等。在发卡模式上，包括自建网点、与银行网点合作、便利店代销售等，形式多样。在资金来源上，有国有财政资金、银行贷款等，也有自筹、银行、运营商投资等，各有不同。在盈利方式上，主要以政府补贴、售票、售卡、沉淀资金存款利息、广告费等。表3-1总结了现有交通一卡通产业发卡主体的基本情况。

发卡主体整体情况统计 表3-1

发卡主体	企业性质	市场份额	管理部门	资金来源	盈利方式	发卡模式
传统交通运输企业（收单、发卡）	国有、私营、个人	54%	交通局、运管局、住建局、国资委、经信委等	国有：财政资金、银行贷款/投资；民营：自筹，银行、运营商、第三方机构投资等	政府补贴款、票款、售卡、沉淀资金存款利息、密钥使用费、广告、跨领域投资	自建网点标准交通一卡通、银行网点合作联名卡、运营商合作手机卡
通卡公司（只发卡）	国有、私营、外资	41%	交通局、运管局、住建局、国资委、经信委等	财政资金、银行投资、股东出资、运营商投资、贷款等	政府补贴、售卡、沉淀资金利息、理财、密钥费、刷卡服务费、广告、跨领域投资	自建网点、银行联名卡代销网点只销售不充值

续上表

发卡主体	企业性质	市场份额	管理部门	资金来源	盈利方式	发卡模式
银行	股份制	3%	人民银行	自有资金	存款	自营网点
运营商	国有	2%	工信部	自有资金	话费、代理服务费	自营网点
移动支付公司	外资	1%	无	自有资金	用户资源变现	二维码

注:大部分城市多种发卡主体并存。

不同发卡主体的运营模式、利益诉求、适用场景都有很大差异。归纳来看,共有四类发卡主体,即交通运输业、通卡公司、银行和运营商以及移动支付公司。具体情况如下。

1. 发卡主体一——交通运输企业:既发卡又收单

传统交通运输企业主要包括公交、地铁、长短途客运、城乡客运、旅游客车公司、轮渡、公共自行车等各类车辆运营企业。这类企业的主要运作方式是,通过提供公共服务,获得票款收入和政府财政补贴,补贴项目包括老年卡的乘车款、公交车补、油补,自行建设 IC 卡系统的企业每年按照刷卡数据向市政府申请运营补贴。作为收单方,运输企业对自主开展交通一卡通业务的主要诉求是,通过发行交通一卡通可减少运营公司的现金管理压力,通过销售或押金等方式为企业增加收入和沉淀资金收入。其中,私营企业和个人经营的运输企业利用押金和沉淀资金购置车辆,通过交通一卡通业务融资开展跨领域投资。

2. 发卡主体二——通卡公司:为各运营企业提供交通一卡通系统建设、发卡充值服务

通卡公司大多由地方交通运输企业共同参股组建,负责投资建设各城市交通一卡通数据结算、发卡系统,通过专业人员为交通运输企业提供发卡充值服务,同时将卡片应用扩展到其他可盈利行业。其主要诉求,一是整合城市全部卡片收单机构需求;二是利用卡片销售或押金获取资金;三是沉淀资金累计收益;四是其他行业的拓展,收取刷卡服务费,如商超、加油加气站、水电煤等。

通卡公司作为单一发卡方,没有收单收入,需要通过运作卡片的跨领域应用提高自身盈利能力。由于发卡和充值服务需要大量人员,运营成本相对较高,很多企业往往通过自身对地方公共交通行业的整合能力以及垄断性经营优势,与商业银行或其他投资机构开展合作,利用合作方的资金建设大数据平台、IC 卡业务系统,利用各自服务网点分别开展卡片、充值、移动支付等业务。通卡公司通过合作降低运营成本,增加发卡量。

通卡公司主要业务类型包括发卡充值赎回、密码管理、收单、数据交换与结算、保证产品认证检测等,详见表 3-2。每一项业务都服从一定的技术标准。从全国来看,通卡公司的主要盈利方式包括以下几方面:一是通过公共交通领域内的发卡和结算业务收取售卡工本费和结算服务费;二是通过交通一卡通沉淀资金获取一定利息,补贴运营成本;三是通过人民银行的小额牌照开展跨行业小额支付业务,收取一定的服务费,但这部分业务收益仅占通卡公司全部利润的一小部分;四是积极申请与一卡通支付相关的政府购买服务项目。面对激烈的市场竞争和新技术对消费习惯的影响,部分通卡公司也在探索在更多的消费领域开展一卡多用的服务,通过跨行业合作争取更多的盈利方式。

通卡公司主要业务　　表 3-2

业务类型	负责机构	业务内容	业务规则
发卡充值赎回	交通一卡通发卡机构	个人化写卡并向用户售卡	《交通一卡通运营服务质量管理办法(试行)》等
	交通一卡通代理机构	提供充值服务	
		提供退卡和退回卡内余额服务	
密码管理	交通一卡通发卡机构	向交通运输部申请商用密码	《商用密码管理条例》等
		对申请到的密码进行管理和使用	
收单	交通一卡通收单机构	采购符合交通运输部技术标准的受理终端	《交通一卡通运营服务质量管理办法(试行)》等
		布放/投放受理终端的机构提供接受用户刷交通一卡通支付的业务	
数据交换与结算	交通一卡通数据交换机构	对收单机构上传的交易数据进行交换、统计、汇总	《交通一卡通运营服务质量管理办法(试行)》等
		和收单机构进行账务核对,无误后进行账户结算	
产品检测认证	检测认证部门	在交通一卡通产品正式生产销售前,进行标准和质量检测	《交通一卡通产品认证管理办法》《城市公共交通 IC 卡技术规范》(JT/T 978—2015)、《交通一卡通移动支付技术规范》(JT/T 1059—2016)等

通卡公司除了承担城市公共交通支付的业务功能,还受城市人民政府的管理和支持,承担服务民生的职能。下面以郑州城市一卡通有限公司为例,它们通过搭建一卡通业务平台,发挥数据和系统优势,通过大数据分析结果为政府提供决策支撑。然而,民生功能的发挥也会受到政策的制约,例如郑州通卡公司将交通一卡通的服务功能扩展到小额支付领域,但因第三方支付牌照政策的限制,该项业务收入从 2018 年开始不得不缩减。

案例 3-2:郑州城市一卡通有限公司成立于 2012 年 9 月 5 日,主要目的是推行"一卡多用",有郑州市财政局路网中心、郑州市公共交通总公司、郑州市地铁集团有限公司共同出资成立。2013 年 12 月 23 日,郑州市城市一卡通有限责任公司正式发卡,发行的所有卡片均为 CPU 卡。郑州城市一卡通靠平台系统做业务,能够充分发挥系统优势,对系统资源进行整合,集约化使用,为政府提供服务,减少政府开支。比如郑州开展的文化购票等服务,未来可以对沉淀数据进行大数据分析,为政府决策提供支撑。除服务公共交通支付外,郑州城市一卡通在自助售货机、超市、餐饮、图书城、电影院等小额消费领域也尝试过一定时间的应用场景探索,但由于未取得第三方支付牌照,加上中国人民银行政策收紧,交通领域外的小额消费已被叫停,与相关商户合约期满后将不再续约。

3. 发卡主体三——商业银行和三大电信运营商:发行带有交通功能的银行卡/手机卡,投资建设公交系统、机具

人民银行2011年发布了关于推进金融IC卡应用工作的意见,鼓励各商业银行“在交通领域推广金融IC卡”,提高金融领域对民生的服务能力,自此各银行开始在全国范围内启动与交通运输企业的合作,包括为公交公司建立公交调度系统、IC卡管理系统、大数据分析平台,发行带有交通功能的银行卡等。

案例3-3:陕西省金融IC卡推广情况

2012年,陕西省组织开展金融IC卡非接受理示范街区,积极推进金融IC卡在公共服务领域的应用。但由于陕西省内各地市公交系统的特殊性,在公共交通领域推广金融IC卡工作遇到一定的阻力,直到2015年才在县域公交实现了应用突破,产生了公共交通领域应用金融IC卡的规模效应。

公交车方面,宝鸡市陈仓区主要公交线路、眉县98辆公交车、延安市安塞县24辆公交车、汉中市洋县34辆公交车、咸阳市三原县全部公交车、渭南临渭区全部公交车均可受理金融IC卡电子现金。随后,安康市公交领域全面实现受理金融IC卡,是陕西省内第一个在公交领域可全面受理金融IC卡的地市级城市。同时,宝鸡市也将在2016年下半年实现公交领域全面受理金融IC卡。

自行车方面,安康市宁陕县建设了金融IC卡自行车租赁使用计时计价平台;杨凌农村商业银行与杨凌区市政局联合推出便民自行车项目,建设40个服务点,投放自行车1000辆,发放自行车管理金融IC卡2000张。

陕西省金融IC卡在公共交通领域的全面应用取得了良好的效果,各项数据都稳步提升。2015年10月,眉县实现公交应用金融IC卡一个月,便累计刷卡58791次,共79168元,最高日刷卡2416次,实现日均乘客刷卡率16.6%。

三大电信运营商支持其省分公司拓展手机卡在公交行业的应用,主要目的一是增加手机用户使用黏性;二是增加话费充值额,如一些运营商采用充话费送交通一卡通的方式;三是推广移动支付应用,如中国移动的“和包支付”;四是通过纳入交通应用开展排他性竞争。案例3-2描述了2013年北京市三大运营商在交通一卡通行业的初步应用探索。

案例3-4:三大运营商在交通一卡通行业的探索

早在2013年,北京移动、北京联通、北京电信就分别推出了手机刷公交卡业务。其中,北京移动开通了“移动NFC手机一卡通”,用户需要更换支持NFC功能的专属SIM卡,选择支持该业务的手机,在手机卡内设置两个账户,一个为手机账户,另一个为手机钱包,两个账户费用不能共享。手机钱包充值需要到北京市政公交卡充值网点,或者登录市政公交一卡通网络服务平台充值;也可通过北京移动的手机支付功能充值;通过手机话费积分兑换充值。手里营业厅有金融街、东中街、西单、王府井等37家指定营业厅。无论手机是否开机、手机信号强弱,都不影响一卡通使用。与北京移

动类似，北京联通推出了“联通手机一卡通”业务，北京电信推出了“天翼交通一卡通”业务。那时候，国内手机NFC发展仍处在初期阶段，用户对此并不感兴趣，主要问题就是办理程序烦琐、优惠力度有限，导致NFC“不叫座”。业界分析师认为，NFC的普及需要整个产业链的共同推进，包括电信运营商、手机厂商、银行、交通系统、商家及消费者个人等各方力量的全动员，仅靠电信运营商“吆喝”难成气候。

4. 发卡主体四——支付宝等移动支付公司

近年来，支付宝等移动支付公司将其支付业务逐渐拓展到衣食住行的方方面面，致力于成为人们日常生活不可或缺的支付工具。在2019年，城市公共交通出行每天大约有2.6亿笔交易，约5亿元交易额，对移动支付公司来说，交易规模和稳定的客户黏性是吸引它们进入交通领域的主要动因。这些公司进入公共交通领域的主要方式是通过资金补贴，由运输企业对原有刷卡设备和系统进行改造，接入移动支付公司的结算系统，从而实现实体卡之外的其他方式支付。

移动支付公司目前尚不具备独立发卡权，其主要业务是创新升级公交卡的移动支付场景，即通过手机、NFC终端等移动支付设备，替代传统公交卡，提供充值、刷卡等服务，充分利用移动支付的便捷性。传统移动支付公司大部分利用手机的NFC功能实现充值刷卡，要求使用的终端设备同时支持NFC功能。2017年，杭州公交集团、浙江政务服务网、中国银联、蚂蚁金服（支付宝）、杭州市民卡、数梦工场等多方移动支付公司合作，在杭州实现直接利用支付宝扫二维码乘车，是移动支付公司通过与发卡企业合作直接参与交通一卡通领域的典型案例，无须通过手机NFC功能。

随着交通一卡通互联互通工作在全国范围的影响力逐步扩大，人们对公共交通跨地域支付的习惯也逐步形成。2017年，公共交通领域支付业务迎来大发展，多种移动支付方式进入大规模商用，整个产业进入“百家争鸣”“群雄争霸”的时代。在新技术方面，微信支付、支付宝为代表的二维码阵容，银联的云闪付，还有各类手机支付产品都不断落地。

三、交通一卡通产业生态上游主体

确定交通一卡通产业的核心主体后，可通过分析核心主体的前向关联，确定上游主体。上游主体和核心主体形成了“供给—需求”的关系。基于这一判断，交通一卡通产业的上游主体的范围，包括支持交通一卡通从制作到实现其功能整个过程的相关企业。

由图3-2可见，交通一卡通产业的上游主体可以分为四类：交通一卡通制造商、系统集成商、终端机具商和服务提供商。另外，芯片制造这一环节普遍独立于交通一卡通制造，即由专门的芯片制造厂商向交通一卡通制造商提供芯片。

1. 交通一卡通制造商

交通一卡通制造商承担交通一卡通从设计到制造的全部或部分职能。从整体而言，目前国内对从事交通一卡通设计的人员投入少，市场集中度不高，内部结构不合理，创新性不强；国内卡片封装工艺相对落后，且因产业附加值低而过于分散。交通一卡通制造应该朝着高端设计、技术改进、行业集中的方向发展。表3-3列举了国内主要的交通一卡通制造商。

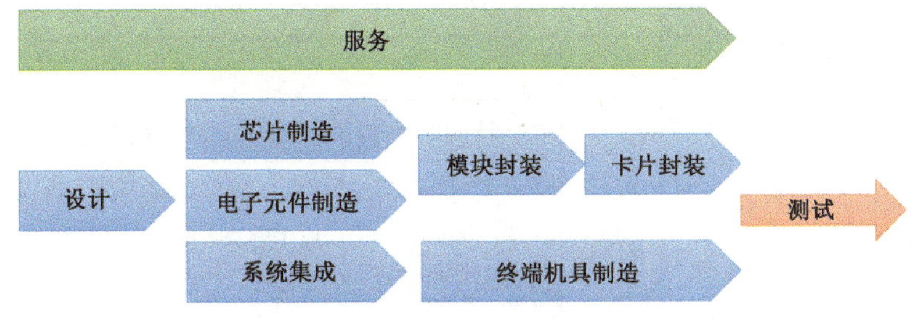

图 3-2　交通一卡通产业链上游流程

国内主要交通一卡通制造商　　表 3-3

企业名称	地区	简介
北京握奇数据系统有限公司	北京	1994 年成立,IC 卡在交通、电信、金融、政府、企业等领域得到广泛应用,且其 OCL 技术是中国密码管理行业标准"智能密码钥匙应用接口规范"的一部分
东信和平科技股份有限公司	珠海	1998 年成立,2004 年中小板上市,具备智能卡芯片封装、模块封装、个人化生产能力和智能卡相关系统解决方案的研发能力
精工伟达科技(深圳)有限公司	深圳	1984 年成立,港资企业,目前卡片年生产能力 8 亿张,其中银行磁卡 3.1 亿张/年、IC 卡 2.8 亿张/年、射频卡 5000 万张/年、电话卡 2.1 亿张/年
中山达华智能科技股份有限公司	中山	1993 年成立,2010 年中小板上市,国内专业生产非接触式智能卡、智能电子标签、RFID 读卡设备的制造商
深圳市明华澳汉科技股份有限公司	深圳	1993 年成立,主要从事研发、生产、销售及推广智能卡及相关读写设备,是国家商用密码产品生产和销售的定点单位,是一家以智能卡和信息安全技术为核心产业的高科技企业

注:根据网络信息整理。

2. 系统集成商

系统集成要求整合不同的卡片和应用场景,并解决不同设备的兼容性问题,以使得系统能正常运作,交通一卡通能够快速得到响应。由此可见,系统集成厂商在交通一卡通的制作和使用中扮演着桥梁的作用。目前,系统集成商和交通一卡通制造及终端机在生产过程能实现联动。表 3-4 列举了国内主要交通一卡通系统集成商。

国内主要交通一卡通系统商　　表 3-4

企业名称	地区	简介
武汉天喻信息产业股份有限公司	武汉	1999 年成立,2011 年创业板上市,是国内三大智能卡操作系统开发商之一,同时也从事智能卡开发生产业务
恒宝股份有限公司	珠海	1996 年成立,2007 年中小板上市,具备智能卡和读写设备生产、即时发卡系统解决方案、IC 卡应用平台解决方案等全套完整的 IC 卡产品和解决方案供应链

续上表

企业名称	地区	简介
上海浦江智能卡系统有限公司	上海	1993年成立，提供智能卡信息处理系统和相关技术服务
新开普电子股份有限公司	郑州	2000年成立，2011年创业板上市，致力于开发智能卡及RFID技术为基础的各类行业应用解决方案，面向城市、校园、企事业以及银行和电信运营商，从事智能一卡通系统的平台软件、应用软件及各类智能卡终端的研发、生产、集成、销售和服务业务
浙大网新科技股份有限公司	杭州	1994年成立，1997年主板上市，开通智能卡系统集成业务

注：根据网络信息整理。

3. 终端机具商

终端机具商采购相关的电子元件，在进行严格的测试之后，将卡片和系统匹配，并进入组装环节。终端机具直接安装在各个公共交通工具，直接服务于持卡群众，为群众提供安全便捷的支付环节和支付保障。终端机具在交通一卡通时期，以卡片读写设备为主，在初始阶段，读写设备基本是由国外垄断。但随着技术的引进，国内终端机具商的实力已不容小觑，部分交通一卡通制造商或系统集成商更是直接介入终端机具的生产。近年来，随着移动支付技术的推广，终端机具的形式更加丰富，包括读卡设备、二维码识别设备、NFC识别设备、智能穿戴设备等，表3-5对各类终端机具进行了介绍说明；表3-6对国内主要终端机具生产商进行了介绍说明。

主要终端机具 表3-5

名称	示例图	简介
读卡设备		交通一卡通读卡设备基于RFID，实现无线射频读卡器和交通一卡通之间进行非接触双向数据传输，以达到目标识别和数据交换的目的。目前，部分读卡设备和二维码识别功能融合，发展为刷卡扫码一体机
二维码识别设备		又称“公交车扫码支付一体机”，通过运用内嵌的手机二维码识读引擎，融合条码自动识别、数据采集和传输的特性以此拓展出“公交扫码支付”功能，乘客搭乘公交车时只需调出手机支付宝付款码（手机App二维码亦可）置于公交车扫码支付设备的二维码扫描区域，付款成功后搭乘公交即可
NFC读写设备		NFC读写设备指的是在单一芯片上结合感应式读卡器、感应式卡片和点对点的功能，能在短距离内与兼容设备进行识别和数据交换。由于NFC读写设备工作频率为13.56兆赫兹，因此用户同时需要更换支持NFC功能的手机

续上表

名　称	示 例 图	简　介
智能穿戴设备		智能穿戴设备轻巧便捷，能实现手机部分甚至全部功能，主要用于 NFC 支付
生物识别设备		近年来，随着新支付技术的发展，部分地区开始试点“刷脸支付”等生物识别技术。通过刷脸识别用户身份后乘车，乘车后在用户的账户扣取乘车款

注：根据网络信息整理。

国内主要终端机具厂商　　表 3-6

企 业 名 称	地区	简　介
深圳市雄帝科技股份有限公司	深圳	1995 年成立，2016 年创业板上市，国内重要智能终端供应商，中标多地交通一卡通终端机具改造项目，近年来在研发生物信息采集和生物信息识别设备
福建索天信息科技股份有限公司	福州	2003 年成立，2014 年新三板上市，国内主要支付终端机具厂商
厦门蓝河电子科技有限公司	厦门	2011 年成立，多次中标公交车刷卡扫码一体机项目
深圳市卡联科技股份有限公司	深圳	2006 年成立，2017 年新三板上市，主要公交车刷卡机设备生产厂商
天津环球磁卡集团有限公司	天津	1979 年成立，1993 年主板上市，老牌公交车终端机具厂商，近年来和支付宝等合作，结合新公共交通支付技术发展新型公交终端机具

注：根据网络信息整理。

4. 服务提供商

服务提供商可以分为三类，第一类是为交通一卡通、系统集成和终端机具提供测试和运维等服务，这类服务的提供相对分散，或由相关厂商提供，或由社会其他服务厂商提供。第二类服务是为通卡公司提供第三方服务，包括银行、第三方支付公司等。第三类为行业标准化检测机构，如北京智慧云测科技有限公司，主要负责交通一卡通相关产品的检测服务。

5. 芯片厂商

芯片是交通一卡通的核心元件，决定了交通一卡通的“级别”。目前，国内的交通一卡通普遍为 CPU 卡，技术发展水平领先于欧美的 M1 卡和日本的 Felica 卡。我国的交通一卡通的芯片，已从单一依赖国外厂商向自主化发展。二十多年来，交通一卡通的芯片不断迭代升级，现在的交通一卡通容量大，且为双界面或多界面。CPU 卡为交通一卡通在不同领域的应用提供了独立的空间和独立的密钥，可以满足用户多样化的支付需求，且为通卡公司和多类商户的合作提供支持。

交通一卡通产业的芯片厂商与时俱进，目前主要围绕存储、安防、身份识别等功能展开了新一轮的研发升级。

案例 3-5：复旦微电子在交通一卡通安全稳定方面的探索

芯片是交通一卡通的指挥中心和业务板块，它的安全稳定是交通一卡通安全稳定的前提。复旦微电子的安全与识别产品线是从智能卡与 RFID 产品线发展而来，依托自主研发的射频、存储器和安全防攻击技术，以及完整的非挥发存储器产品线，已形成了 RFID 与存储、智能与安全及 NFC 识别设备等三个产品系列。此外，电源的稳定性是交易准确记录的基础，是交易安全的重要保障，复旦微电子在配合制作大连明珠卡时就开始尝试解决该问题，目前的解决方案是使用两套电压的方法。两套电压就好比两间房子，而非挥发存储器就是房子之间的“门”。复旦微电子认为，交通一卡通用户黏性最大，最为“接地气”，并表示未来会拓展身份识别（如，应用于港澳通行证与电子护照）以及在线服务平台等服务。

此外，芯片厂商的升级发展还受到交通一卡通行业现状的影响。例如，此前交通一卡通并没有实现互联互通，导致芯片厂商需要针对不同城市通卡公司设计不同的芯片产品，不利于产品规模化生产，利润空间有限。希望通过互联互通的全国推广后，芯片厂商可以集中精力发展主要的芯片产品，从而提高竞争力。

案例 3-6：华大电子与芯片交通一卡通

华大电子的前身是电子工业部北京集成电路设计中心，正式成立于 1986 年，智能卡是它的主营业务之一，目前在交通一卡通的市场占有率是全国第一。在华大电子，平均每年发行的几千万张芯片卡中，约 20% 是交通一卡通。CPU 技术是智能卡最核心的技术，主要涉及射频技术、控制技术、存储技术、安全技术等方面，其中射频技术是智能交通行业的关键技术，国产智能卡目前不存在技术制约。由于各地对交通一卡通的规划和规范不同，芯片交通一卡通推广过程中需要不断根据各地机具的特点调整芯片，华大电子也饱受这方面的困扰，互联互通能够统一各地规范和安全机制。

目前，国内芯片自主化得到充分的发展，见表 3-7。

国内主要芯片厂商　　表 3-7

企业名称	地区	简介
大唐微电子技术有限公司	北京	2001 年成立，是上市公司大唐电信的子公司，大唐微电子接触式 CPU 卡安全芯片采用增强 8 位 CPU 内核，数据存储容量为 16 千字节/32 千字节 EEPROM，支持国密安全算法，保障用户信息安全，具有高安全、高效率、可扩展等特点
上海华虹集成电路有限责任公司	上海	1998 年成立，中国电子信息产业集团有限公司（CEC）下属子公司，中国知名的智能卡与信息安全芯片解决方案供应商，芯片年出货量超过 6 亿颗

续上表

企业名称	地区	简介
上海复旦微电子集团股份有限公司	上海	1998年成立，芯片技术从一开始的0.8微米级发展目前的22纳米级，预计2020年能达到14纳米级
同方股份有限公司	北京	1997年成立并在主板上市，提供金融级的安全芯片
国民技术股份有限公司	深圳	2000年成立，2010年在创业板上市，主要研发和生产双界面IC卡芯片。2013年2月25日，国民技术股份有限公司的Z32D1024智能卡芯片通过了国际EMV组织的认证，标志着公司安全芯片技术水平达到了国际公认的高等级水平
中国电子华大科技有限公司	北京	2002年成立，港股上市公司，在国产芯片研发上走在前列。2012年，中国电子华大科技有限公司推出国内第一款国密算法超高频标签芯片；2014年，中国电子华大科技有限公司推出国内第一款55纳米智能卡芯片。同时，中国电子华大科技有限公司是羊城通等CPU卡芯片供应商

注：根据网络信息整理。

四、交通一卡通产业生态下游主体

交通一卡通产业的下游主体主要分为两类，一类是消费方，包括商户和持卡用户；另一类是应用方，包括政府、公共交通运营企业等。不同的主体均围绕着通卡公司对应不同的需求，具体如图3-3所示。

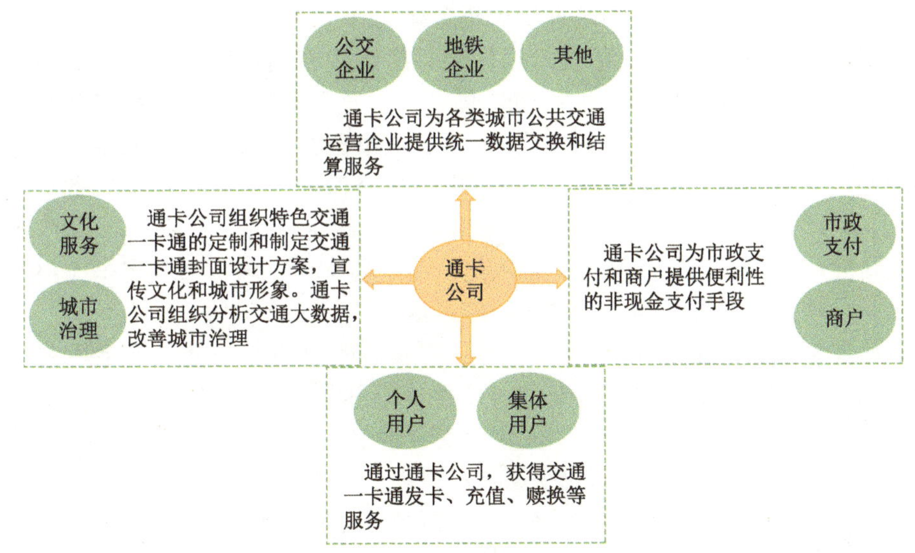

图3-3　交通一卡通产业的下游主体及其需求

以通卡公司为例，主要的下游主体有四大类。第一大类是城市公共交通运输企业，以公交企业和地铁企业为主，通卡公司为其提供统一的数据交换和结算服务，实现了乘客上车支付和运输企业收费等基本功能。第二大类是个人用户和集体用户，通过通卡公司获得交通一卡通的发卡、充值、赎换等服务。第三大类是文化服务和城市治理类客户，通卡公司发行具有纪念意义的交通一卡通，如上海世博会公交卡等，宣传某一个重大活动，提升城市形象；在城市治理领域，通卡公司积累的海量实时数据，能够为政府的公交线路优化、市政道路设施规划等提供决策支撑。第四大类是市政支付和商户，为其提供非现金支付服务。例如，很多物业管理公司、学校等可以与通卡公司合作，将门禁卡、饭卡、学生卡等与交通一卡通合并，提高运营效率，降低运营成本。

下游主体通过通卡公司，获取各自所需的服务。通卡公司在这过程中，能获得卡片发行收益、资金沉淀收益、数据交换和结算服务收益、政府购买服务收益等。下游主体扮演着自下而上推动交通一卡通产业发展的作用。下游主体数量越多，范围越广，需求越全面，则通卡公司的竞争力越强，对财政资金的依赖越少。同时，这一正效应会传达到上游相关厂商，带动产业的整体繁荣。反过来，上游提供的交通一卡通产品和通卡公司提供的交通一卡通服务质量，也会影响到下游主体的规模和构成。

近年来，交通一卡通不断升级换代，交通强国战略得到深入开展，通卡公司的服务体系和服务能力逐步改善，下游主体从以个人用户、集体用户、公共交通运营企业为主，扩展到多类商户、多类主体。交通一卡通产业，已经不能从狭义的"公共交通支付"这一角度去理解，还应该从服务经济民生发展这一高度去审视。

第二节　交通一卡通产业性质

一、交通一卡通产业的经济属性

交通一卡通产业的经济属性，具体表现为其发展需要遵循市场规律，即积极适应技术的发展和对接用户的需求；表现为对国民经济增长起到贡献作用。

1. 交通一卡通产业的发展始终适应技术的发展

市场规律要求提高效率，而适用技术的发展是提高效率的重要方式。交通一卡通产业的诞生，就是遵循市场规律的表现。一方面，交通一卡通产业的发展，提高了公共交通支付的效率；另一方面，交通一卡通产业的发展，降低了城市公共交通运营的成本。交通一卡通产业的发展历程也始终遵循市场规律，积极改进技术降低成本和提高产品服务质量。具体表现为，在上游环节，交通一卡通从接触性 IC 卡到非接触性 IC 卡，从 M1 卡到 CPU 卡，从 IC 卡到移动支付介质；在下游环节，从范围局限的公共交通支付领域扩展到多个应用场景。

2. 交通一卡通产业的发展始终对接用户的需求

市场规律要求供需对接以实现价值。交通一卡通产业的发展方向受到用户需求的影响。在交通 IC 卡时代，由于用户对持卡的安全性需求和便利性需求不断提高，交通一卡通产业在上游环节逐步淘汰使用不便、存在交易安全性和信息安全性问题的接触性 IC 卡和 M1 卡，并逐步升级终端机具，与此同时在运营环节逐步提高服务质量和进行密码安全管理。在移动支付时代，交通一卡通产业在上游环节丰富交易介质的形式，在运营环节实现线上服务，始终以满足用户需求为导向进行升级换代。

3. 交通一卡通产业的发展促进国民经济增长

交通一卡通产业的发展从多个层面促进国民经济增长。

(1)交通一卡通产业紧抓全国交通一卡通互联互通项目开展的契机，积极结合移动支付技术和互联网思维创新发展，产业规模不断壮大。仅以非接触性智能卡的研发、设计、生产、销售、集成以及技术服务为例，2018 年市场规模已超过 100 亿元(图 3-4)。交通一卡通产业涵盖制造业，交通运输、仓储和邮政业、信息传输、软件和信息技术服务业、金融等行业，其发展能为关联产业创造优质供给和市场需求，同时吸纳一大批专业的从业人员。

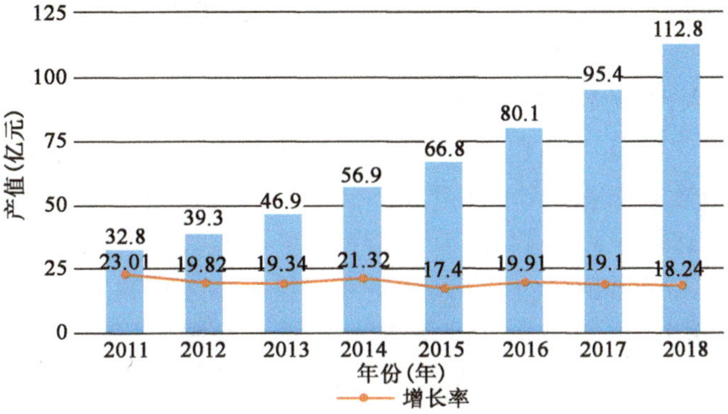

图 3-4　非接触性智能卡产值规模

注：根据前瞻数据库提供的数据绘制，其中，2018 年为前瞻数据库估计数据。

(2)交通一卡通产业的发展可提高经济运行效率。交通一卡通已渗透到社会经济生活的方方面面，在扩大消费、拉动内需、促进国内经济增长和社会进步方面发挥着越来越大的作用。未来交通一卡通体系将实现人流与物流、资金流、信息流的运筹分析，形成集约化、规模化、个性模块化交通运输综合服务系统，最终完成供给侧改革所要求的提升交通运输服务质量和效益，降低流通成本，实现交通运输经济提质增效的总目标。

(3)交通一卡通产业的发展为核心技术提供成长土壤。在芯片领域，国产自主芯片的发展关系到国家安全问题。近年来，国产芯片技术逐渐完善。2013 年，由上海复旦微电子集团开发的首颗国产 NFC 控制芯片通过了 NFC Forum 认证，已广泛用于交通支付。目前，无论是芯片设计、制造和测试、模块封装、卡基生产、卡片印刷，还是智能卡嵌入式操作系统(COS)和应用软件开发，以及相关废料回收，技术水平和自主创新能力都大幅提升，基本能够满足市场的各类差异性需求。尽管国产芯片还存在成本相对较高的问题，但各地的交通一卡通已经普遍使用国产芯片，为国产芯片的成长提供了市场空间。

(4)交通一卡通产业的发展衍生多种商业模式。在传统的实体 IC 卡时代，以交通一卡通为平台聚集商户，形成一卡通商盟应用市场。比如，持有交通一卡通，可在商场、市政等小额支付场景使用，其基本特征是通过便利支付来促进需求的增长。在移动支付时代，交通一卡通积极运用互联网思维，进一步发挥其用户基数大、用户黏性强的优势，以提供便民服务吸引消费者，为下游商户创造更多需求。

二、交通一卡通产业的社会属性

交通一卡通产业的社会属性，表现为其目标函数不仅是盈利和创造经济效益，还表现其能承担多项社会职能。

1. 交通一卡通产业的发展促进了民生公益

交通一卡通多为城市人民政府主导，被赋予了多种民生服务业务。2006 年 12 月初，建设部、发改委、财政部、劳动和社会保障部等部委联合发布《关于优先发展城市公共交通若干经济政策的意见》，明确要求政府加大对公共交通的资金和政策扶持等投入，确保公共交通低票价政策。以北京市为例，2007 年 1 月 1 日北京正式执行北京市交通委和北京市发改委等多部门出台的《关于优先发展公共交通的意见》，统一市区地面公交价格，12 公里以内 1

元起，超出部分每5公里加价5角；并提供普通卡4折、学生卡2折的优惠。乘坐空调车出行的起步成本从原本的2元缩小了一大半。同年10月，北京市实行地铁通票2元制，远低于上海3~9元、重庆2~7元、天津2~5元、杭州2~8元的阶梯定价。该政策每日惠及北京公交乘客逾1500万人次、地铁乘客1000万人次。为确保上述民生政策顺利实施，自2009年起北京市每年对公共交通补贴超过100亿元，2013年的公共交通补贴甚至接近200亿元。北京青年报2014年曾对2282名北京市民的公交出行情况进行调查，其中97.8%的人都表示主要乘坐地铁出行，绝大多数受访者都享受到了公共交通政策的福利。据北京青年报报道，北京某市民家住惠新西桥，每天乘5号线换乘2号线再乘2站公交车到月坛南街上班，虽然每天7:20出门，要换乘3到4趟车才能上地铁，但还是比驾车快20分钟。除了北京，其他城市也在以不同方式补贴公共交通出行，例如扬州、杭州等城市曾实行的一小时换乘免费制度等。

城市交通一卡通行业的公益特征还体现为政府通过交通一卡通给特殊人群发放补贴，主要有老年卡、学生卡、残疾人卡或根据城市需要制作其他特种卡。交通一卡通的种类、优惠和补贴政策一直由地方人民政府根据各地情况自行规定。比如老年卡优惠政策，一些城市规定65岁以上老年人免费乘车，票款由地方政府相关部门一次性定额补贴给公交公司；一些城市由市财政局将定额补贴款直接划拨到发卡机构，再由发卡主体将资金按月存入老年卡；一些城市按照刷卡次数给予公交公司补贴。尽管各地卡种、优惠和补贴政策不同，但都通过交通一卡通从各个角度照顾到了当地的特殊人群，支撑政府发挥了重要的民生功能。

2. 交通一卡通产业的发展促进了交通公平

在不同的领域，公平有不同的内涵，这种内涵与所在领域的目标是密切相关的。交通公平指在有限的可共享的社会交通资源及其所产生的资源分配下，尽可能地为人们提供参与社会经济活动均等的机会。它有三层含义：一是交通运输带来的利益应在全社会公平分配；二是不同交通工具使用者的交通权利和义务应当统一；三是交通作为一种到达目的地的手段，可以为促进社会公平创造条件。交通资源中的“公平”，不仅仅是一个纯道德伦理学的概念，而且具有交通资源的享用、环境保护等方面公平性的实际意义。交通一卡通产业的健康发展提升了人们乘坐公共交通的体验，从而让更多人获得了更公平的交通出行权利。

3. 交通一卡通产业的发展促进公交优化

交通一卡通产业的发展，将不断地提高城市公共交通出行的效率和体验度。在过去，交通一卡通产业的发展降低了公共交通支付的成本和时间，解决了自备零钞的不便利问题；在现在和未来，交通一卡通产业的发展促进了城市交通信息化建设。城市交通管理部门根据交通一卡通反馈的支付数据，指导线路调整、运营时间调整、票价调整和城市道路建设，降低拥堵的成本。交通一卡通产业的发展，为城市流动人口提供快捷、便利、廉价的交通出行体验。

4. 交通一卡通产业的发展促进城市绿色出行

私人汽车造成交通拥堵、环境污染、交通事故和土地利用等负面影响，公众需要负担私人汽车用户没有支付的环境污染成本、交通拥堵成本、事故成本和道路占用成本等。相比之下，公共交通在改善环境质量，缓解城市交通拥堵，节约人们的出行时间成本，促进城市的可持续发展，增加城市的社会经济福利等方面起到非常积极的作用。交通一卡通作为城市公共交通支付的重要方式，其发展水平影响到城市公共交通的服务质量和群众的出行选择，同时还影响到城市交通管理部门的管理效率。通过充分利用交通一卡通大数据分析，可以让更多人了解到乘坐公共交通出行才是解决城市交通拥堵、减少环境污染的最佳途径。

交通一卡通产业承担着社会公平和生态改善等社会功能，在中国城市化进程中发挥着重要的作用。可以说，交通一卡通产业是保证各项社会公共职能得以有效发挥的支撑性产业，不能简单地将其视为一般性的竞争性行业。交通一卡通是政府部门直接触及和服务广大群众的一个媒介，通过交通一卡通实现其车票优惠、特殊人群补贴、鼓励公交出行等公益性服务职能。交通一卡通产业的社会属性，尤其是公益属性和民生属性，让其与银行卡、手机卡，乃至移动支付虚拟卡等有着实质性的区别。部分通卡公司的运营者认为，通卡公司属于特许经营的支付服务企业，在大部分城市都有地方国有资本参与，这类企业的发展需要政府从政策和业务拓展方面给予支持，其经营状况涉及国有资产有偿利用的问题。而支付宝、微信、银联等非交通行业支付机构进入公共交通领域，在没有政府许可的情况下逐步替代传统交通一卡通服务，会造成国有资产的流失。

从这一点上来看，商业银行、电信运营商、互联网公司等其他商业性主体加入公共交通支付领域，尽管在某种程度上增强了该行业的经济效应，但是如果大面积替代传统的通卡公司，容易降低或削弱其社会属性，对政府在公共交通行业的服务兜底功能产生影响，这也逐渐成为通卡行业的一个普遍担忧。

第三节　交通一卡通产业发展建议

总的来说，我国交通一卡通产业经历了过去30年的发展已经初具规模，形成了一批行业骨干企业，产业发展受到了各行各业的关注，卡片、终端、芯片、系统集成等行业性市场稳步发展，围绕交通一卡通的产业链条也在逐步完善中。根据产业性质和发展经验，交通一卡通产业要想真正形成规模效应，首先应该关注综合交通，以及公共交通领域智能化管理和服务的发展，重视综合交通枢纽站和城乡公路服务的智能化，积极推进建设新一代交通一卡通服务系统。

其次，要重视交通一卡通在改善环境方面的作用，积极推广与环境改善相关的宣传活动。我国的交通运输正在转变发展领域，由主要依托土地、资本、劳动力等生产要素的数量，逐步转变到更多地依靠生产要素的创造力，更加关注环保节能和节能利用。在这个转变中，如何通过科技创新全力提升交通一卡通产业的运行效率和服务水平，在实现出行便利化的同时鼓励使用公共交通方式智慧出行、绿色出行，是交通一卡通产业最重要的社会价值。

此外，行业管理部门也应该进一步建立和完善交通一卡通行业规范和标准体系，尤其面对互联网技术在交通一卡通相关重点应用领域的进入，相关部门应该在政策上给予重视，明确交通领域的支付规则。交通一卡通产业正在逐步从传统的公共交通服务走向更为广阔的智能交通产业化市场，未来需要建立一个政府、运输企业和社会资本三者共同引领的交通一卡通产业发展模式。

第四章　交通一卡通发展的中国模式

交通一卡通关系着亿万人的日常交通出行，不仅是交通强国战略服务民生的重要组成部分，也是建设数字中国的有效措施，更是中国特色社会主义现代化建设的一个生动案例。中国交通一卡通产业一直紧随中国经济发展变化，近年来，特别是区域一体化、城镇化程度日趋深化，人群出行需求持续攀升，交通一卡通实现了从无到有、从小到大的转变。而今，中国进入了一个崭新的时代，交通一卡通也在不断提升自身的发展品质，践行解决人民日益增长的美好生活需要与不平衡不充分发展之间的矛盾这一重要论断。回顾交通一卡通的发展历程，尤其是互联互通的推广，我们发现中国交通一卡通产业始终坚持政府主导下的民生服务这一基本原则，走出了一条符合中国特色的发展道路。

第一节　中国交通一卡通发展道路

交通一卡通虽是一张小小的卡片，但却是中国特色社会主义制度优越性的一个重要体现。世界上很多发达国家均发行交通一卡通，如墨尔本的 Myki 卡、伦敦的 Oyster 卡、韩国的 T-Money 卡、多伦多的 Presto 卡、日本的 Suica 卡和 Pasmo 卡等。与这些发达国家相比，在短短 20 多年间，中国的交通一卡通已经从技术和业务模式的模仿者发展为引领者，这与中国经济的高速发展分不开，也与中国国家治理体制分不开，充分体现了中国“集中力量办大事”的特色优势。中国交通一卡通成功之路可归结为三个要素：政府集中领导、坚持民生需求、信息化发展与交通一卡通产业相互促进。

一、政府集中领导是交通一卡通发展的基本保障

中国的区域发展长期不平衡，地区之间政策、经济、文化差异较大。因此，中国的交通一卡通产业在发展过程中始终需要统一的领导和协调机制，对不同地方和不同企业主体进行有效组织，通过推行统一的行业政策和标准，打破地区发展不平衡的瓶颈，形成发达地区和欠发达地区共同发展的良好局面，让不同发展水平的地区享受到公共交通均等化服务。综上可知，交通一卡通虽小，却凝聚了国家治理体系现代化建设的智慧。

1. 地区间的协调：尝试和跟进的有机结合

在中国，地区间发展的不平衡，带来了强烈的地域特征，交通一卡通在不同地区展现出来的业态形式也不尽相同，城市间的分割异常明显，这意味着实现人们需要跨地域、跨交通方式的出行诉求是一个难解的问题。反观世界其他国家的情况，我们同样也可以发现这个现实难题。但是，从 2012 年国务院提出优先发展公共交通指导意见以来，从各部委到各级人民政府积极行动起来，利用体制机制优势，迅速开创了一个新局面，利用互联互通打破地域发展不平衡的瓶颈，将原有割裂开的城市联通到了一起，不仅让行业建立了有机联系，更重要的是使得人民群众能够迅速享受到出行服务的便利。

(1)经济先行地区的大胆尝试。

国内最早的交通一卡通的发行和推广主要发生在杭州、广州、珠海、南京、上海、大连等沿海经济发达地区。这些地区,或大胆进行发展模式升级,或大胆进行技术升级。比如,1996 年 11 月,深圳市公交集团成功地在深圳全市所有无人售票公共汽车线上推行非接触式 IC 卡储值票系统;2001 年大连明珠卡率先升级为 CPU 卡;2014 年南京、扬州、镇江率先应用交通运输部技术标准实现互联互通等。经济先行地区的大胆尝试,为其他城市树立了有据可依的参考模型,充分发挥了技术和经济外溢性作用,实现了行业整体运营和技术升级的可能。

(2)一般地区的跟进策略。

除了经济较为发达的地区,中国大部分地区的交通一卡通运营主体,由于受当地政策环境、自身技术、资金实力、地方公共交通的发达程度等因素影响,对于技术和运营模式创新的需求相比经济发达地区存在一定的滞后性。更多时候,是以满足当地基本需要为目标。以新疆乌鲁木齐为例,乌鲁木齐地处西北边区,经济相对欠发达,人口数量相对较少,公共交通服务相对稀缺。因此,2017 年之前一直使用容量小且无法扩展应用的 M1 卡,尽管技术相对落后,但能基本满足群众的公共交通需求。随着区域经济迅猛发展,带来了交通运输需求的提升,一般地区的交通一卡通发展也跟随经济先行地区的发展,发生了巨大变化。仍以乌鲁木齐为例,2017 年在乌鲁木齐全市范围内开始发行 CPU 卡以取代 M1 卡,同年 8 月乌鲁木齐推出手机 App“红山通”,用户完成实名注册后就可实现手机扫码乘车,也可在线进行充值和挂失业务。并通过接入全国互联互通平台,发行了具备互联互通功能的交通一卡通,实现了新疆地区人民群众持卡在全国两百多个城市乘坐公共交通。

2. 中央和地方的合作:统筹和协调的有机结合

集中力量办大事这一特点在交通一卡通互联互通工作中被充分体现出来。中央政府作为领导机构发挥了谋篇布局、统筹协调的作用,地方政府和企业发挥了积极创新、勇于推进的作用,通过合理引导、上下联动,全国的交通一卡通在短短五年间实现了大范围的互联互通,创新了交通一卡通产业发展模式,升级了技术水平。

(1)中央顶层设计,地方实践探索。

实践和顶层设计具有辩证关系。一方面,缺乏顶层设计的实践存在方向性问题、协调问题和效率问题。另一方面,缺乏实践,顶层设计就如空中楼阁无从谈起。在交通一卡通互联互通推进过程中,中央政府建立了较为完善的政策和技术标准,这些顶层设计是推动地方实践的重要抓手。各地开展的实践工作,形成的经验和教训又为中央政府的顶层设计提供了有益的补充和借鉴。交通一卡通的发展,从过去的地区分散,再到如今走向互联互通,充分体现了中央顶层设计和地方实践探索的有机结合。

以交通一卡通的卡片类型为例,长期以来,地区间采用不同类型的交通 IC 卡,并在实践中逐步总结出 CPU 卡的优越性,这为顶层设计提供了依据。因此,从 2013 年开始,交通运输部就开始大力推动以 CPU 卡为主体的交通一卡通互联互通应用及系统改造工作,计划在 2020 年底前全面更换原有旧卡,提升用卡的安全性。

再比如,在推行交通一卡通互联互通工程之前,长三角、珠三角等地区都对互联互通模式进行了尝试。长三角的互联互通以上海为中心,附近城市通过采用统一标准,进行两两互通。而在珠三角地区，广东省率先开展省内互联互通探索，在全省范围内进行“统一规划、统一管理、统一品牌、统一标准、统一密钥和统一结算”，发行“岭南通 · 地方通”双品牌双版面交通一卡通。地区的实践尝试为全国交通一卡通互联互通提供了宝贵经验，同时也使得政府交通一卡通运营者深刻认识到顶层设计的重要性。因此，在2012年国务院出台《国务院关于城市优先发展公共交通的指导意见》要求全面普及交通一卡通和推进交通一卡通互联互通后，交通运输部也出台《交通运输部关于促进交通一卡通健康发展加快实现互联互通的指导意见》并进一步明确："按照政府引导、市场为主、统筹协调、稳步推进的基本思路，聚焦群众需求，深化改革创新，强化政策引导，标准规范先行，完善市场机制，加快实现交通一卡通技术标准和业务规则的统一，推动交通一卡通健康发展，实现跨区（市）域、跨交通方式的互联互通，方便人民群众出行。”随后更多的政策和技术标准陆续出台，结束了长达十几年的交通一卡通孤立发展局面。

（2）中央资源整合，地方因地制宜。

“集中力量办大事”的推进思路，主要应用在某项工作需要跨越性发展或其影响力涉及全国范围的情况。交通一卡通互联互通正符合这一思路，传统交通一卡通在发展过程中地区性明显，存在自身发展局限、发展格局分散、市场竞争力不足、民生服务能力有限等问题。因此，在指导交通一卡通发展中，政府在现有政策体系下，指导企业对各类资源进行了有效整合，按照统一标准、统一密钥的方式全面推进。

在中央政府统一推进的同时，考虑到地方特色，给予地方因地制宜的权力。地方因地制宜的好处在于，首先，能够根据地区发展的需要及时进行业务调整，比如调整收费标准、优惠标准，能够更好地进行技术创新和业务创新。其次，各地交通一卡通运营企业根据地方情况推出适销对路的互联互通交通一卡通产品，以便能够更好地满足当地群众的需求，这有利于提高社会对交通一卡通互联互通的认识和接受程度。因此，5年间交通一卡通互联互通已经遍布全国87%的地级以上城市，这些成果都是中央政府集中力量，自上而下统筹推进的有力证明。

（3）中央保证公平，地方推动效率。

在中国，发达地区凭借其资金、技术、人才、政策等优势，在各项事业的建设上走在前面。由于中国区域发展的不平衡性，如果只依靠地方自主发展，很容易扩大区域间发展的不平衡。交通一卡通的发展也是如此，中央保证公平保障了各地公共交通服务的均等化，正因为中央的重视和协调，发达地区的经验模式能迅速在欠发达地区得到推广，避免出现发达地区享受便捷的公共交通支付体系，而欠发达地区公共交通支付服务事业长期滞后的局面。

中央保证公平还能保障民生职能的发挥。在公共交通支付方式新旧交替阶段，中央政府的动员和推动，使得不仅发达地区能享受到新技术的红利，还使得欠发达地区能及时享受到新技术的红利。除此之外，中央对公平的侧重还能避免过度市场化运作带来的消极影响。国外交通一卡通的发展由于缺乏中央政府对公平的保证，其费用长期维持在较高的标准，这对于大部分中低收入的市民十分不友好。比如，东京地铁起价180日元（约合人民币12元），而北京地铁调价后，起价仅3元。甚至，国外政客也多次对其国内的公共交通支付体系进行抨击。如，2017年，纽约市长白思豪就对地铁运营问题和MTA随意调价问题进行猛烈的批评。但是，这些国家的机制以市场为主导，很多政界人士即使意识到问题的严重性，也难以采取有效措施进行改善。很多国外政客来华访问后，在感受便捷的公共交通支付服务体系后，十分赞赏中央政府在交通公平方面发挥的作用。

3. 政策和市场的组合：推动行业双轨前进

交通一卡通互联互通是一项极具中国特色的事业，一方面，交通一卡通承担着服务公共交通支付的职能，具备公共属性；另一方面，交通一卡通关联着多个上下游行业，这些行业处于市场化竞争环境，需要提高效率和竞争优势。在20多年的发展历程中，交通一卡通走出了政策和市场的双轨螺旋上升道路。双轨表现为体制内的“政府保障”和体制外的“市场竞争”。“保障”与“竞争”双轨同行，相互促进，共同促使公共交通支付行业的发展。然而，在不同时代，“保障”与“竞争”的具体内涵、所含主体、发挥功能、相互关系等都有所不同，使得公共交通支付行业在双轨螺旋上升过程中走上了快车道，实现了跨越式发展。

(1)“政府保障”始终是重要发展动力。

“政府保障”贯穿于新中国城市公共交通支付的各个历程，以保基本、广覆盖为基本原则，以政府财政为主要筹资来源，以城市运输公司为主体，政府核定定价，为全体国民提供公共交通服务。无论是交通运输部作为顶层监管机构，还是地方政府作为财政补贴机构，它们共同为全国各地居民提供交通保障服务。“政府保障”一方面保障各个公共交通运输公司的生存，另一方面避免票价过高损害民众的利益。在交通一卡通时代，“政府保障”的职能更为全面，除保障公共交通运输公司和民众的利益之外，“政府保障”还承担着推动交通一卡通技术更新迭代和服务质量提升等职能。可以说，若没有“政府保障”，单纯依靠通卡公司的实力是难以在短短20余年实现多次关键性的产业升级的。国外的实例就是最好的说明，以日本为例，日本的交通卡由多个JR日本公司运营，各个企业在竞争中甚至面临着生存问题，难以快速地满足持卡用户对业务服务的新需求。

在移动互联网时代，交通一卡通一方面和移动支付技术深刻结合，发展新的运营模式，另一方面也面临移动支付带来的技术问题和无序竞争问题。在这个阶段，“政府保障”的存在还承担着统一标准和规范秩序的职能。总而言之，“政府保障”保障了各方的合理利益，使得交通一卡通深入人心，无论是公共交通运输公司还是人民群众，均对交通一卡通有良好的印象和依赖，这对于扩展交通一卡通的发展范围具有积极意义。政府对交通一卡通的技术创新和模式创新提供大力支持，有效解决了创新过程中的资金问题、法律问题和生存问题，促使中国交通一卡通从一个模仿者向一个引领者转变。“政府保障”对于发挥交通一卡通的民生职能和推动交通一卡通的良性发展具有积极的意义。

(2)“市场竞争”引领行业发展走上快车道。

“市场竞争”在改革开放后逐步成型，并伴随着市场化改革而壮大。在售票时代，“市场竞争”体现为交通运输公司之间的竞争，各个公交公司为了争夺运输市场份额，采用优化公交线路、降低运营成本、提高服务水平等诸多方式，在人工售票的基础上，又先后推出了月票、无人投币等支付方式。每一种方式都在一定程度上提高了运输公司的竞争力，满足了当时社会、经济条件下人们的出行需求，完成了当时的时代使命。

在交通一卡通时代，“市场竞争”主体变为公共交通支付服务的通卡公司。而运输公司逐渐剥离了支付业务，主要起保障公众交通出行服务的角色。各个通卡公司在承担公共职能的前提下，受“市场竞争”的推动，积极对接市场需求，以充值、押金、手续费等为主要资金来源，提供便利、廉价、普惠的公共交通支付服务。在移动互联网时代，金融和互联网企业的进入使得“市场竞争”更为激烈，由此给行业发展带来机遇和挑战。但是，“市场竞争”往往需要“政府保障”来纠偏，在交通一卡通的发展中“政府保障”是决定性的力量，“市场竞争”只有紧密跟随着“政府保障”这条主线，才能保障行业良性发展。从这个方面而言，城市公共交通支付领域不应该完全变成纯市场化，而应该将其发展成具备鲜明的公益性服务的行业。

二、坚持民生需求是交通一卡通发展的推进原则

交通一卡通行业在经受市场化浪潮的考验的同时，始终将保障民生需求作为核心目标。二十余年来，交通一卡通在群众心目中树立起“小卡片，大民生”的正面形象，体现了中国公共交通支付服务取得的优异成绩。

1. 始终服务于经济发展带来的出行需求

经济的快速发展，改变了以往地区间要素流动性差的局面。特别是自 20 世纪 90 年代末开始，随着市场化改革的深入开展和人民生活条件的逐渐改善，外出务工和外出旅游的需求不断增长。加之随着经济增长，中国城镇化水平不断提高（图 4-1），城镇化发展水平的区域差异又导致人口的区域流动。据国家卫健委统计，2018 年中国流动人口的规模约为2.41 亿人。人口的大量流动必然创造对交通客运的庞大需求，交通支付作为支撑交通运输的重要服务手段，必然和人民群众的出行需求紧密对接。

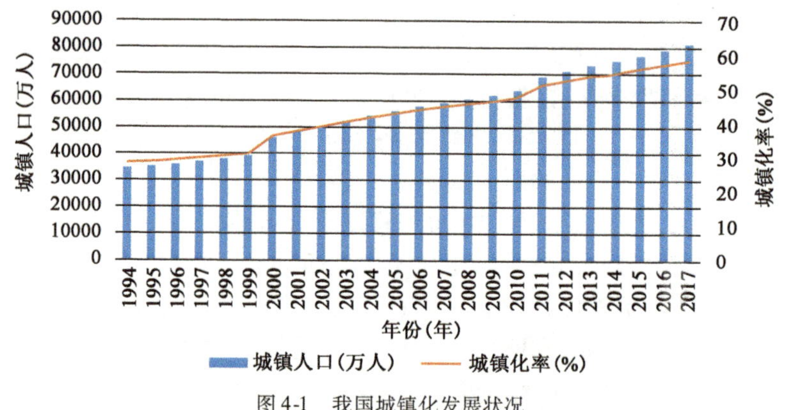

图 4-1 我国城镇化发展状况

注：数据来源于《中国统计年鉴》。

我国当前仍处于社会主义初级阶段，各项社会事业发展仍不充分，汽车普及率仍远远低于发达国家；城市的流动人口受制于收入、户籍、汽车入户等政策，在日常生活中对公共交通的依赖性大。此外，由于中国人口众多，道路拥堵问题为私人交通出行带来极大的不便。因此，人民群众对公共交通出行有日益增长的需求（图 4-2）。根据交通运输部的统计数据显示，2018 年全国城市客运量总计 1262 亿人次，其中公共汽电车 697 亿人次，轨道交通 213 亿人次，出租汽车 352 亿人次，客运轮渡 8038 万人次。交通一卡通互联互通的发展，将提高对人民群众在公共交通出行的刷卡服务水平，提高人民群众公共交通出行的舒适性。在服务民生的过程中，交通一卡通实现了从系统、卡片、终端机具和服务模式等的全面升级迭代，最大限度地满足了人民群众的出行需要。

2. 始终服务于人民群众消费升级的需求

中国经济的迅速发展使得人民群众的消费能力不断提高，推动了人民群众的消费升级。

在过去经济落后年代,一张月票成为很多群众的奢望;在20世纪90年代初,一张交通卡成为很多群众心目中的重要消费品;进入21世纪,人民群众青睐更加安全、反应更加迅速、支付场景更加丰富的CPU卡;2018年以来,便捷的移动支付、无感支付已经进入交通一卡通行业。交通一卡通的发展历程,就是一个不断地服务于人民群众消费升级的历程。可以说,人民群众的需求发展到哪儿,交通一卡通技术就升级到哪儿,这同以追求市场效益为导向,而缺乏足够激励进行公共服务升级改造的国外交通卡有明显的区别。

3. 始终服务于公共交通的运营需求

中国经济的迅速发展推动公共交通基础设施的完善。交通运输部科学研究院、北京航空航天大学发布的《2017年中国主要城市公共交通大数据分析报告》表明,截至2017年底,全国有24个城市公交线网覆盖率超过了70%,11个城市500米站点覆盖率超过80%。2017年全国新增861条公共汽电线路。另外,我国的轨道交通[包括地铁、有轨电车、轻轨、单轨、磁悬浮、APM线(旅客自动运输系统)]已覆盖33个城市,共162条线路,总运营里程达4824公里。其中8个城市运营里程超过200公里,13个城市运营里程超过100公里。有18个城市轨道交通成网运行,其中9个城市换乘站超过10座,16个城市换乘站超过3座。2017年全国新开通35条轨道交通线路。以公共汽、电车为例,截至2017年,全国城市公共交通汽、电车运营数量达到554820辆;与此同时,全国城市公共汽、电车运营网里程达到791365公里,如图4-2所示。

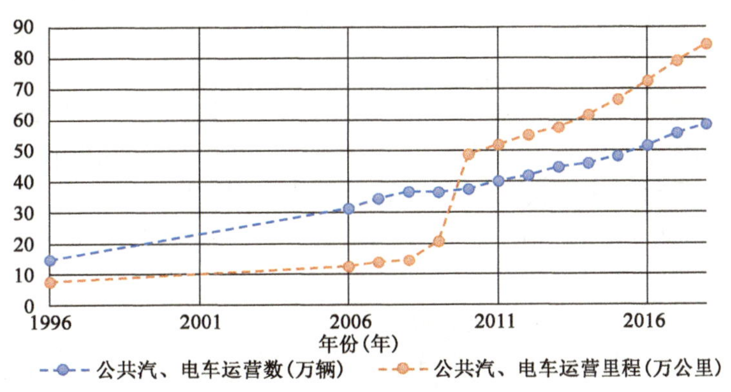

图4-2　中国公共汽、电车运营状况

注:数据来源于《中国交通统计年鉴》。

公共交通出行基础设施的逐步完善,树立了公共交通向更便利、更高效发展的良好形象,提升了公共交通出行吸引力。但是,伴随着城市公共交通的运载能力和运载范围的扩大,如何鼓励群众选择公共交通出行?如何降低公共交通运营的人力成本?如何扩展公共交通的附加价值?如何保障乘客在客流高峰的安全支付?如何提高支付结算的效率?这些问题为公共交通运营带来困扰。交通一卡通的出现和发展,为公共交通运输体系解决上述问题提供了有力手段,使得公共交通更加安全、便捷、绿色和有吸引力。

三、信息化发展与交通一卡通产业相互促进

当今世界,信息技术创新日新月异,数字化、网络化、智能化深入发展,在推动经济社会发展、促进国家治理体系和治理能力现代化、满足人民日益增长的美好生活需要方面发挥着越来越重要的作用。中国交通一卡通产业的快速发展正是在国家高度信息化建设的基础上

得以实现的，随着交通信息化领域新技术的不断变革，交通一卡通的安全性和便利性逐步提升，充分实现了服务民生的本质要求。整个社会信息化水平的进步，也不断培养和提升着人民群众对新技术的需求。

1. 信息化技术创新为交通一卡通提供成长的土壤

交通一卡通经历了从接触性 IC 卡到非接触性 IC 卡，从 M1 卡到 CPU 卡，从实体卡到电子卡的技术演变历程。以“深圳通”为例，在“深圳通”发行之前，深圳市有多种公交卡，主要是非接触性 M1 卡。2004 年 12 月 13 日，深圳通有限公司注册成立，一开始几乎完全借鉴日本的标准，发行索尼系列产品（即 Felica 卡）。2008 年 3 月，深圳通有限公司首次发行 Type A 卡，采用了英飞凌芯片的 CPU 卡。自 2007 年开始，深圳通有限公司就开始尝试将交通一卡通和移动支付进行结合，与中国移动、中国联通等运营商合作基于 SIM 卡的 2.4G 技术应用。该项技术于 2011 年正式在深圳市场推出，在当时轰动一时甚至出现一卡难求的情况。2014 年开始，深圳通有限公司已经和移动支付深度结合，NFC 和二维码技术全面应用。仅仅移动支付方面，深圳通在地面交通就有 1400 万个注册用户，轨道交通有 1600 万个注册用户。相比较而言，美国、日本等经济发达国家，因公共交通基础设施发展缓慢，公共交通支付服务无法满足出行人群需求，在新技术迭代升级方面较为迟缓，以美国纽约 MTA 为例，直到 2019 年，其交通卡才支持 Apply Pay（苹果手机支付）。日本的 Suica 卡作为明星交通卡，至今仍以实体卡的形式流通，用户需要到服务网点充值才能够完成交通支付。

技术的快速更新迭代在为人民群众带来便利的同时，也为新技术在中国的落地带来成长土壤。从 IC 卡芯片看，交通一卡通发行量累积超过 10 亿张，这意味着市场需要超过 10 亿枚芯片。复旦微电子、大唐华虹等国产芯片企业，得益于交通一卡通行业的快速发展，从最开始的仿制到现在的拥有自主技术，从最初的来料加工到现在的技术领先。除芯片之外，国产终端装备、平台系统等技术也取得了长足进步，出现了一批又一批非常优秀的本地化技术企业，这些企业为交通一卡通产业的发展提供了技术保障，交通一卡通也在成长过程中不断促进国内信息化技术的更迭。

2. 交通一卡通是信息化应用的试验田

技术的创新和商业模式的创新是密不可分的，交通一卡通不仅促进信息化核心技术的发展，还深刻地参与到信息化应用的发展历程。交通一卡通的诞生，就意味着过去公共交通运输企业独立承担支付业务的时代结束，因此可以称交通一卡通是第三方的最早尝试之一。目前，我国大部分城市已经建立起交通一卡通系统，覆盖超过 7 亿的人群，且在不同的阶段有不同的模式。以上海为例，1999 年 12 月 26 日，上海公共交通卡股份有限公司正式发行了使用华虹和复旦微的国产芯片制作的上海交通卡 M1 卡，逐步建立起由通卡公司统一提供支付服务的体系，在实践过程中形成“先付费后消费”“不记名，线下服务”等模式。2009 年，上海开始着手升级 CPU 芯片，并在 2008—2009 年期间，与中国联通联合发布了第一个定制手机卡，该卡支持在公交和地铁上进行刷卡支付。这意味着，交通一卡通从单一场景向多场景服务演变。2012 年，上海实现与周边 7 个城市互联互通。2014 年，上海交通卡公司开始尝试与移动、电信等厂商合作探索 NFC 技术的 SWP 方案，推动了实体卡向手机卡大规模转移。2017 年，交通一卡通行业产生了以手机为媒介的移动支付变革，手机厂商主导的新 NFC 刷卡模式得到大规模应用。

当前，交通一卡通行业已经和第三方移动支付机构（如微信、支付宝）、手机运营商、手机厂商（如华为、小米、苹果）等形成紧密的合作，形成“先消费后付费”“实名注册，线上服务”等新模式，逐步发展出基于公共交通支付的生态体系。可见，交通一卡通不但走在信息化技术发展的前面，也走在信息化商业模式发展的前面。

3. 交通一卡通为信息化发展提供文化氛围

信息化的发展不仅依赖于技术的进步和商业模式的创新，还需要良好的社会文化氛围，交通一卡通为群众树立起良好的信息化示范，推动全社会支持与参与信息化建设。交通一卡通改变人民群众的公共交通支付习惯的过程，也是传播信息化文化的过程。人民群众由于交通一卡通的不断发展，感受到无现金出行的便捷舒适，感受到信息化建设的成果，这有利于增强人民群众对信息化建设的认同与向心力。

另一方面，随着大数据等技术的发展，交通一卡通数据也逐渐被用于市政决策、政策决策、经济社会发展分析等领域，实现服务民生并赋能城市治理。交通一卡通是城市信息化建设的重要抓手，群众在使用交通一卡通的过程中累积了大量出行数据和交易数据。特别是随着全国交通一卡通互联互通项目的开展，累积的区域间的出行数据和交易数据显得更为重要。如何保障数据的安全性和用户信息的安全性，如何充分利用这些数据更好地服务民生，也成为交通一卡通产业需要重点研究的方向。

第二节　中国交通一卡通发展面临的挑战

尽管在过去20余年，交通一卡通取得举世瞩目的成绩，走出具有中国特色的发展道路。但是，一方面交通一卡通具有公共性和市场性双重属性，在发展过程中面临着市场机制的促进和挑战；另一方面，我国仍处于并将长期处于社会主义初期阶段，存在治理体系发展不完善等现实问题。同时，技术创新过程带来的各种不确定性也对交通一卡通的发展生态造成冲击。

国外的交通一卡通因无须考虑公共性的特点，因此面临的挑战主要是市场的挑战，是单维的。而在我国，交通一卡通面临的挑战是多维的，这些挑战主要来自市场化、技术创新、政府政策等方面，具有很强的中国特色。

一、交通一卡通市场化与公益性间的差距

资本的支持和资源的稳定供给是促进行业发展的基本保证。交通一卡通产业形成之初，资本主要来自国有资产，如市政或运输企业对于公交车终端的投资等，也有部分民营企业自筹资金启动交通一卡通工作。随着企业正常运转带来的资本累积，部分盈利较好的企业能够基本实现收支平衡，但更多的企业仍需要财政补贴维持。随后开展的全国交通一卡通互联互通工作，其资金也主要来自地方财政和企业自筹。

近年来，互联互通城市数量的逐年攀升，公众对于交通一卡通依赖程度和互联互通满意度也持续走高，形成了良好的民生服务效应，这些情况引起了银行、第三方支付、互联网企业等社会资本对交通运输支付的关注，很多市场主体看中了公共交通支付小额、高频、高用户黏性的特点，纷纷涌入交通一卡通市场，为行业注入了发展资本，带来了新的技术和新的模式，从一定程度上促进了行业的发展。不可否认的是，市场化对于提高交通一卡通的效率具有积极意义。

但是,网约车、共享单车等交通运输领域互联网思维的成败与得失表明:在鼓励金融和互联网企业参与行业建设的同时,要时刻关注其逐利性问题。我国的交通一卡通产业带有明确的公益属性,需要有专业性的、稳定的服务机构为百姓出行提供服务兜底。如果放任各类金融和互联网企业无序竞争,传统交通一卡通运营公司的生存空间将会被严重挤压,公共交通支付这项民生事业极有可能难以有序推进,主要表现在:第一,各类发卡主体进入交通领域,造成混乱无序的发卡权争夺,不利于资源整合;第二,银行、互联网企业的进入虽然在一定程度降低了公交公司的运营成本,但同时也让公交运营企业和地方交通管理部门失去了对用户出行数据的掌控,交通一卡通的服务职能和管理职能逐渐被淡化;第三,技术系统建设管理风险大,大量交通一卡通系统由交通行业外主体参与建设和运营,增加了行业管理难度和运营风险。

目前,社会有一种误解,即认为通卡公司传统落后,应该由金融和互联网企业替代,这种思维是值得警惕的,通卡公司一旦被其他企业全面替代,地方政府将很难再有一个可以自主支配的民生保障力量,最终带来的将是人民群众出行服务的受损。从国家和人民群众的角度,公共交通支付应该是以服务性和民生性为主的,随着金融和互联网企业的进入,打破了交通一卡通原来的生态平衡,挤压了交通一卡通运营机构的生存空间,影响了交通一卡通企业民生职能的发挥,激化了市场主体的逐利目的和人民群众的民生需求的冲突。各类资本无序性、盲目性地进入,不但不能促进行业正向发展,还可能会对已有行业造成冲击,扰乱市场秩序,存在削弱交通一卡通互联互通基础的可能。

交通一卡通产业在推进市场化发展的前提下,更需要有强有力的政策引导,完善市场准入、退出机制以及事中事后的监管。目前,并没有任何政策明确限制交通一卡通的准入。因此,需要通过进一步完善顶层设计和准入机制,将交通一卡通定位为一个准公共服务性领域,才能在发挥市场化积极影响的同时,发挥好交通一卡通最基本的职能——服务民生。

二、新业务新需求与行业能力建设间的差距

随着时代发展,人民群众出行需要越来越多样化、高端化、个性化,从过去"走得了"到现在"走得好",人民群众希望得到更加安全、便捷、高效、绿色、经济的公共交通服务。但从整个行业发展水平上来看,发展不平衡不充分的问题依然突出,主要表现在城乡间、区域间、运输方式间、新旧业态间、软硬实力间以及建设管理之间存在不平衡的问题。传统交通一卡通运营机构的服务质量和经济效益还不高,企业创新能力不够,交通一卡通扩大增量与优化存量还有不小潜力空间。这些发展不平衡不充分问题相互掣肘,是现阶段行业发展很多问题产生的主要原因。

在中国推动互联互通工程之前,整个行业都仅局限在城市内部发展。近些年,互联网产业的新思维、新技术、新模式开始逐步渗透到公共交通领域,对传统通卡公司的生态格局产生了冲击,迫使整个行业开始谋求发展之路。技术上,传统运输企业或通卡公司所部署和应用的技术系统存在性能不高、架构落后等缺点,在联机交易、支付多元化以及大数据处理等新兴前沿技术应用的战略布局非常有限。经营上,政府对企业承担民生服务的要求逐步提高,企业一方面要考虑自身经营,一方面还要承担更多的社会责任和公益服务。因此,传统交通一卡通企业需要转型,应该从思维上有所转变。

三、技术创新不确定性与风险把控间的差距

交通一卡通系统的建设目标是为了解决人们公共交通出行支付便捷问题，由于离线化的卡片支付技术能很好地满足基本需求，因此这种技术方式在相当长的时间内成为最主要的支付形态，并得到快速普及和发展。随着移动互联网技术的快速发展，传统交通一卡通技术在当今各类新技术面前已暴露出性能不高、架构落后等缺点，新兴的支付技术开始广泛应用于电子商务领域，与传统交通一卡通支付相比，金融和互联网企业具有资金、技术、人才和市场等比较优势，特别在支付技术的先进性和兼容性方面更是具有突出的先天优势。移动互联网新技术的应用为传统交通一卡通产业带来更多创新应用，解决了交通一卡通固有的一些短板和不足，但由于移动支付技术和新产品应用具有一定的技术和资金门槛，这就给一卡通企业转型升级带来诸多竞争和挑战。

传统一卡通公司在开展技术创新时，一方面面临着多种技术路径选择，另一方面需要投入大量的人力、物力、财力。近年来，很多企业在技术创新上形成了一种盲目跟风的趋势，哪个技术热门，大家就一拥而上，忘记了最基本的成本—收益分析。不可否认的是，交通一卡通在过去通过积极主动迅速的技术创新，更好地承担了其社会职能和经济职能，但服务民生是否采用越新的技术就越好。例如，近几年二维码技术被社会热捧，很多地方投入大量资金改造机具终端；NFC 技术被媒体广泛宣传，很多地方又立即投入大量资金改造。但是，投入大量成本是否真的带来服务能力的改善？是否对交通一卡通日常运营带来积极影响？这些新技术的成熟度是否可以满足民生服务的需求？这些问题都需要整个行业进行认真的思考。技术创新具有不确定性，交通一卡通产业在发展过程中如果缺乏明确合理的顶层设计，一味跟风模仿，不但其服务民生的职能无法得到充分实现，还可能面临发展资金日益枯竭的潜在风险。交通一卡通是信息技术发展的先行官，但无序、不科学地进行技术创新又有潜在的不良后果，这两者并不矛盾。交通一卡通的发展，应该顺应技术发展的客观规律，也同样需要考虑企业自身的经营效率和服务质量，有所为，有所不为，才能保证整个行业的可以持续性发展。

四、高速发展与政策体系不完善的差距

20 多年来，交通一卡通受益于国家治理体系的完善，又在实践中走出具有中国特色的发展道路。但目前，还存在国家政策体系不完整的情况，限制了交通一卡通的发展步伐，对交通一卡通的未来发展带来挑战。

交通一卡通的行业归属是一个特别需要关注的问题。交通一卡通是否属于商业预付费卡，其经营范围包括哪些、是否需要第三方支付牌照等，仍然是困扰行业的一个问题。由于多数交通一卡通运营企业以城市为主体，具有强烈的公益性特征，被地方政府赋予了多种民生服务业务，其票制票价由各地人民政府根据当地经济发展、社会承受能力等情况制定，公交低票价、补贴性政策与金融和第三方支付企业商业需求存在巨大差异。从密码应用上看，交通一卡通密码由国家交通运输主管部门批复，省级交通运输主管部门或城市人民政府作为申请和管理单位，从事交通一卡通服务的运营主体由政府部门进行审核和监督，且大多数为地方政府直接管理和运营的机构，这也与商业预付卡的管理机构不同。

行业定位是行业发展的重要影响因素，因此，交通一卡通更应该定位为民生服务领域的

预付卡。但是从整体看,这一类民生服务领域的预付卡普遍体量小、经营水平参差不齐。根据现有政策规定,若没有跨出交通运输领域的需求,则无须取得人民银行的支付牌照。由于目前没有专门针对交通一卡通行业的准入机制,一方面运营能力不足、服务民生效果差的运营机构不能被有效清退;另一方面,无序进入的第三方机构使得行业发展更加混乱。考虑到公共交通领域预付卡使用人群广泛、运营主体复杂、卡片流动性高、资金支付频繁、社会影响明显等情况,有关部门亟须进一步完善监管制度,规范行业发展,明确准入原则,强化运营主体服务民生的能力。

交通一卡通的实名制问题也一直是社会较为关注的问题。和银行卡、社保卡不同,交通一卡通一直采用非实名制。从政策和监管的角度而言,各地交通一卡通运营机构是可以根据当地情况自行选择是否发行实名制卡。然而,大部分地区交通一卡通仍然不是实名制,仅少数城市发行了实名制卡。这主要是由于交通一卡通实行非实名制,与其承担的业务需求相关。交通一卡通自诞生以来,主要是用于对原有纸质票卡的替代,其特征为交易额度小、频次高、速度快,因而普遍遵循不记名、不挂失的原则。从技术原因来看,当前大部分公交机具均采用离线的方式工作,当日交易数据无法实时上传至后台系统,需每日车辆回场后,由人工采集上传数据后系统才能进行结账。由于结算时间的不确定性,卡片丢失后无法及时更新有关系统和终端数据,无法及时止损。另外,与日常其他支付方式不同,公共出行需要充分保证刷卡交易速度,一般刷卡时间需要控制在0.3秒以内,否则会造成公共交通乘车拥堵。但是,当前公交终端机具技术性能普遍不高,内存容量有限,如果对各地丢失卡进行挂失处理,需要在终端机具上加载大量挂失卡黑名单,导致机具处理速度变慢,严重影响公共交通系统的服务能力。鉴于目前的技术现状,还无法较好地解决交通一卡通异地挂失问题。只有有效解决挂失问题,才能真正享受到实名制带来的便利和优势,保障持卡人合法权益,为持卡人带来更便利、更安全、更满意的公共出行支付体验。随着虚拟卡、二维码的推广,移动支付技术能够较好地解决实名制和虚拟卡挂失问题,相信在不久的将来实名卡应用效果可期。但是,在实名制情况下,乘客的信息安全和隐私保护则成为另一个不可忽视的问题,目前仍未形成统一的对于用户隐私和账户安全数据的保护机制,这也需要行业主管部门提前做好顶层设计和应对工作,进一步保障持卡人利益。

交通一卡通的发行方式和定价事关消费者合法权益。在众多发行方式中,押金问题最为受到社会关注。不少持卡人反映交通一卡通退卡难、退押金难,而且押金远高于制卡成本,对押金的使用去向也存在很多疑问。

根据国家发改委在《集成电路卡应用和收费管理办法》中的相关规定,为控制发行费用,对不单独收费的IC卡,可以按照一定的标准向用户收取押金或租金。但是押金普遍高于制卡成本,也成为公众质疑的焦点。此前媒体披露,北京交通一卡通成本为9元左右,但一直扣取20元的押金。为此,2007年6月至8月,北京市审计局对交通一卡通的成本及押金使用情况进行审计,了解到交通一卡通的成本构成是:约45%的采购成本、约30%的注册用软硬件系统及相关费用、约8%的发行费用等。在交通一卡通的净保有量稳定时,每张交通一卡通的成本为20.5333元,其中不仅包括了制卡成本,还包含一部分人工发行费用,一部分卡的维护费用,剩余部分作为准备金为退卡用户服务。越大的运营机构,其服务成本和维护成本越高。押金并不主要是存在银行账户中收取利息,大部分用于支付制作卡片的成本。

关于退卡难问题，很多发卡主体公司确实不希望公众频繁退卡和换卡。通卡公司既不能像交通运输公司从票价里得到服务补偿，又不能像商业公司一样在发卡中营利，其承担的卡片成本除了押金外无从获得资金支持，因而不愿意公众频繁更换卡片或者退押金。

押金、退卡等费用问题在移动支付时代有所强化。随着 NFC 技术、二维码等移动支付技术的兴起，目前交通一卡通的发行成本大幅下降，押金问题显得更为突出。于是，北京市于 2019 年上半年开始向虚拟卡用户退还 20 元押金，但更多城市还在观望中。从政策法规上看，关于虚拟卡发行方式、发行价格等问题，仍缺少有效政策指导，急需有关部门共同研究，商讨解决办法，既要防止侵害持卡人权益的情况发生，也要充分考虑运营机构的运营困难。

总之，交通一卡通亟待国家有关政策体系的完善，政策界限清晰、定位明确、路径合理是交通一卡通未来健康发展的支撑。近年来，交通运输部陆续出台多项标准，完整合理的交通一卡通政策体系的形成值得期待。

第三节　中国交通一卡通发展前景

交通一卡通产业在过去 20 年里走出了具有中国特色的发展道路，积累了坚实的发展基础，交通一卡通产业逐步集约化发展。进入新时期，交通一卡通的发展将获得新的动力，民生职能将进一步深化，在市场有序竞争中形成创新优势，并走出国门，实现国际化发展。

一、从“高速度发展”转向“高质量发展”

伴随着我国经济发展的深刻变化，交通一卡通在 20 年内发展迅速，形成了较为完整的产业生态链。近年来，非交通行业带来的压力、技术创新带来的变革、劳动力成本的上升以及行业运营风险的增加，都给交通一卡通产业带来新的挑战。交通一卡通不能再像以往那样单纯依靠传统业务进行发展，而是必须要转向面向服务的全面化发展。特别是随着时代进步，我国社会主要矛盾已经转化为人民日益增长的美好生活需要和不平衡不充分的发展之间的矛盾。当前，人们不仅仅满足于能乘车、能刷卡等“硬需求”，而且更加重视服务所带来的获得感、幸福感、安全感等“软需求”。更形象地说，人民需求已经从“标配”转向“高配”，这必然要求交通一卡通由“规模型”转向“质量型”，这也是经济发展新常态下深化供给侧结构性改革的客观要求，是交通一卡通发展的必然趋势。

1. 提升服务品质

过去 20 余年，交通一卡通的时代特征就是一切都在“线下活动”：线下发卡、线下充值、离线交易、线下客服等。但随着移动互联网时代的到来，交通一卡通行业将进入新的发展时期，除需要提升交通一卡通服务内涵外，还需要重点在日常服务品质上下功夫。首先，需要不断丰富交通一卡通服务模式，将传统线下服务搬到线上，比如持续完善充值体系，实现充值方式多样化，逐步推广交通一卡通卡手机扫码支付、网上充值等便捷服务，健全用户信息保护制度，依法依规对用户的信息进行保护，让群众办卡、用卡更方便、更实惠，出行更便捷、更高效。其次，需要持续提高系统运行和发行服务质量，提高交易数据上传的及时性和完整性。建立密钥管理制度，加强密钥保管和使用安全管理。再次，要科学布设服务网点，提高服务网点密度。开展业务培训，提高业务人员技能，提升办卡效率，规范文明用语、开展文明服务。最后，需要更加注重老人、学生、优抚人员等特殊人群的服务，形成更广泛的客户群体,这也将进一步促进交通一卡通产品的多元化,为上下游产业链带来蓬勃的生命力。

除此以外,未来交通一卡通的服务范围将会进一步扩大。除公共汽电车、城市轨道交通外,交通一卡通还将继续扩展出租汽车、市(域)郊铁路、道路旅客运输、水路旅客运输等其他交通运输方式的互联互通,实现更大范围、更深层次的服务衔接。与此同时,交通一卡通产业还需统筹区域、城乡协同发展,提高交通一卡通发展的均衡性,加快推动交通一卡通与金融业、旅游业、电子商务等关联产业深度融合,努力构建全要素、多领域、高效益的融合发展格局,实现互利共赢。

2. 营造公平环境

高质量发展,不仅包括产品和运营服务,而且更重要的是全面提高行业整体发展水平和服务能力。针对交通一卡通发展的薄弱环节,未来应以深化供给侧结构性改革为主线,深化要素市场化配置改革,把安全便捷、公平公正作为交通一卡通发展的生命线,制定执行更加严格的法规、标准和政策,严格治理各类违法违规行为,营造诚实守信的市场环境,切实提升交通一卡通的核心竞争力和可持续发展能力。

首先,需要清晰界定交通一卡通的产业界限,清退扰乱公共交通支付领域正常秩序的第三方企业,合并或重组部分体量小、经营水平低、职能发挥效果差的通卡公司,规范行业发展,强化运营主体服务民生的能力。其次,考虑到交通一卡通服务民生的公益属性,参与服务的运营机构不能只以营利为主要目的,行业主管部门需要进一步从国家层面明确交通一卡通公共服务领域预付卡的定位,不应简单地纳入传统意义上的单用途商业预付卡和多用途商业预付卡范畴。最后,需要进一步完善新技术体系下交通一卡通相关政策。特别是人民群众关心的虚拟卡发行方式、发行价格、发票开具等问题,需要国家有关部门共同研究,商讨解决办法,提高行业服务保障能力。

二、从“适应发展”转向“引领发展”

改革开放以来很长一段时间,交通一卡通一直都在追赶经济社会发展,先后经历了“初步诞生”“快速发展”“瓶颈制约”到“总体缓解”,再到“基本适应”等发展阶段。在新时代,将进入“适度超前”进而“引领发展”的新阶段,这具有划时代的意义,意味着交通一卡通进入了由一个“适应发展”迈向“引领发展”的新时代。

1. 做好服务创新引领

近年来,全球科技和产业进步方兴未艾,大数据、云计算、物联网、人工智能等技术与交通产业加速融合,声纹购票、人脸识别乘车等新技术、新业态、新产业、新模式不断涌现,改革创新的动力正在释放,开放型经济活力不断迸发,为交通一卡通发展提档升级提供了有利条件。交通一卡通必须发掘新的增长潜力,推动交通运输向形态更高级、结构更合理、效益更优化的阶段演进。未来,将重点以智慧支付为基础,通过制定统一对外的客户服务管理规范,优化整合各地市客服模式和服务资源,进一步落实“一卡在手,全国通行”的目标,最大限度地为用户提供无差异化的标准服务。同时,研发智能化线上服务平台,提升客户服务能力,打造移动终端客服,实现“随时随地”服务,建立与客户互动 O2O 新渠道,及时更新客户服务新需求,创立定制化服务新模式,按需求设置服务内容。

2. 做好数据资源赋能引领

随着智能交通一卡通技术和业务的不断发展,基于交通一卡通产生的数据信息量呈现几何级数式的增长。未来,构建交通一卡通综合大数据中心体系势在必行,要进一步加大科技支撑力度,推动管理部门和运营企业对出行信息的整合,推动智慧决策,加强公众出行规律和客流分布特征分析,加大对数据的挖掘分析和评估应用,为修编城市交通规划、合理制定票制票价、调整公共交通线网、优化线路运行计划、推进城乡公交一体化等提供决策支持信息。同时,为社会公众提供出行信息服务,实现实时信息的发布、查询和深度开发,服务公众便捷出行,提升出行信息的利用水平和城市交通运行效率。

3. 做好绿色发展引领

近年来,我国城市交通发展面貌焕然一新,取得的成绩有目共睹,特别是党的十八大以来,各城市深入实施公交优先发展战略,以公交都市创建为载体,不断加强科技保障,通过不断提升公交智能化水平,为人民群众出行提供更加智慧便利的出行服务,绿色出行深入人心,成果丰硕,人民群众幸福感、获得感、安全感日益提升。城市公共交通年客运量超过900 亿人次,共享单车日均使用量超过 4000 万人次,绿色出行方式每天服务近 3 亿人次出行。交通一卡通作为绿色出行的重要支付手段,也是绿色生活方式的重要体现。未来,要将交通一卡通打造得更加便捷、更加智慧、更加安全、更具影响力,倡导和吸引更多的公众优先选择公共交通、自行车、步行等绿色出行方式,形成便捷、文明、健康的生活风尚,培育交通一卡通绿色出行文化。

三、从“独立发展”转向“共赢发展”

当今世界已经进入到一个万物互联的新时代,传统单打独斗的发展模式已经无法适应时代的发展需要,交通一卡通互联互通正逢其时,它不仅为人民群众带来了便利出行服务,更重要的是它为行业带来了新的发展机遇。让原来封闭的产业发展模式,变成为行业共同发展模式,带动行业整体技术创新。互联互通未来已经不是单一的地域互通,更多的将是更多业务方式的互通,更多领域的互通,更多资源能力的互通。行业中的企业只有紧紧跟随上互联互通的趋势,踏上时代的大潮,才有可能取得更大的发展。因此,做强做实交通一卡通互联互通才有可能给行业创造发展的基础和动力。

1. 互利共赢是基础

交通一卡通行业的发展离不开共同努力,一方面需要行业内加强合作,开展集约化经营,行业中的企业可以利用市场和技术资源,共同探索建立行业合作共赢新模式,共同研究有关合作规则,形成行业公约,促进自律发展。同时,依托全国交通一卡通数据交换和结算体系的优势,建立全国统一的各种业务共享平台,输出服务资源,推动行业集约化发展,带领行业走出困境。

另一方面,需要“化敌为友”,积极拥抱各类新技术、新模式。交通一卡通行业必须顺应潮流,与时俱进,积极与行业内外和产业链企业做好沟通与合作,与金融、第三方支付等相关企业建立友好合作关系,加快电子支付移动互联网战略实施,逐步实现交通一卡通由电子支付到智慧支付的转变,由实体卡到虚拟卡的转型,由不记名卡到记名卡的转型,由线下支付向线上支付的转型,由预付费向信用支付的转型。互联网企业对交通一卡通企业不应是损害或排斥关系,而是交通一卡通产业链升级迭代的重要推动力。这将创造发展新模式,互联网企业凭借其技术和模式优势推动交通一卡通产业的升级,以互联网企业的庞大实力来承担技术创新的不确定性;通卡公司在互联网企业技术创新的推动下发展提升,通过应用扎实可靠的新技术，降低技术创新的不确定性，改善服务手段，更好地为人民服务提供有力支撑。

2. 转型发展是关键

为应对行业内外的各方挑战，传统服务和运营思维已经不能满足发展需要，通卡公司不能再守着“发卡赚钱”这一条老路，而是要更多地从用户的角度出发，专注于为民服务这一发展主线，逐步从以发卡为中心向以用户为中心进行过渡。首先，通卡公司需要适应互联网时代要求，完成交通一卡通的转型，具体而言，即是实现由实体卡到虚拟卡的转型，由不记名卡到记名卡的转型，由线下支付向线上线下支付的转型，由预付费向信用支付的转型。其次，需要持续完善服务内涵，实现交通一卡通服务转型，通卡公司的服务对象不仅仅是持卡人和运输企业等单一对象，而是需要更多地发挥技术优势、资源优势，将交通一卡通的便民属性延伸到政府、社区、学校、集团等其他服务事业中，将交通一卡通传统的服务延伸至本地政府、本地生活、本地商圈服务当中。再次，深化企业改革激发内生活力，实现运营企业转型，通过整合收购、资产联合、企业融资、兼并重组等方式推进行业内运营企业的集约化发展，合理运用多方资源和优势，如管理、技术和产品等，推动资源优化配置，提升企业的竞争力和发展能力，实现规模经济效益，让所有投资者收益最大化和社会福利最大化。最后，实现交通一卡通产业链转型发展，推动上下游终端厂商、卡片生产厂商、芯片生产商等企业整合，发挥业务产品上的优势互补，降低业务产品成本，抢占有利市场，使产业间的协同效应得到充分的体现，将原来的上下游外部渠道变成内部渠道。交通一卡通企业可以与企业产业链相关的终端厂商、卡片生产厂商、公交地铁等运输企业资源整合，打造一卡通价值产业链，实现规模经济效益。

四、从“国内发展”转向“全球发展”

服务“一带一路”建设、适应我国全方位开放新格局的迫切需要，是建设交通强国的必然要求。这就要求作为交通运输服务基础设施的交通一卡通发展焦点不仅要关注国内发展，还要放眼全球。未来，需要加快谋划和构建“一带一路”沿线国家交通一卡通基础设施的铺设和服务体系的搭建，提升国际化通用的公共出行服务，为由“交通大国”向“交通强国”迈进提供有力支撑。

1. 继续夯实国内交通一卡通建设

中国交通一卡通发展至今，在交通运输部和行业的共同努力下，其方便快捷、服务民生的属性，互联互通的理念，对国内社会影响深刻。与此同时，已形成了较为完备的技术标准、数据交换、密码应用和配套服务体系，特别是交通一卡通技术的研发和标准制定已经走在世界前列。但是推进国际交通一卡通协同发展并非一蹴而就。从目前情况看，中国交通一卡通尚未做到全部地级以上城市互联互通全覆盖，且跨交通方式应用也有待进一步扩展，当前覆盖范围主要集中在公交和地铁领域，仅有少部分城市开展了轮渡、公共自行车、出租车等领域的应用，相比部分亚洲国家已将交通一卡通应用于高速铁路领域略显不足，这些都从客观上影响到国际化发展的速度。因此，未来要进一步夯实国内交通一卡通建设，加快推进互联互通工作，进一步提升服务内涵，推动已互通城市交通一卡通在其他交通运输方式上的拓展应用，推进与铁路系统的互联互通，为跨境公共交通支付互联互通做好服务准备。

2. 提升国际合作深度和广度

促进各国在交通运输服务行业的深度融合，深化国际交流。一方面，形成国家、社会、企业多层次合作渠道，拓展国际合作平台，促进交通一卡通政策、规则、技术、标准“走出去”。另一方面，积极打造交通一卡通国际化合作实体建设，积极参与“一带一路”沿线国家交通一卡通基础设施建设，带动交通一卡通上下游产业链走出国门，进一步促进交通一卡通领域芯片、终端、系统等国产化产品的发展，不断提高中国在关键技术和信息安全等领域的国际化市场份额。同时，积极推动全球交通治理体系建设与变革，参与国际化规则、标准制修订，提升中国交通一卡通影响力，不断彰显中国公共交通支付的硬实力和软实力。

下篇　应用与实践

第五章　交通一卡通行业政策与法规体系

交通一卡通行业发展至今已历经20年，随着时间的推移，交通一卡通行业服务民生属性逐步显现。政府对行业的发展越来越重视，国务院陆续下发指导文件，要求“全面推广普及城市公共交通‘一卡通’，加快其在城市不同交通方式中的应用”，交通运输部作为主管部门也相继出台诸多文件，有效弥补了行业管理政策顶层设计的空白。

第一节　交通一卡通法律法规体系

目前，虽然尚无专门适用交通一卡通的法律或行政法规，但是交通一卡通涉及的法律规范繁多，实用法律散见于各个层级的法律法规中（图5-1所示为法律法规体系架构），其中，行政法规、部门规章和规范性文件被统称为“除法律外的其他行政法规等规范性文件”（以下简称：其他法规和规范性文件）。这给界定交通一卡通的法律法规体系边界带来困难。因此，根据法律法规体系架构，理清交通一卡通的法律法规体系架构，对于把握发展方向的正确性显得十分重要。

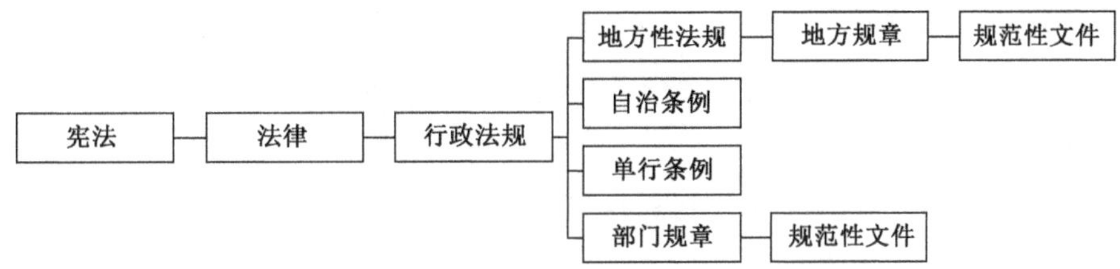

图5-1　法律法规体系架构

一、宪法依据

《中华人民共和国宪法》明确指出：中国各族人民将继续在中国共产党领导下，在马克思列宁主义、毛泽东思想、邓小平理论、“三个代表”重要思想、科学发展观、习近平新时代中国特色社会主义思想指引下，坚持人民民主专政，坚持社会主义道路，坚持改革开放，不断完善社会主义的各项制度，发展社会主义市场经济，发展社会主义民主，健全社会主义法治，贯彻新发展理念，自力更生，艰苦奋斗，逐步实现工业、农业、国防和科学技术的现代化，推动物质文明、政治文明、精神文明、社会文明、生态文明协调发展，把我国建设成为富强民主文明和谐美丽的社会主义现代化强国，实现中华民族伟大复兴。发展交通一卡通，推动建设便捷舒适的公共出行服务体系，助力建设交通强国和社会主义现代化强国，是贯彻《中华人民共和国宪法》的具体体现。

二、法律依据

1. 业务层面的法律依据

第一，发卡充值赎回业务的法律依据。交通一卡通发卡和充值业务由通卡公司自有营业网点或代理机构承担。对于采取押金方式发行交通一卡通的机构，在用户要求退卡时，需要即时赎回交通一卡通，并退回卡片的押金和卡内余额。对于采取出售方式发行交通一卡通的机构，在用户要求退卡时，仅需要将卡片内的余额退回。由于交通一卡通行业具有服务民生的社会属性，因此大部分城市会出台文件，对发行方式、押金交付方式做详细规定。除此之外，由于交通一卡通的发行对象广泛，实体卡的发行主要是非实名制，电子卡的发行主要为实名制，且针对老年人、残疾人、军人、学生等有不同的优惠标准，这一过程涉及价格设定和持卡用户信息管理等具体问题。因此，规范交通一卡通的发卡充值赎回业务的法律主要有《中华人民共和国合同法》《中华人民共和国民法通则》《中华人民共和国民法总则》《中华人民共和国担保法》《中华人民共和国价格法》《中华人民共和国消费者权益保护法》和《中华人民共和国网络安全法》。

第二，刷卡收单业务的法律依据。收单机构通过将车载受理终端安装在公共交通工具上，用户通过刷卡就可以实现乘车费用的支付。乘客与车载受理终端所有者之间发生预付费卡支付业务合同关系。因此，适用于交通一卡通刷卡收单业务的法律主要有《中华人民共和国合同法》《中华人民共和国民法通则》《中华人民共和国民法总则》。

2. 质量层面的法律依据

交通一卡通质量管理层面包括芯片、卡片、终端机具的生产，交通一卡通业务软件的开发运维、产品认证等。交通一卡通产品的质量直接关系到人民群众的切身利益，目前交通一卡通运营机构和公共交通运输企业要使用经认证的交通一卡通产品。交通一卡通硬件产品（含卡片、芯片、车载终端等），以及交通一卡通业务软件系统，需要通过国家认可的认证机构进行认证，方可投入正式商用。因此，规范交通一卡通产品认证的法律主要有《中华人民共和国产品质量法》《中华人民共和国计量法》《中华人民共和国网络安全法》。

三、其他法规和规范性文件

1. 直接指导交通一卡通的其他法规和规范性文件

直接关系指导交通一卡通运营的行政法规包括《国务院关于城市优先发展公共交通的指导意见》（国发〔2012〕64 号）、《关于贯彻落实〈国务院关于城市优先发展公共交通的指导意见〉的实施意见》（交运发〔2013〕368 号）、《交通运输部关于促进交通一卡通健康发展加快实现互联互通的指导意见》（交运发〔2015〕65 号）、《全国交通一卡通清分结算业务规则（试行）等文件的通知》（交办运〔2015〕146 号）、《交通一卡通运营服务质量管理办法（试行）》（交办运〔2018〕17 号）、《交通一卡通产品认证管理办法（试行）》等，以上具体内容见第五章第二节。

同时，针对交通一卡通技术标准不统一的现实问题，2015 年 5 月 21 日，交通运输部发布《城市公共交通 IC 卡技术规范》（JT/T 978—2015），该技术规范包括总则、卡片、读写终端、信息接口、非接口通信、安全和检测等七部分内容。该技术规范的印发，是对《交通运输部关于促进全国交通一卡通健康发展加快实现互联互通的指导意见》的贯彻，目前已被全面应用于新建系统和原系统升级改造中。

2. 适用于交通一卡通发展的其他法规和规范性文件

第一，交通一卡通实体卡的发卡充值赎回业务。实体卡一般是不记名不挂失的卡种，为

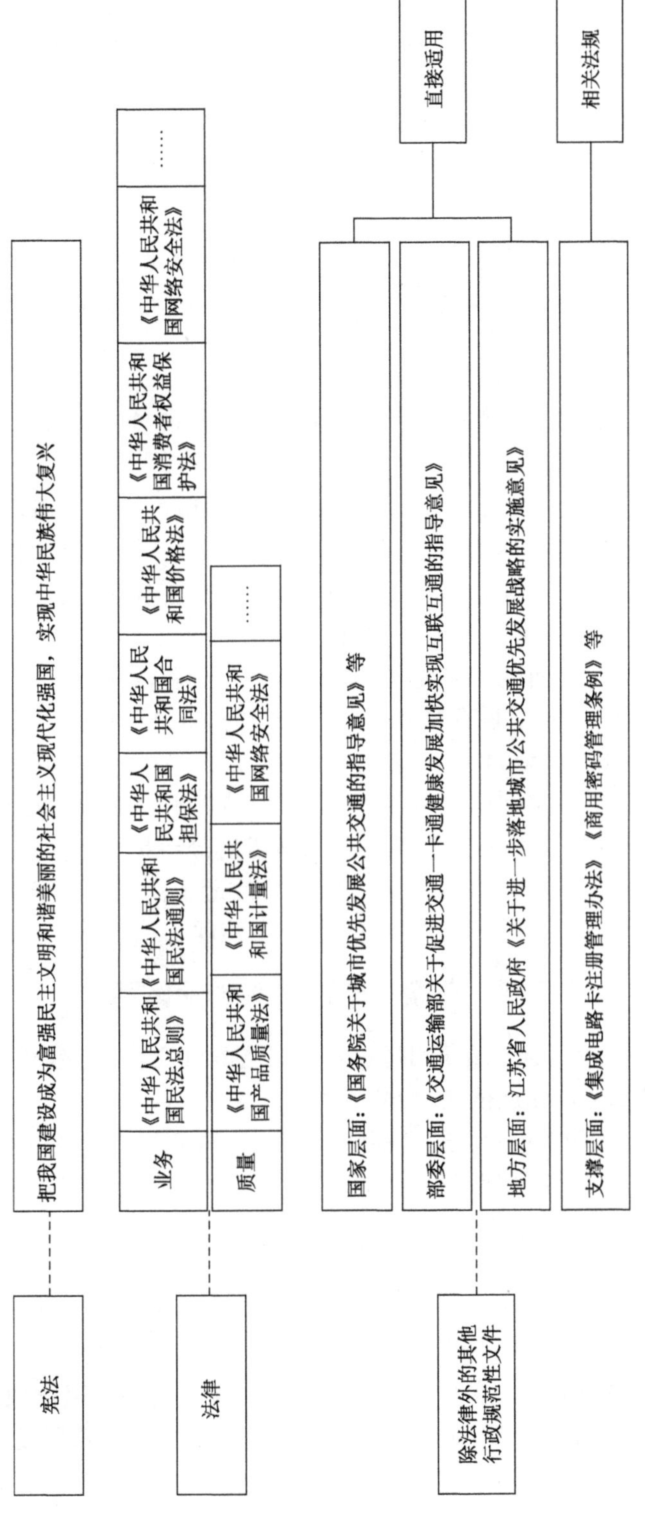

图5-2　交通一卡通的政策法规体系

了便于区分每一张卡，发卡机构对每一张卡都进行了编号，编号时需遵守相应的规则，由于交通一卡通实体卡属于集成电路IC卡，因此规范交通一卡通编号的部门规章是《集成电路卡注册管理办法》。

第二，交通一卡通密码管理业务。交通一卡通在实体卡片及其车载机具终端一卡通里均应灌装交通一卡通商用密码。因此，规范交通一卡通商用密码的行政法规有《商用密码管理条例》。

第三，交通一卡通产品检测认证业务。如前文所分析，交通一卡通产品需要通过专业认证机构的检测认证才可以投入到正式商用环境中。对于交通一卡通认证机构的设立，需要遵守《认证认可条例》。

3. 指导交通一卡通发展的地方其他法规和规范性文件

近年来，各省、区、市为了推进全国交通一卡通互联互通项目和规范交通一卡通的发展，纷纷出台省级政策文件，指导交通一卡通产业的发展。

以江苏省为例，2014年，江苏省出台《关于进一步落实城市公共交通优先发展战略的实施意见》（苏政发〔2014〕80号），明确对全国交通一卡通互联互通项目的推进进行部署。在该实施意见的推进过程中，江苏省分一期工程和二期改扩建工程实施，一期工程主要是按照交通运输部《城市公共交通IC卡技术规范》的相关要求建立运行稳定、安全高效的省级公共交通一卡通清分结算平台，全面应用于全省公交车、地铁、出租汽车；完成各地市交通运营单位和发卡机构在具备条件的机具上的升级改造；实现省辖市城区内公共交通领域交通一卡通互联互通。二期改扩建工程全面实现全省县（市、区）交通一卡通互联互通。江苏公共交通一卡通有限公司，作为项目实施单位，负责省级清分结算平台建设及运维，各设区市人民政府负责组织本地清分结算平台改造及运维，并与省级清分结算平台对接；各设区市人民政府负责推动本地公共交通领域刷卡终端机具的标准化改造工作。

总体而言，交通一卡通的法律法规体系可由图5-2体现。

第二节　交通一卡通政策管理体系

交通一卡通行业政策文件主要包括纲领性文件、指导性文件、规范性文件等，基本隶属于第五章第一节的“其他法规和规范性文件”一类。

（1）纲领性文件。自2012年起，国务院陆续下发了《国务院关于城市优先发展公共交通的指导意见》《国务院关于印发“十三五”国家信息化规划的通知》《国务院关于印发“十三五”现代综合交通运输体系发展规划的通知》等，这些文件站在服务民生的角度对交通一卡通行业发展提出明确要求。

（2）指导性文件。交通运输部正式开展行业管理以来，针对交通一卡通行业出台了系列指导性文件，主要包括《关于贯彻落实〈国务院关于城市优先发展公共交通的指导意见〉的实施意见》（交运发〔2013〕368号）、《交通运输部关于促进交通一卡通健康发展加快实现互联互通的指导意见》（交运发〔2015〕65号），这些文件对行业进行了顶层设计，规划了行业基本思路和发展目标。

（3）规范性文件。主要包括《集成电路卡应用和收费管理办法》《全国交通一卡通清分结算业务规则（试行）》《交通一卡通运营服务质量管理办法（试行）》《交通一卡通产品认证管理办法》等。这类文件用于规范交通一卡通运营过程中的业务应用,明晰各有关部门和机构在推进交通一卡通互联互通的基本准则,是切实保障持卡人利益的政策支撑。除上述通用性规范文件外,针对行业内持有人民银行支付业务许可证的机构,除上述文件外,还需要遵循人民银行出台的《非金融机构支付服务管理办法》《支付机构客户备付金存管办法》等文件要求,对于其备付金开展集中存管。

本书摘取与交通一卡通日常运营关系最为密切的有关政策进行重点解读。

一、交通一卡通健康发展加快实现互联互通指导意见

2015 年,交通运输部发布《关于促进交通一卡通行业健康发展加快实现互联互通的意见》(以下简称《意见》),形成行业指导政策,推动技术标准和应用体系的统一,使行业朝更健康的方向发展。《意见》在编制过程主要遵循了以下两个思路:

一是坚持企业的市场主体地位。交通一卡通行业具有市场化程度高、参与主体众多等特点,《意见》明确必须坚持市场在配置资源的决定性作用,按照市场规律办事。

二是强调政府在行业管理中的引导作用。目前交通一卡通行业缺乏有效的管理规范,制约了行业发展。《意见》强调发挥政府的社会管理作用,通过政策引导,加快健全法规政策,统一标准规范体系,提高资源配置效率,为企业提供公平的竞争环境。

《意见》分为 3 部分内容。第 1 部分强调了交通一卡通健康发展,实现互联互通的指导思想、基本原则和发展目标。在指导思想上,坚持以人为本的理念,按照政府引导、市场为主、统筹协调、稳步推进的基本思路,推动交通一卡通行业健康发展。在基本原则上,从“市场为主,政策引导”“统筹兼顾,兼容并蓄”“统一标准,有序推进”三个层面上,为行业发展指明方向。发展目标分两个层面,一是近期目标,用 5 年左右的时间,统一行业技术标准,建立较为完备的行业监管体系,建立全国安全、高效、分级的清分结算体系,到 2020 年基本实现交通一卡通全国互联互通;二是远期目标,提升综合运输服务能力,形成高效的运营机制,推动全国各交通运输方式一卡通用,积极开展与其他行业的互惠互利合作,最大限度方便群众出行和满足人民生产生活的需要。第 2 部分和第 3 部分,提出了重点要完成的任务及保障措施,进一步明确行业发展方向,解决行业发展难题。

《意见》重点内容解读如下:

1. 关于重点任务

结合发展政策,《意见》提出 10 条重点任务,指明了工作推进方向。包括:

一是建立统一的标准规范体系。考虑到标准体系是互联互通的基础,因此发展政策首先明确要编制交通一卡通技术标准,制定运营服务规范,明确发展方向。同时,提出制定清分结算业务规则,确保交通一卡通互联互通工作顺利开展。

二是建立统一的密钥管理体系。综合考虑交通一卡通服务民生的本质,结合互联互通工作需要,《意见》规定密钥使用遵循社会公益性原则,实行两级管理。一级密钥为部级密钥,由交通运输部负责管理;二级密钥比较特别,为省级(包括区域、城市级)密钥,分别由省级交通运输主管部门和相应的城市人民政府负责管理,其申请由省级交通运输主管部门或城市人民政府向部申请,密钥经省级交通运输主管部门或城市人民政府向交通一卡通运营单位发放。值得注意的是,交通一卡通的密码体系兼容国产密码算法,能够很好地实现交通一卡通应用的自主可控。

三是建立分级管理清分结算体系。为建立规范有序、高效运转的清分结算体系，根据各地不同情况和互联互通工作需要，《意见》规定建立市场化运营的全国交通一卡通清分结算分级管理体系，全国交通一卡通清分结算平台为省、区域、城市清分结算平台提供清分结算数据和相关信息服务。全国交通一卡通清分结算平台由交通运输部组织省、区域、城市和企业力量共同参与建设，共同管理，承担跨地区和跨行业的清分结算业务。各地已建设平台的，应符合交通运输部标准，并实现与全国交通一卡通清分结算平台的数据交换。

四是推进以区域为重点的互联互通。考虑到交通一卡通行业的实际情况和带动效应，按照先区域后全国的思路开展互联互通工作，《意见》规定选择京津冀、长三角、珠三角、长江经济带中游城市群等条件比较成熟的重点地区，以及公交都市创建城市，率先启动实施城市间交通一卡通互联互通工程。同时，根据行业发展现状，强调站在建设综合运输体系的层面，推进互联互通，大力开展交通一卡通在出租汽车、长途客运、城际轨道、水上客运、公共自行车及停车场等交通运输领域的应用，积极推进在高速铁路、民航等领域的应用。

五是加强风险防控。交通一卡通作为民生服务重点领域，在激发市场活力、提高服务水平的同时，也必须建立风险管控机制，加强对运营资金的监管。《意见》规定交通一卡通运营单位是落实资金风险管控的责任主体，需完善管理制度和岗位规范，配备专职管理人员，定期开展风险防控检查和隐患排查。

值得注意的是《意见》重点强调了交通一卡通备付金管理政策。由于交通一卡通属于公益性行业，多数企业备付金管理参照的是人民银行《支付机构客户备付金存管办法》。此办法主要针对商业预付费卡机构提出，对于承担公益服务的交通一卡通企业，则容易造成资金管理成本上升，资金使用效率下降等问题。另外，还有部分企业挪用备付金，也容易引起资金风险。根据国家有关管理政策，《意见》明确了在确保资金安全的前提下，开展保值增值业务，这也符合国发〔2012〕64 号文件的规定。

六是完善价格形成机制。卡片押金和手续费等问题直接关系企业生存发展，也受到社会广泛关注，《意见》规定根据服务质量、服务成本以及各种交通方式的特点等因素，按照国家有关物价管理政策，确立交通一卡通卡片收费管理模式。同时，由于交通一卡通具有加强的公共服务属性，与银行卡和其他按类别卡使用有区别，在刷卡手续费收取方面不宜与银行卡等同，因此《意见》规定按照市场化原则，建立多层次、差别化的交通一卡通刷卡手续费提取方式，增强一卡通企业发展活力和后劲。

七是增强行业发展能力。为贯彻落实国发〔2012〕64 号文件关于拓宽投融资渠道的有关政策要求，进一步发挥市场机制的作用，《意见》规定交通一卡通运营单位可利用优质存量资产，吸引和鼓励社会资金参与交通一卡通基础设施建设和运营，在市场准入标准和优惠服务政策方面对各类投资主体同等对待，鼓励发展混合所有制经营。

八是建立高效运营机制。针对当前行业发展特点，提出了建立高效运营机制，《意见》规定充分发挥市场决定资源配置的规律，科学确定交通一卡通运营模式，鼓励通过有序竞争提高服务质量，具备条件的可实行集约化经营，发挥最大效能。积极创造条件，推进实现交通一卡通跨行业应用。同时，为积极推广应用新技术挑战，《意见》提出大力开展移动支付等互联网新技术在交通一卡通领域的应用研究，并鼓励开展新技术、新模式应用。

九是严格系统建设管理。为加强对交通一卡通产品质量的事前规范，降低软硬件环境问题带来的运营风险，确保交通一卡通关键设备和系统的标准符合性、稳定性和可靠性，以及业务环境的一致性和兼容性，《意见》明确提出要依据统一的技术标准、质量要求和基本业务规则，制定科学合理的系统和设备检测规范与流程，严格执行卡片、终端机具及应用系统的检测。

十是加强数据统计分析。为充分发挥交通一卡通数据的决策服务能力，《意见》规定要加强数据统计分析，为修编城市交通规划、合理制定票制票价、调整公共交通线网、优化线路运行计划、推进城乡公交一体化等提供决策支持，为用户提供出行信息服务。

2. 关于保障措施

结合发展政策，《意见》提出 5 方面保障措施，包括：

一是加强组织领导。《意见》明确全国交通一卡通行业发展工作由交通运输部领导，负责制定宏观发展政策、完善相关法规规章和技术标准等工作；省级交通运输主管部门负责监督、指导；城市交通运输主管部门是责任主体。从策略上与国家和行业重大战略政策的实施有机结合，协同推进。

二是加强资金保障。由于交通一卡通的公益属性，交通一卡通运营机构普遍存在政策性亏损，因此，《意见》中明确各地交通运输主管部门要积极争取公共财政资金的支持。积极创新政策，结合城市公共交通行业补贴政策，对交通一卡通公益性业务内容给予相应补贴。

三是有序稳妥实施。《意见》强调在推动交通一卡通互联互通建设过程中，要坚持开放包容的原则，充分听取社会意见，吸纳各方面力量共同参与。针对系统建设方面，要按照统一标准升级、改造，兼容原有存量卡，有序替换，平稳过渡，避免存量卡的浪费。

四是组建行业协会。行业与主管部门缺乏有效的沟通衔接渠道，成立行业协会对促进健康发展很有必要。因此，《意见》提出要尽快组建成立全国交通一卡通行业协会，为管理部门和运营企业间搭建权威、高效、畅通的沟通平台，调动各方面的积极性，形成推进互联互通的合力。

五是强化绩效考评。正确评价经营成果和业绩是行业的迫切要求。因此，《意见》要求各城市要组织对交通一卡通运营单位服务质量和运营安全进行定期评估，将结果作为衡量运营绩效和发放政府补贴及实施奖惩、公交都市验收的重要依据。

二、交通一卡通运营服务质量管理办法

2018 年 4 月，交通运输部发布了《交通一卡通运营服务质量管理办法（试行）》（以下简称《办法》），明确了各级交通运输管理部门、交通一卡通运营机构的职责，明晰了交通一卡通运营服务的工作规范，重点围绕人民群众重点关注的异地使用政策不一、退卡不便、周期较长等问题，制定了涵盖交通一卡通的发行、使用、数据管理、认证管理、运营管理和安全管理等全链条、闭环的管理规范，建立健全了交通一卡通服务体系管理政策，促进服务水平提升。

《办法》共 9 章 70 条。第 1 章阐述了《办法》的政策依据、实施目的、适用范围。第 2 章明晰了各有关部门职责分工，提出了对于运营机构、运输企业和社会团体的管理要求。第 3 ~ 8 章明确了交通一卡通的发行、使用、数据管理、认证管理、运营管理和安全管理的规范。第 9 章说明了所涉及用语含义、实施时间和有效期限。《办法》适用于所有在交通运输领域

开展交通一卡通运营服务活动以及交通一卡通产品生产的机构，规定开展交通一卡通服务活动以及交通一卡通产品相关业务，应当遵循便民、利民、惠民的原则，依法合规、诚实守信开展经营，实现互联共享。

《办法》重点内容解读如下：

1. 交通一卡通的定义

《办法》是首个针对交通一卡通进行明确定义的政策，它规定"交通一卡通是指主要在交通运输领域用于支付或清算的实体或虚拟交通卡、二维码以及其他特定信息载体或介质"。定义一方面界定了交通一卡通的使用领域主要在交通运输领域，另一方面打破了传统思想中IC卡才是交通一卡通的认知，将加载在手机或可穿戴移动设备中的虚拟卡、二维码，以及其他用于支付或清算的各类介质都定义为交通一卡通，让交通一卡通行业中的各种支付方式有据可依。

2. 交通一卡通应用范围

交通一卡通最早应用于公交领域，随着交通方式的多样化以及无缝换乘服务的推广，各地根据城市特色逐步扩展到了城市轨道交通、出租汽车、公共自行车等，部分持有人民银行牌照的运营机构还将业务拓展到商超等小额支付领域。考虑到公众出行的便利性，《办法》明确了交通一卡通的主要应用范围，即城市公共汽电车、城市轨道交通、出租汽车、市域（郊）铁路旅客运输、道路旅客运输、水路旅客运输等交通运输服务领域。

3. 责任分工

交通一卡通发展涉及多个部门、多个环节，是一项系统工作，需要协同推进，相向而行。因此，《办法》按照国务院有关文件任务分工安排，在既有管理体制框架下，对各有关部门推动交通一卡通互联互通进行了分工安排。明确了交通运输部、中国交通通信信息中心、各地人民政府、各级交通运输主管部门的职责。对交通一卡通运营机构实现交通一卡通互联互通，进一步提升运营服务质量提出总体要求。同时，考虑到社会团体对于强化行业自律行为的重要作用，《办法》还提出了相关社会组织实现行业自律的职责。具体职责分工如图5-3所示。

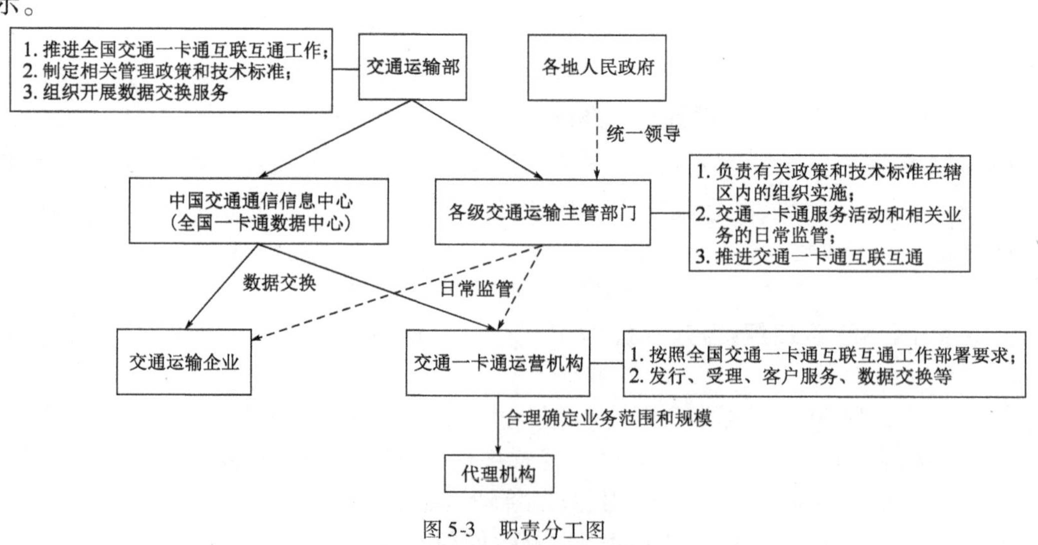

图5-3 职责分工图

交通运输部负责推进全国交通一卡通互联互通工作,制定交通一卡通相关管理政策、技术标准并监督实施,组织开展数据交换服务等工作。

中国交通通信信息中心负责具体实施全国交通一卡通互联互通工作,按照市场化原则组建全国交通一卡通数据交换中心,建设并运营全国交通一卡通数据交换和结算系统,开展相关技术支持和推广应用等工作,牵头发起成立相关社会团体。

各级交通运输主管部门在当地人民政府统一领导下开展交通一卡通运营服务质量管理工作,负责有关政策和技术标准在辖区内的组织实施,以及交通一卡通服务活动和相关业务的日常监管,推进交通一卡通互联互通。

交通一卡通运营机构、运输企业以及其他在交通运输领域从事支付业务的相关机构,应当按照全国交通一卡通互联互通工作部署要求,提升便民利民服务水平,安全优质开展相关业务。

4. 发行管理

考虑到现有技术无法实现异地挂失,为简化业务处理难度,交通一卡通原则上采用非实名制,不记名,不挂失。对于地方需要开展实名制的,地方可根据实际情况自行开展。除普通卡外,交通一卡通发卡机构还应当结合本地实际情况,注意特种人群的服务,如老人卡、学生卡等,为持卡人提供多种类型的交通一卡通服务。针对行业较为关注的交通一卡通发行方式,《办法》规定交通一卡通发卡机构应当将交通一卡通发行价格和发行方式预先告知持卡人。交通一卡通发行方式由当地人民政府研究确定。

在交通一卡通发行管理过程中,有几点值得特别注意:

一是单张非实名制交通一卡通充值金额不超过1000元,若一次性充值超过1000元的,发卡机构应当登记有关购买人的有效身份证件信息。

二是发卡机构应当设立服务网点或委托代理机构开展发行与退换,但不得异地销售交通一卡通。

三是为充分利用互联网技术优势,发卡机构和数据交换机构可以建立交通一卡通账户;在充值环节,规定开展互联网充值业务的,应当通过在本发卡机构开立的或本发卡机构授权代理机构的实名网络支付账户进行。

四是持卡人充值产生的预存资金主要用于满足持卡人以及交通一卡通运营机构和运输企业的清算支付、卡片赎回、账务清偿等业务。虽然《办法》中未有提及,但是《办法》根据《交通运输部关于促进交通一卡通健康发展加快实现互联互通的指导意见》(交运发〔2015〕65号)制定,因此,在确保本金安全的前提下,持卡人充值产生的预存资金可开展保值增值业务。

5. 使用管理

不完整交易是交通一卡通在施行分段计价的公交车、地铁等交通方式中较为常见的一种错误,持卡人在需要完成进出站或者上下两次刷卡消费时,缺少其中一次刷卡数据的交易,即为不完整交易。产生不完整交易后需要处理补扣金额后,持卡人才能继续使用交通一卡通,在未开展互联互通前,不完整交易通常由当地收单机构或者发卡机构人工补刷完成扣款。互联互通后,如果持卡人所持卡片不是交易地发行的,那么持卡人能够找交易地运营机构进行票款补扣吗?《办法》给出了规定“交通一卡通在使用时若产生不完整交易,须处理后方可继续使用。交通一卡通发行地(以下简称发卡地)产生的不完整交易,应当在发卡地先行处理。异地产生的不完整交易,应当在交易地先行处理。处理不成功的,应当返回发卡地处理。具体补扣票款金额及相关程序由全国交通一卡通数据交换中心组织交通一卡通运营机构共同确定。"具体处理流程如图 5-4 所示。

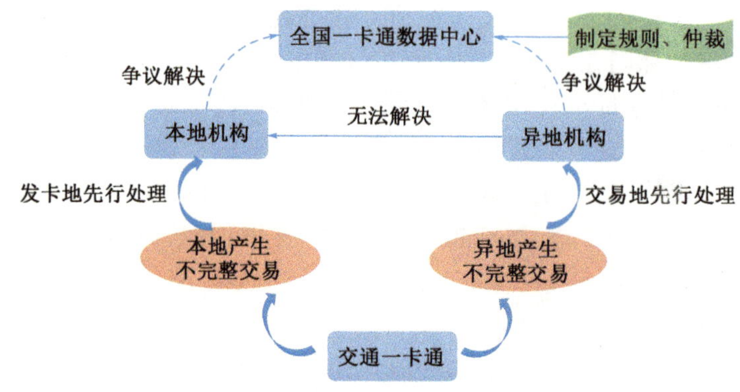

图 5-4　不完整交易处理流程

在交通一卡通使用过程中,还需要特别注意:

一是在异地使用过程中,交通一卡通不支持透支功能,如果卡内余额低于乘坐交通工具的最低票价则不能乘车。

二是交通一卡通使用时享受同城优惠。同时,由于票价补贴政策由各城市根据当地实际情况发放,因此,规定具体优惠方式、优惠额度及适用范围由当地人民政府研究确定。

三是终止交通一卡通业务的,应当退还所发行的交通一卡通卡内余额。采用押金模式发行的,还应当返还押金。

6. 数据交换管理

全国交通一卡通数据交换体系,承担了全国范围内各交通一卡通运营机构的数据交换、结算管理、信息服务等业务,是交通一卡通运营服务管理的核心业务。因此,《办法》专门拿出一个章节对于数据交换管理进行重点阐述。

《办法》规定数据交换机构需要按照有关行业技术标准,开展系统对接,城市级数据交换机构直联全国交通一卡通数据交换中心或所在区域、省级交通一卡通数据交换机构。数据交换机构应当向上一级数据交换机构上传包含本地和异地使用的有关数据交换、账务结算、差错处理和争议处理等交易记录文件。表明加入互联互通的城市名单也由全国交通一卡通数据交换中心向社会公布,并通过数据交换系统下发至各级交通一卡通运营机构。

在数据交换管理中,有几点需要特别注意:

一是直接连接或间接连接的交通一卡通运营机构均要与全国交通一卡通数据交换中心签订互联互通合作协议。

二是直接连接的交通一卡通运营机构需缴纳结算预存资金。

三是交易数据保存时间不低于 5 年,结算预存资金相关记录和对账单保存时间不低于 10 年,其他报表保存时间不低于 10 年。

四是交通一卡通运营机构要按照各级交通运输主管部门工作要求和运输企业运营服务

需求，及时报送相关业务数据。

五是交通一卡通运营机构和运输企业在接收到新增城市名单通知后，应当在30日内对受理终端数据进行更新；接收到删除城市名单通知后，应当在7日内对受理终端数据进行更新。任何机构和个人不得擅自对城市名单进行增加、删除和修改。

六是交通运输主管部门应当对交通一卡通受理终端数据更新情况进行检查，确保交通一卡通运营机构和运输企业严格实施城市名单的存储和更新工作。

7. 认证管理

产品认证是有效保障产品质量，提升公众使用安全性的有效措施。交通一卡通产品认证由国家认监委和交通运输部联合管理，遵循国家有关认证检测法律、行政法规和管理政策要求。《办法》中对于交通一卡通产品认证工作进行了总体要求，“产品生产企业应当委托认证认可监督管理部门批准的机构开展交通一卡通产品认证工作。交通一卡通运营机构和运输企业优先采用经认证的交通一卡通产品。各级交通运输主管部门应当推进交通一卡通产品认证结果采信工作。”具体的认证管理要求在接下来的《认证检测管理办法》部分有详述。

8. 运营管理

《办法》本章节规定了持卡人关心的交通一卡通退换机制。针对不同的发行方式，退还机制有所不同，未收取押金的交通一卡通，如能正常读写信息，原交通一卡通发卡机构应当为申请退换的持卡人办理余额退还业务。以押金模式发行的交通一卡通依据交易信息是否可以获取采取不同机制，若通过卡片或后台系统均无法获取卡内余额信息，则仅能退还卡片押金；如持卡人申请退换的交通一卡通存在不完整交易的，持卡人应当在处理完不完整交易后，申请办理退换业务。

9. 安全管理

为保障持卡人的切身利益，《办法》对于密码安全管理、系统和网络安全防护、用户隐私保护、经营风险监管等提出管理要求。

在密码安全方面，规定交通一卡通运营机构应当按照国家关于网络安全及商用密码管理的法律和行政法规相关规定，使用交通一卡通商用密码，推动国产商用密码应用，落实业务数据和信息的安全保护职责，保障交通一卡通信息安全。

商用密码使用要区分各有关部门和机构的责任。即省级交通运输主管部门和城市人民政府是交通一卡通密码的申请者和保管者，运营机构是交通一卡通密码的使用者，省级交通运输主管部门或城市人民政府根据运营机构申请并授权运营机构使用交通一卡通密码。

在系统安全方面，规定运营机构应当落实网络安全等级保护制度要求，建立自主运行、安全可靠的交通一卡通业务处理系统，建立健全突发事件应急预案和处理机制。

在运营风险监管方面，规定各级交通运输主管部门应当会同当地有关部门做好交通一卡通运营机构经营风险监管。

在安全问题处理方面，规定运营机构如发现交通一卡通有伪造、相关数据泄露或系统被攻击、侵入、干扰、破坏等情形的，应当将有关情况及时报送当地交通运输主管部门及全国交通一卡通数据交换中心。

三、交通一卡通清分结算业务规则

2015年,《交通运输部办公厅关于发布〈全国交通一卡通清分结算业务规则(试行)〉等文件的通知》(交办运〔2015〕146号)(以下简称系列《规则》)正式发布,对交通一卡通行业内数据交换和结算起到纲领和规范作用,覆盖数据交换与结算的各个流程,已经得到广泛应用。目前,该系列《规则》正在不断地调整。2018年,《交通一卡通运营服务质量管理办法(试行)》已将“清分”调整为“数据交换”,“全国清算中心”调整为“全国一卡通数据交换中心”,“区域(省)清算中心”调整为“区域(省)数据交换机构”,“清算备付金”改为“结算预存资金”,“白名单”改为“城市名单”,“清算备付金账户”改为“结算预存资金账户”,这有利于和银行金融业务进行有效区分。以下仍以交通运输部已发布的系列文件原文进行解读。

系列《规则》共分为四个文件。包括《全国交通一卡通清分结算业务规则(试行)》《全国交通一卡通清分结算差错处理办法(试行)》《全国交通一卡通清分结算争议处理办法(试行)》《全国交通一卡通清分结算业务收费标准(试行)》。

《全国交通一卡通清分结算业务规则(试行)》共12章,第1章阐述了《规则》的目的、适用范围、原则,第2~7章明确了清分结算业务的入网流程、结算账户、清算流程、收费对象及范围等相关内容,第8章明晰了清算各方的权利与义务及清算责任和管理要求,第9~11章明确了交通一卡通的系统安全及风险管理,第12章说明了清算下级机构的清算依据及业务规则实施时间。

《全国交通一卡通清分结算差错处理办法(试行)》是对交通一卡通产生的异常数据进行处理的依据及流程,该管理办法将交通一卡通发生的所有差错进行归纳,并根据行业特点制定每种差错的处理要求及操作流程。

《全国交通一卡通清分结算争议处理办法(试行)》是为保障交通一卡通清算各方的合法权益,保证交通一卡通业务的正常开展,对各运营机构之间不能通过差错处理解决及业务开展中违反交通一卡通相关管理办法、规则的行为,通过争议委员会进行裁判的管理依据。

《全国交通一卡通清分结算业务收费标准(试行)》明确了清算业务的相关收费标准及计算方式。

系列《规则》重点内容解读如下:

1.适用范围

涉及交通一卡通领域不同法人机构间开展数据交换和结算的运营机构适用该系列《规则》。其组织结构按照“总分结合,分级清算”的原则设立全国清算中心和区域(省)清算中心,建立全国至城市、全国至区域(省)、区域(省)至城市的分级清分结算体系。

2.清算备付金账户

交通一卡通清算备付金账户是全国清算中心为与其直连运营机构在全国清算平台开立的,用于记录直连运营机构因缴存提取清算备付金、交易资金清算调整、差错处理业务调整、罚金等资金变动的系统账户。系列《规则》中对清算账户的开立、使用、变更、撤销流程进行规定,并重点要求了在撤销清算账户后与其相关运营机构的业务处理时间及流程。

3.清算备付金

清算备付金是交通一卡通运营机构向各级交通一卡通清算机构缴存的用于清分结算的资金。清算备付金设立的目的是确保收付双方的结算资金能及时划付。系列《规则》中清算备付金的内容分为核定、缴存、调整及风险等级评定。清算备付金核定方式按照周和月两种方式来设定，运营机构可根据自身的财务情况选取合适的缴存周期。全国清算中心严格控制清算备付金的缴存时间，达到预防支付风险的目的。

4. 清算风险等级

入网运营机构的风险等级分为四级，全国清算中心根据其经营状况和信用情况等因素进行综合评定，申请成为直连机构的单位，全国清算中心依据该机构提交的近3年审计报告，根据速动比率或销售净利率等财务指标，确定该机构的初始风险等级，从而核定机构的结算预存资金。入网后全国清算中心根据运营机构的财务及信用状况进行风险等级调整。

5. 处理流程

清分结算处理分为清分处理、结算处理、手续费、账务核对等相关清算处理流程部分，该部分对交易数据传输、交易资金轧差、结算资金汇划、手续费及分配等流程进行规范，根据商户类型、业务类型等区分不同的收费方式使各机构间的问题数据得到及时有效的处理，从而保证交通一卡通业务的正常开展。

6. 白名单

白名单是全国清算中心下发的已完成互联互通的城市名单，已互通的城市名单为交通运输部已认可的城市互通名单，持有交通联合标志的持卡人均可在城市名单列有的城市进行互通消费，城市名单管理中对各运营机构下发白名单时间及未按要求所产生的损失归属进行了明确。

7. 职责与责任

清算职责与责任是明确清算参与方在清算中职责，规范各清算参与方在清算过程中的行为，强调清算参与方应承担的责任，确保系列《规则》中的条款及内容能得到有效落实，清算业务得到良性循环，清算参与方的权利得到保障，同时保护持卡的人利益，从而推动交通一卡通清算体系的健康发展及交通一卡通行业的持续推进。

关于“数据交换与结算”这一关键业务的管理，可详见本书第七章。

四、交通一卡通产品认证管理办法

认证认可是国家质量基础设施以及市场经济体系、国家创新体系、国家治理体系的重要组成部分，是促进产品创新、产业升级的重大举措，产品认证在服务国家治理、提升质量安全、促进供给侧结构性改革等方面发挥了重要作用。因此，2018年国家认监委和交通运输部印发《交通一卡通产品认证管理办法（试行）》（以下简称《办法》）和《交通一卡通产品认证第一批目录》（以下简称《目录》），从认证检测机构资质、认证实施、证书及标志管理、认证活动监督管理与认证结果采信等方面，提出“认证管理”的具体要求，旨在增强交通一卡通产品的标准符合性、产品一致性、安全性和稳定性，确保全国交通一卡通业务系统的一致性和兼容性，规范和管理相关认证活动。

《办法》共6章。第一章明确了《办法》的适用范围，交通运输部、国家认监委的主要职责，以及对交通一卡通产品认证技术委员会、认证机构、检测实验室的工作要求；第二章明确了交通一卡通产品认证及检测机构的资质要求、人员要求，以及开展认证检测工作需要遵守的原则；第三章明确了认证实施过程中申请企业、生产企业、认证机构、检测机构的工作要求，确保检测结果真实、准确，认证结果客观、公正；第四章明确了交通一卡通产品认证证书的基本内容和有效期限，交通一卡通产品认证标志的样式和施加要求；第五章明确了交通一卡通产品认证机构对获证机构和授权检测机构实施监督和管理的要求；第六章明确了《办法》的负责部门和实施日期。

《办法》具体明确了以下制度要求和管理措施。

(1)制度属性：将交通一卡通产品认证制度纳入国家统一推行的认证体系制度管理，即由国家认监委会同国务院有关部门推行的认证制度，按照统一认证标准、统一技术法规和合格评定程序，统一认证目录、统一认证标志制度要求实施管理。

(2)专家委员会：交通运输部与国家认监委共同委托组建交通一卡通认证技术委员会，负责起草认证目录及规则草案，协助审查认证机构的专业能力，协调认证实施过程中出现的问题，目前技术委员会秘书处设立在中国交通通信信息中心。

(3)认证采信：各省、区、市交通运输主管部门鼓励辖区内运营机构和运输企业优先采用获证交通一卡通产品，引导一卡通运营机构、运输企业、制造企业重视结果采信，从多个角度推进认证结果的采信。

《办法》和《目录》重点内容解读如下：

1. 认证委托人

《办法》明确，产品的生产者或者销售者(简称认证委托人)通过委托一卡通认证机构进行交通一卡通产品认证。认证机构受理认证委托后，按照规定安排产品检验检测和工厂检查。

2. 认证机构

《办法》提出，一卡通认证机构不得从事交通一卡通产品的咨询和产品开发、销售工作。应按照认证规则，采取适当合理的方式和频次，对取得认证的产品及其生产企业实施有效的跟踪检查，控制并验证取得认证的产品持续符合认证要求。

3. 认证模式

交通一卡通产品认证基本的认证模式为产品检测 + 初始工厂检查 + 获证后监督(工厂检查、抽样检测)。芯片产品、嵌入式软件及系统软件产品，其认证模式可根据实际情况调整认证模式。

基本环节包括：

(1)认证申请和受理，产品认证总时长原则上不超过 80 个工作日。

(2)产品检测，结合送检产品的形态及检测项目，由认证机构与检测机构及认证委托单位共同确定。

(3)初始工厂检查，如需进行工厂检查，根据工厂规模，原则上不超过 5 人/日。

(4)获证后监督，原则上每款通过认证的产品，以自然年为周期，每个周期内不少于一次证后监督。

(5)再认证，对以获证产品，证书到期前三个月可申请再认证，再认证环节原则上与初次认证环节一致。

4. 认证证书和标志

根据《办法》，交通一卡通产品认证证书有效期为 3 年。在证书有效期满的前 3 个月内，获证机构应当根据认证规则的规定申请再认证。获得交通一卡通产品认证的认证委托人，在获证产品或者最小销售包装上加贴、印刷、模压交通一卡通产品认证标志。

5. *产品认证名录*

《交通一卡通产品认证第一批目录》包括卡片、手机产品、受理终端以及系统共四大类、29 个具体产品类型。每个单独的产品按照统一的认证实施规则，开展产品认证。具体认证目录内容见表 5-1。

交通一卡通产品认证目录　　表 5-1

序号	产品名称	产品范围
1	交通一卡通卡片	芯片、芯片嵌入式软件、卡片、卡片应用、可穿戴设备
2	交通一卡通手机产品	近场支付手机、主机卡模拟(HCE)、客户识别模块安全单元(SIM－SE)、客户识别模块安全单元嵌入式软件、手机安全单元(SE)、手机安全单元嵌入式软件、安全数据卡安全单元(SD－SE)、安全数据卡安全单元嵌入式软件、手机可信执行环境(TEE)、手机应用程序(App)
3	交通一卡通受理终端	通用读写器、公交车载终端、轨道闸机读写器、台式终端、手持终端、通用读码器、二维码公交车载终端、二维码轨道闸机读码器、二维码台式终端、二维码手持终端
4	交通一卡通系统	消费交易系统、清分结算系统、卡片数据准备系统、可信服务管理系统(TSM)

第六章　交通一卡通标准与技术体系

交通一卡通依托一套通用的技术体系，为人民群众提供便捷的公共交通支付服务。但是随着社会经济的不断发展，区域间的经济联系逐渐加强，各个城市的交通一卡通在这套技术体系的基础上，采取不同标准，使得人们出行时需要持有多张交通一卡通，“钱包越来越厚，钱包越来越重”这一问题十分显著。近年来，受到全国交通一卡通互联互通项目的直接推动和互联网企业进入公共交通支付领域的间接影响，交通一卡通的标准体系逐步趋于统一。依托成熟的技术体系和统一的标准体系，交通一卡通将能更好地推动打造便捷舒适的出行服务体系，更好地服务于交通强国战略。

第一节　交通一卡通标准体系

构建标准化的交通一卡通支付体系架构和流程是实现互联互通的重点环节，也是实现交通运输行业交通一卡通规范化、标准化、统一化的重要手段。因此，交通运输部充分考虑市场多标准并存的状况，采取了与其他行业兼容共享的技术路线，颁布了《城市公共交通IC卡技术规范》(JT/T 978—2015)、《交通一卡通移动支付技术规范》(JT/T 1059—2016)和《交通一卡通二维码技术规范》(JT/T 1179—2018)，解决了各地交通一卡通技术标准不统一的问题，使交通一卡通卡可以实现跨省市、跨区域使用，加快了交通一卡通互联互通工程的推进速度。

一、《城市公共交通IC卡技术规范》

《城市公共交通IC卡技术规范》(JT/T 978—2015)分为7个部分，包括总则、卡片、读写终端、信息接口、非接触接口通信、安全和检测项目，覆盖交通一卡通功能实现、安全保障和质量管理的要求，以及全国交通一卡通互联互通项目对接，图6-1所示为《城市公共交通IC卡技术规范》的内容框架。

1. 具体内容

(1)总则。主要描述城市公共交通IC卡系统组成，适用于城市公共交通IC卡相关产品的设计、研发和城市公共交通IC卡系统的规划、设计与建设(图6-2)。

城市公共交通IC卡系统由城市公共交通IC卡、终端，以及发卡、数据处理、清分结算、安全和检测等子系统组成。各子系统工作关系：以卡片为载体，以终端为基础，实现消费、圈存、圈提等功能；依靠安全、可靠的网络，通过统一的数据接口链接，实现入网机构系统间的交易数据及时流转；按照不同的清分规则，由清分结算系统完成跨机构交易数据的清分、结算。

图6-1 《城市公共交通IC卡技术规范》内容框架

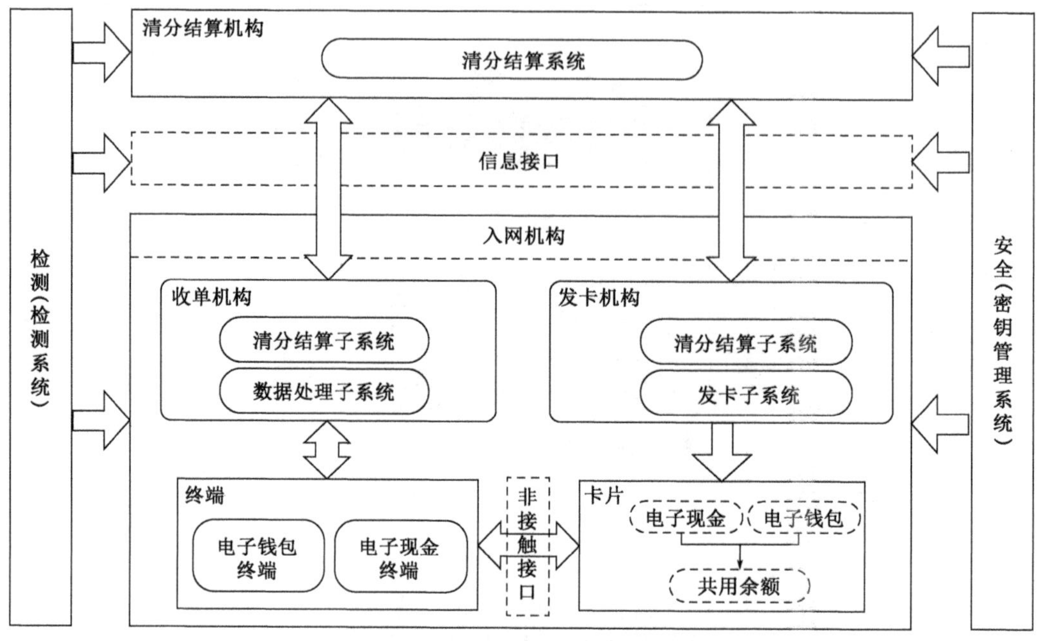

图 6-2　交通一卡通互联互通 IC 卡支付体系架构

(2)卡片。主要规定了城市公共交通 IC 卡卡片介质、卡片文件、电子现金应用、电子钱包应用、电子现金双币应用等要求,适用于城市公共交通 IC 卡卡片的设计、研发与生产。

(3)读写终端。主要规定了城市公共交通 IC 卡技术规范读写终端的数据对象、终端要求、终端应用要求、电子现金交易流程和电子钱包交易流程,适用于城市公共交通 IC 卡读写终端的设计、研发与生产。

(4)信息接口。主要规定了城市公共交通 IC 卡的清分结算机构与入网机构间的信息接口框架、文件接口要求、文件存取方式及通信要求,适用于城市公共交通 IC 卡系统的设计与开发。

清分结算机构与入网机构在信息交互过程中的信息接口,包括文件接口、文件存取方式和通信方式,其信息接口框架,如图 6-3 所示。

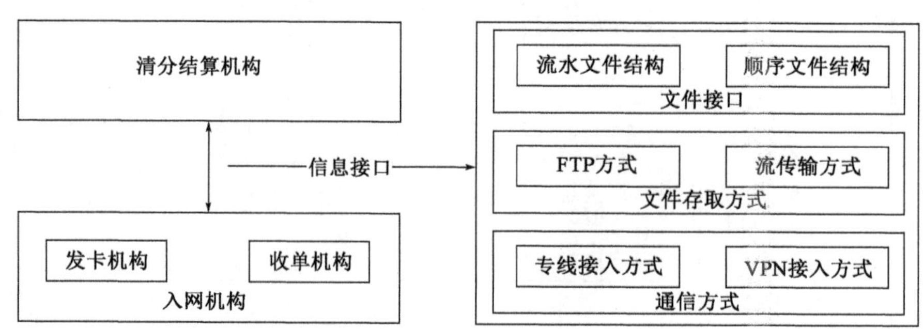

图 6-3　交通一卡通互联互通清分结算信息接口框架

(5)非接触接口通信。主要规定了城市公共交通 IC 卡非接触接口通信相关的物理特性、射频功率和信号接口、初始化和防冲突及传输协议,适用于城市公共交通 IC 卡卡片与读写终端间通信传输协议的设计与开发。

（6）安全。主要规定了与城市公共交通 IC 卡相关的电子现金安全体系、电子钱包安全体系、卡片安全、终端安全以及加密机制和系统安全，适用于城市公共交通 IC 卡的卡片、终端及密钥管理系统的设计与研发。

（7）检测项目。主要规定了城市公共交通 IC 卡的卡片检测、SAM 卡检测、终端检测和系统检测基本要求，适用于城市公共交通 IC 卡的卡片、终端及密钥管理系统的检测。

2. 设计思路

针对交通一卡通传统支付应用方式，对传统卡片、终端的交互流程详细梳理，深入结合国内每个城市在交通一卡通领域应用的技术实现标准、采用中间路线实现对已有标准的兼容并蓄，实现先通过传统实体卡交易业务中涉及的交通一卡通产品进行技术规范。

3. 标准特色

（1）双应用单余额。

本规范采用卡片电子现金、电子钱包双应用，共用一个余额的技术路线，实现对交通一卡通行业内存在的电子钱包和电子现金两类车载受理终端，交易处理技术的兼容。并在卡片结构中增加电子钱包、电子现金都可以访问的共享区域，实现双应用中必要信息的同步，如分时分段的公交车上车记录、地铁进站交易记录等，在标准中称为城市公共交通过程信息定长记录文件（0x1A）和城市公共交通过程信息循环记录文件（0x1E）。

（2）兼容本地业务。

为实现全国范围内跨地域、跨交通方式的复合性交易业务奠定技术实现基础，并支持交通一卡通行业公共出行领域中，单次扣费、分时分段计费、优惠、脱机预授权等本地化交通业务需求。当然，每个城市还会保留原有本地个性化业务，比如公交与地铁的连乘优惠等，但用户只有在卡发行城市使用时，车载受理终端才会对卡片中存放本地个性化业务进行读取访问，如果用户在异地城市消费使用时，车载受理终端就不会对卡片中的本地个性化文件进行识别（图 6-4）。

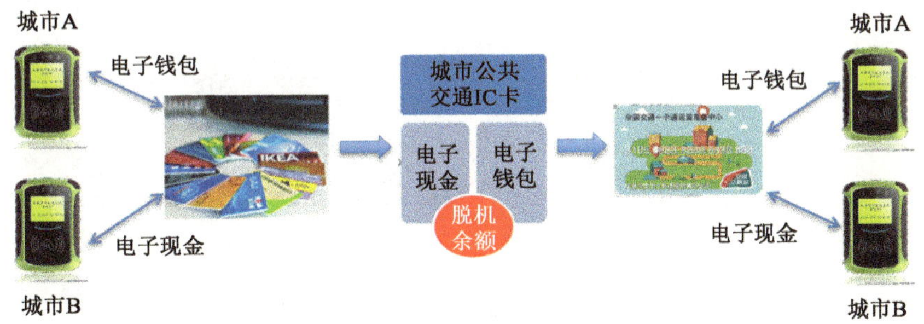

图 6-4　交通一卡通互联互通 IC 卡交易模型

二、《交通一卡通移动支付技术规范》

《交通一卡通移动支付技术规范》（JT/T 1059—2016）是利用可信服务管理系统实现对交通一卡通多虚拟卡应用、多个载有安全单元的移动支付介质的互信管理，在 NFC 近场无线通信技术基础上，拓展了交通一卡通支付介质类型。该标准于 2016 年 5 月正式由交通运输部颁布。《交通一卡通移动支付技术规范》的主要内容有 8 个部分，分别是总则、安全单元、近场支付、远程支付、客户端软件、可信服务管理系统、终端设备、检测项目。该规范涉及交通一卡通移动支付的功能实现和支撑服务，具体内容框架见图 6-5。

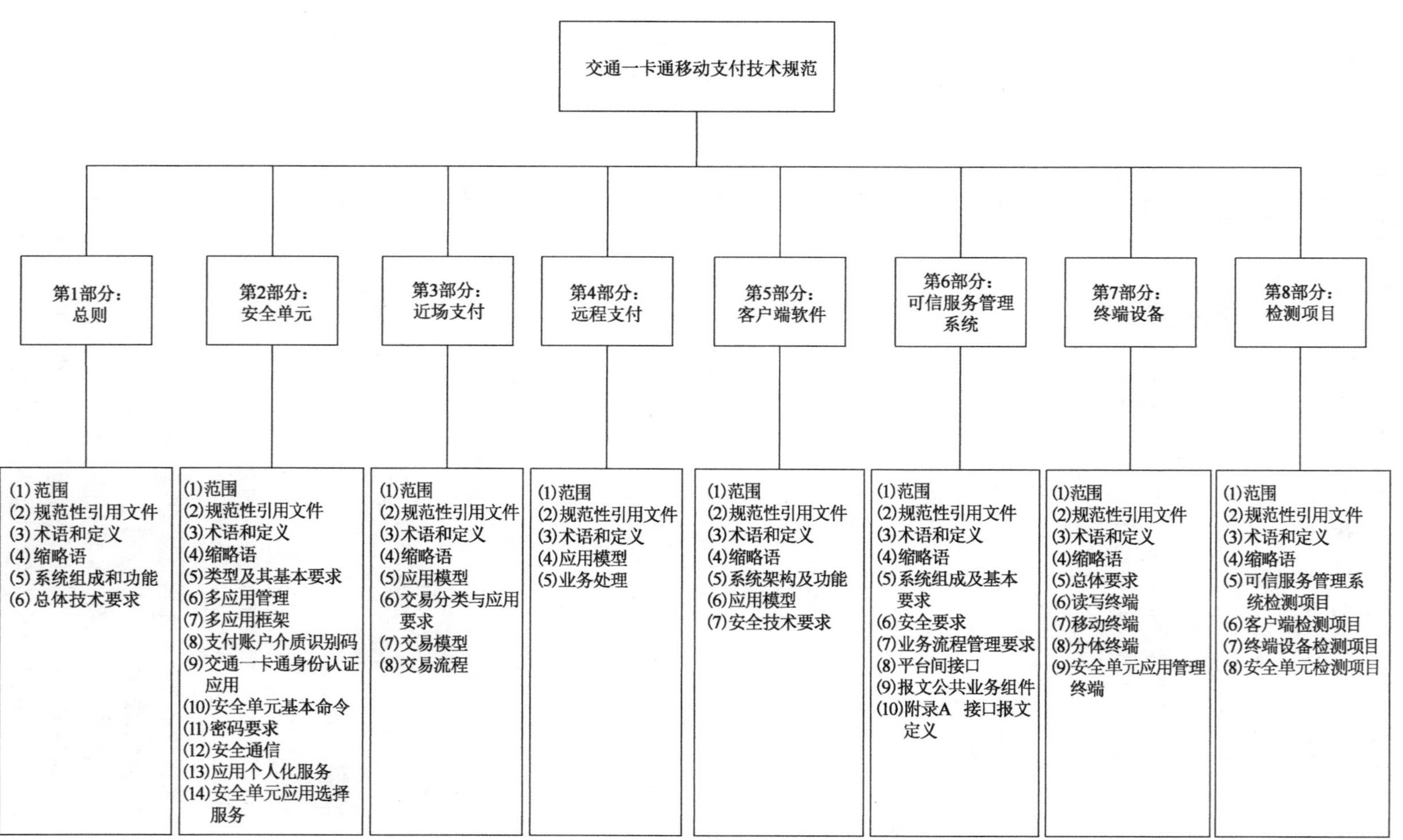

图6-5 《交通一卡通移动支付技术规范》内容框架

1. 技术架构

《交通一卡通移动支付技术规范》支持多模式的安全域管理，创新性地采用授权管理权限与委托管理权限两种模式都支持的行业辅助安全域管理方案，既保证多行业安全域共存，同时安全单元发行方更易接受，实现方案更加灵活。同时，支持多种移动支付技术，采用基于云端的主机模拟方式，实现规范完整性，且适应不同时期的应用拓展。在此基础上，该规范提出构建行业多应用管理，打破目前行业中只能一个安全单元中只能加载一个交通一卡通虚拟卡应用的资源浪费现象，建立同一 SE 中可进行多行业多应用加载与管理的能力，其技术架构见图 6-6。

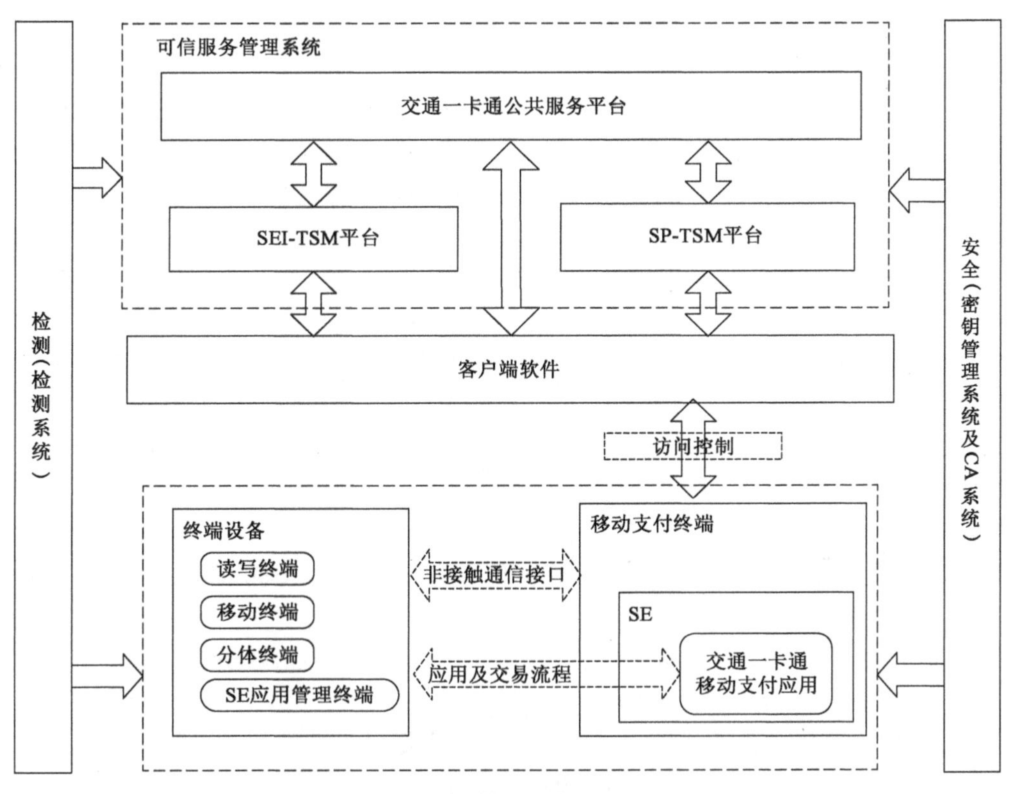

图 6-6　规范化的交通一卡通移动支付技术架构

该技术架构提供对多安全单元载体支付介质支付安全，同时对移动支付终端与终端设备间交互的近场支付环境提出要求，保证了两端设备间的交互通信。通过制定统一的信息接口实现可信服务管理系统内各参与方平台间的互信互认互通，通过对客户端软件的要求，实现客户端对多种类型支付介质的互认通联。在对整个移动支付相关系统、设备提出技术要求的同时，建立在密钥安全以及检测要求的基础上，保证了交通一卡通领域内移动支付各类产品的质量以及使用规范。提出了从硬件到软件的技术实现要求，同时提出了通过安全算法到检测要求的产品稳定性与安全性的双向保障。

2. 具体内容

(1) 总则。规定本系列规范各部分之间的关系，即以安全单元为载体，以客户端软件为用户入口，依靠安全可靠网络，通过可信服务管理系统间统一的数据接口，实现空中发卡、空中充值的业务。本系列规范按使用场景分为近场支付和远程支付。同时检测项目为业务及系统安全性、兼容性、统一性进行规范。

(2)安全单元。规定安全单元存在的物理形态,多应用管理平台的功能需求,多应用管理平台的框架以及安全单元支持的基本指令、安全通道机制、加密算法等。作为交通一卡通支付应用的载体,安全单元除了能满足关键数据的安全存储和运算,还需要支持多应用的动态管理和运行安全。具体体现在支持应用的动态下载、支持多应用共存并支持与应用相匹配的安全策略。此外,还提出了交通一卡通支付应用个人化的两种方式,以及接触、非接通道上如何选择交通一卡通支付应用。非接通道首先选择 PPSE(近距离支付系统环境),然后从 FCI(文件控制信息)模板返回的 AID 列表中选取交通一卡通支付应用。接触通道,即移动终端客户端可直接使用 Select AID 的方式选中交通一卡通支付应用。

(3)近场支付。规定移动支付系统架构中各实体之间的关系主要包括移动支付终端、终端设备以及收单系统等实体之间的交易。

(4)远程支付。规定远程支付充消费、空中圈存、冲正、转账等交易流程。

(5)客户端软件。规定客户端软件用户注册、SE 注册、消费、空中圈存、账户信息查询、卡片信息查询、版本升级等常规功能。为了使用安全单元(SE)实现应用下载,必须对 SE 做符合规范要求的初始化管理操作。这部分内容包括 SE 注册、应用下载、默认账户设置等。这些操作能够使 SE 具备可使用状态,开通交通一卡通支付应用,并且当需要增加访问权限,更改当前默认账户时有接口可以操作。当然在上述业务交互过程中,客户端的安全性也尤为重要,因此,本规范中对客户端软件的安全性也提出了要求。

(6)可信服务管理系统。规定交通一卡通移动支付平台各实体间关系以及业务功能和系统间的接口报文,同时基于平台高安全性要求从 SE 侧、平台侧以及数据传输、数据存储、密钥体系方面提出要求。交通一卡通移动支付平台是交通一卡通移动支付参与各方认可的可信第三方实体,面向 TSM 平台运营方、SE 发行方、应用提供方、服务提供方和用户,提供机构注册接入、应用注册、跨机构交互路由、SE 可信管理、SE 开放共享功能、应用共享功能。

其中,机构注册接入包括 TSM 平台运营方、应用提供方两类机构的注册接入。应用注册包括应用审查、应用 AID 分配、包 AID 分配、类 AID、实例 AID 和安全域 AID 分配。跨机构交互路由包括交互的建立、消息分发、应用资源地址分发。SE 可信管理包括 SE 的注册、SE 及其持有者实名身份获取和身份信息传递。SE 开放共享包括交通一卡通类辅助安全域的创建、删除、锁定解锁、个人化、终止、状态查询、安全域初始化、应用操作授权、应用合法性验证等功能。应用共享包括应用分发、应用发现、应用资源地址分发。

针对交通一卡通移动支付平台的特殊需求,交通一卡通安全域(TSD)和身份认证应用(TIDAA)作为交通一卡通行业在 SE 上的代表,需要在用户第一次下载交通一卡通应用时进行注册和激活。

以交通一卡通移动支付平台作为可信第三方的开放共享模式中,要求 SE 中配置交通运输部 TSD 安全域。交通一卡通移动支付平台可以通过 TSD 安全域为地市一卡通应用提供方进行交通一卡通类辅助安全域的生命周期管理,包括辅助安全域的创建、删除、个人化、锁定/解锁。交通一卡通类辅助安全域创建采用委托管理模式。同时交通一卡通移动支付平台也可以通过 TSD 安全域为地市一卡通应用提供方进行交通一卡通类应用的生命周期管理,包括交通一卡通应用的下载、删除、个人化、锁定/解锁。整个 TSM 平台的业务由客户端发起,为了适应多种业务发起的需求,本部分分别支持由 SEI-TSM(发行方)客户端、交通运输部客户端、SP-TSM(一卡通)客户端触发三种模式。

(7)终端设备。规定读写终端、移动终端、分体终端和 SE 应用管理终端的硬件要求、软件要求以及安全要求。

(8)检测项目。规定系统、客户端、SE 管理终端和 SE 的功能、性能、安全、接口等方面的检测项目。

3.设计思路

对日新月异的互联网新兴支付技术、NFC 技术进行深入研究,响应交通一卡通行业内各类企业对新技术、新支付方式的需求;为持卡用户无卡支付提供技术实现可能性,实现刷卡方式多样化,包括智能 NFC 手机、NFC-SIM 卡、手环、手表等应用载体,将交通一卡通互联互通应用安全的存放在上述各类应用载体的芯片或系统后台服务器端。

4.标准特色

兼容不同智能支付设备中安全单元的辅助安全域建立的模式,通过采用授权管理权限与委托管理权限两大类模式,支持多模式的安全域管理,保证多行业安全域对安全单元的共享共存,提升安全域创建的技术实现灵活性,为智能支付设备安全单元产品多模式设计提供指导思路。

提出了交通一卡通互联互通应用不同载体形式的技术实现,基于应用在安全单元中安全存储、在云端加密安全存储。提供了在“电子钱包、电子现金”双应用共用一个余额钱包的卡数据结构基础上,对于已于 NFC 技术的多模式虚拟卡业务实现方法,和技术探索思路。当然,不管是哪种应用存储形式,都必须是安全的。

三、《交通一卡通二维码支付技术规范》

1.具体内容

《交通一卡通二维码支付技术规范》(JT/T 1179—2018)的内容主要包括以下 7 个部分。

(1)应用场景及主要内容。交通一卡通二维码支付的应用场景主要是公众使用智能终端中的安全客户端软件所生成的交通一卡通互联互通二维码,在受理终端上扫码,受理终端读取采集二维码的数据信息,使用终端内存储的统一国密证书,对二维码的完整性与有效性进行验证,验证通过后,受理终端上传二维码交易至各城市的相关系统,各城市的清分结算系统将其中本地的二维码交易数据进行清分结算,并将其他异地二维码交易数据发送至清分结算机构进行异地清分结算。根据应用场景以及业务流程,《交通一卡通二维码支付技术规范》从支付体系架构及流程、二维码数据结构、信息接口、安全要求、受理终端要求、客户端软件等几方面进行了规定。

(2)支付体系架构及流程。为了加强行业相关系统集成单位、硬件设备生产单位对本技术规范的理解,本技术规范设计并规定了交通一卡通二维码支付体系结构,并设计了工作流程与交易流程,主要用于交通一卡通二维码支付应用中各类机构涉及的业务系统,以及场景模型中的顶层系统设计,为相关参与单位的系统设计与研发提供顶层设计思路。交通一卡通领域内要实现二维码支付跨区域扫码的互认以及互通应用,必须建立在统一的国密证书体系基础上。为了加强交通一卡通领域内的发卡机构对于机构证书、密钥的签发方法以及正确使用证书对本技术规范中的二维码数据进行分级签名保护,在本技术规范中对证书下载流程、申请流程、密钥工作流程等分别进行了规定与要求。

(3)二维码数据结构。交通一卡通领域中的二维码支付跨区域互认和互通使用,不仅需要建立在统一的国密证书体系基础上,还需要定义统一的二维码数据结构,本技术规范的二维码的数据结构采用三级结构即证书管理中心级、机构级、用户级证书签名数据。各城市受理终端在读取到二维码数据时,使用统一的证书管理中心级证书、机构级公钥证书以及支付账户用户公钥对二维码数据的真实性、有效性进行验证。通过统一的受理终端流程,提高二维码支付受理终端验证的交易速度。

(4)信息接口。交通一卡通的二维码支付是交通一卡通领域内的新型支付应用技术,本技术规范对二维码的数据结构以及数据项提出了要求,为了便于清分结算机构有效地为收单机构、发卡机构进行交通一卡通二维码交易的清分结算,需要建立统一的清分结算信息接口规范。本技术规范统一了清分结算信息接口,降低了各入网机构系统改造成本,以便于系统维护。交通一卡通二维码支付交易清分结算流程涉及的文件接口要求、文件存取方式及通信方式要求与《城市公共交通 IC 卡技术规范　第 6 部分:安全》(JT/T 978.6—2015)中的要求一致。

(5)安全要求。随着国家加大力度推广国家商用密码的应用,且考虑到在控制二维码数据长度情况下保证二维码数据安全性。本规范中证书与密钥均采用国家商用密码规范要求。同时,考虑到交通一卡通二维码支付属于互联网支付范畴,因此对其支付安全、交易信息安全、密钥存储安全等方面都进行了统一要求。

(6)受理终端要求。受理终端主要用于受理交通一卡通的二维码交易,并读取与验证交通一卡通的二维码数据,调取受理终端安全模块中存储的中心公钥证书对二维码数据进行分级验证,且为了提高证书的使用安全性,以及对二维码数据的保护,采取定期更新证书的模式。因此在本技术规范中对终端涉及的二维码读取器、存储和通信等方面提出了要求。

(7)客户端软件要求。交通一卡通互联互通二维码由客户端软件生成,且符合本技术规范中的交通一卡通二维码支持联机生码和脱机生码两种生码模式,为了保证二维码数据的安全性,两种生码模式均需要使用密钥对所生成的二维码数据进行加密,且脱机生码模式中涉及客户端软件存储用户级密钥,因此需要对客户端软件提出相应技术要求。

2. 设计思路

为了加强行业相关系统集成单位、硬件设备生产单位对本技术规范的理解,本技术规范设计并规定了交通一卡通二维码支付体系结构,设计了工作流程与交易流程,主要用于交通一卡通二维码支付应用中各类机构涉及的业务系统,以及场景模型中的顶层系统设计,为该应用中相关参与单位的系统设计与研发提供顶层设计思路,具体包括:

(1)交通一卡通领域内要实现二维码支付跨区域扫码的互认以及互通应用,必须建立在统一的国密证书体系基础上。为了加强交通一卡通领域内的发卡机构对于机构证书、密钥的签发方法以及正确使用证书对本技术规范中的二维码数据进行分级签名保护,在本技术规范中对证书下载流程、申请流程、密钥工作流程等分别进行了规定与要求。

(2)交通一卡通领域中的二维码支付跨区域互认和互通使用,不仅需要建立在统一的国密证书体系基础上，还需要定义统一的二维码数据结构，本技术规范的二维码的数据结构采用三级结构即证书管理中心级、机构级、用户级证书签名数据。

(3)各城市受理终端在读取到二维码数据时，使用统一的证书管理中心级证书、机构级公钥证书以及支付账户用户公钥对二维码数据的真实性、有效性进行验证。通过统一的受理终端流程，提高二维码支付受理终端验证的交易速度。

(4)交通一卡通的二维码支付是交通一卡通领域内的新型支付应用技术，本技术规范对二维码的数据结构以及数据项提出了要求，为了便于清分结算机构有效地为收单机构、发卡机构进行交通一卡通二维码交易的清分结算，需要建立统一的清分结算信息接口规范。本技术规范统一了清分结算信息接口，降低了各入网机构系统改造成本，以便于系统维护。交通一卡通二维码支付交易清分结算流程涉及的文件接口要求、文件存取方式及通信方式要求与《城市公共交通 IC 卡技术规范　第 6 部分：安全》(JT/T 978.6—2015)中的要求一致。

(5)随着国家加大推广国家商用密码的应用，且考虑到在控制二维码数据长度情况下保证二维码数据安全性。本规范中证书与密钥均采用国家商用密码规范要求。同时，考虑到交通一卡通二维码支付属于互联网支付范畴，因此对其支付安全、交易信息安全、密钥存储安全等方面都进行了统一要求。

(6)交通一卡通互联互通二维码由客户端软件生成，且符合本技术规范中的交通一卡通二维码支持联机生码和脱机生码两种生码模式，为了保证二维码数据的安全性，两种生码模式均需要使用密钥对所生成的二维码数据进行加密，且脱机生码模式中涉及客户端软件存储用户级密钥，因此需要对客户端软件提出相应技术要求。

3. 标准特色

《交通一卡通二维码支付技术规范》建立在全国交通一卡通互联互通的基础上，以实现跨地域、跨交通方式为目标，使用二维码支付技术，实现了二维码支付在公共交通领域小额、快速支付的要求，其关键特色创新点具体如下：

(1)统一的证书密钥体系，提升数据交易安全。为响应国家推广国密体系的要求，本技术规范中涉及的二维码所使用的证书以及签名数据均采用国密证书及算法。二维码采用三层验签机制，即证书管理中心公钥证书、发卡机构授权签名数据、支付账户用户私钥签名数据，实现同一二维码在不同城市扫码的同时保障了二维码数据的安全性(图 6-7)。

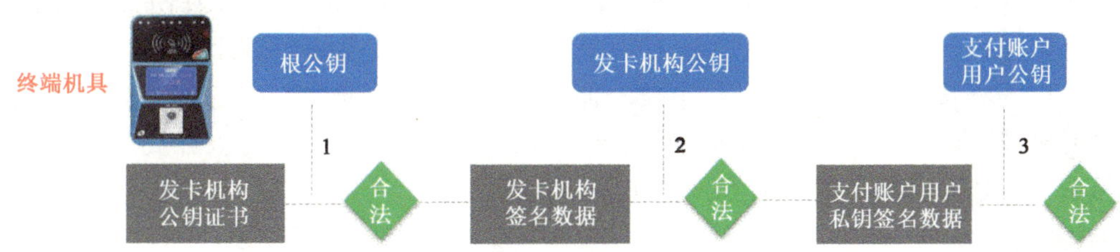

图 6-7　交通一卡通二维码数据验证

(2)统一的二维码数据内容，降低技术实现成本。在充分研究交通一卡通行业运营机构业务需求的基础上，通过制定统一的二维码数据结构，同时保留了发卡机构自定义域，使各个城市在统一二维码数据格式的基础上有定制化内容的空间。不仅满足了行业内运营企业的定制化需求，更大大降低了技术实现各方的改造量与成本(如发码系统、受理终端等)，在解决了由于没有标准的情况下各运营机构技术标准不一，从而导致技术实现各方开发改造成本较大的现象的同时，解决了由于二维码数据项的不同，导致二维码无法互联互通使用的问题。

(3)统一的清分结算数据接口，实现系统快速接入。本技术规范统一了跨区域机构间的清分结算数据接口，保障了跨区域交易在数据同步过程中的统一性，减少了各城市间系统差异对接的工作量，使各个城市系统可以相对快速地接入到互联互通城市系统中。

(4)通过制定统一的二维码支付业务的数据交换与结算信息接口，实现了交通一卡通各运营机构系统的统一接入，各运营机构可在其已有互联互通数据交换与结算系统上增加新接口，无须单独建设新系统，实现了在提升已有系统资源有效整合的基础上各运营机构系统的快速接入，大大降低了技术开发与实现成本，并降低了交通一卡通各运营机构系统对接差异化。

(5)充分适应行业现状，兼容多种生码方式。为了制定适应交通一卡通行业现状的交通一卡通二维码支付技术规范，充分考虑了交通一卡通行业应用场景、网络传输等交易发生环境，在支持客户端联机生成二维码的基础上，设计并制定了客户端软件脱机生成二维码，终端离线受理并验证二维码的“双脱机”模式，属于交通一卡通行业标准创新性技术突破(图6-8)。

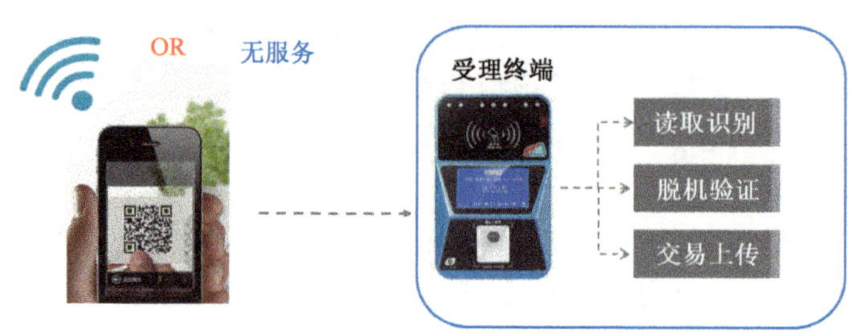

图6-8 交通一卡通受理终端二维码识别功能

第二节 交通一卡通技术体系

如果说交通一卡通的标准体系是交通一卡通发展的框架，那么技术体系则是保障交通一卡通能顺利发挥其功能的关键。交通一卡通的技术体系可基于业务流程进行分解，具体包括密码管理、安全机制、发卡管理、车载终端管理、公交运营系统管理平台、充值管理、数据交换与结算等。其中，密码管理是整个技术体系的基础保障，发卡管理、安全机制、车载终端是应用前提，数据交换与结算是关键，公交管理平台和充值管理技术是服务支撑。有关数据交换与结算体系将在第七章结合案例详细展开。

一、密码管理

交通一卡通是一件“密码产品”，做好密码管理不但是交通一卡通安全的保障，还将推动国产密码技术和产品的发展。

1. 国际密码管理技术

现代密码学分为对称加密与非对称加密(公钥加密)，代表算法分别有DES、3DES、AES、RSA等。非对称加密算法的资源消耗大于对称加密。一般是进行混合加密处理，例如使用

RSA 进行密钥分发、协商，使用 AES 进行业务数据的加解密。整体而言，主要发达国家密码管理技术起步早，发展水平高，目前国际通用的密码管理技术有如下 4 类。

(1) DES、3DES。

DES 主要采用替换和移位的方法，用 56 位密钥对 64 位二进制数据块进行加密，每次加密可对 64 位的输入数据进行 16 轮编码，经一系列替换和移位后，输入的 64 位转换成安全不同的 64 的输出数据。

3DES：是在 DES 的基础上采用三重 DES，即用两个 56 位的密钥 K1、K2，发送方用 K1 加密，K2 解密，再使用 K1 加密。接收方使用 K1 解密，K2 加密，再使用 K1 解密，其效果相当于密钥长度加倍。

(2) AES、AES192、AES256。

高级加密标准(Advanced Encryption Standard，AES)，是美国采用的一种区块加密标准。这个标准用来替代原先的 DES，已经被多方分析且广为全世界所使用。经过五年的甄选流程，高级加密标准由美国国家标准与技术研究院(NIST)于 2001 年 11 月 26 日发布于 FIPS PUB 197，并在 2002 年 5 月 26 日成为有效的标准。2006 年，AES 已然成为对称密钥加密中最流行的算法之一。

(3) RSA。

RSA 算法基于一个十分简单的数论事实：将两个大质数相乘十分容易，但是想要对其乘积进行因式分解却极其困难，因此可以将乘积公开作为加密密钥。RSA 是公开密钥密码体制。所谓的公开密钥密码体制就是使用不同的加密密钥与解密密钥，也就是一种“由已知加密密钥推导出解密密钥在计算上是不可行的”密码体制。在公开密钥密码体制中，加密密钥(即公开密钥)PK 是公开信息，而解密密钥(即私有密钥)SK 是需要保密的。加密算法 E 和解密算法 D 也都是公开的。

虽然解密密钥 SK 是由公开密钥 PK 决定的，但却不能根据 PK 计算出 SK。RSA 通常是先生成一对 RSA 密钥，其中之一是私有密钥，由用户保存；另一个为公开密钥，可对外公开，甚至可在网络服务器中注册。为提高保密强度，RSA 密钥至少为 500 位长，一般推荐使用 1024 位以上，使加密的计算量很大，不容易破解。

RSA 算法是第一个能同时用于加密和数字签名的算法，也易于理解和操作。RSA 是被研究得最广泛的公钥算法，从提出到现今的 30 多年里，经历了各种攻击的考验，逐渐为人们接受，普遍认为是目前最优秀的公钥方案之一。RSA 密钥长度随着保密级别提高，增加很快，详细情况可参考表 6-1。

各类算法对应的加密级别　　表 6-1

保密级别	对称密钥长度(位)	RSA 密钥长度(位)	ECC 密钥长度(位)	保密年限(年)
80	80	1024	160	2010
112	112	2048	224	2030
128	128	3072	256	2040
192	192	7680	384	2080
256	256	15360	512	2120

(4)SHA-1。

哈希算法也称为“哈希函数”,是安全散列算法SHA(Secure Hash Algorithm,SHA)的简称。SHA1是哈希算法的一种,典型的哈希算法包括MD2、MD4、MD5和SHA-1。除SHA-1外的SHA-256、SHA-384和SHA-512通常归为一组,即为SHA-2。哈希算法是信息的提炼,通常其长度要比信息小得多,且为一个固定长度。加密性强的散列一定是不可逆的,这就意味着通过散列结果,无法推出任何部分的原始信息。任何输入信息的变化,哪怕仅一位,都将导致散列结果的明显变化,应用于信息的防篡改。

2.国产密码管理技术

密码管理技术在全球范围内呈现出垄断的特征,且美国扮演着绝对的主导角色。比如,SHA-1算法就是由美国国家安全局(NSA)设计,RSA算法是由RSA公司开发,该公司的核心技术专家是三名来自麻省理工学院的教授。RSA公司的客户遍布全球,包括电子商务、银行、政府、电信运营商、航空航天业等。全球大概超过7000家大型企业、逾800万用户接受它的服务。但是,这样一家公司却于2013年被爆出与美国国家安全局达成了1000万美元的合作协议,根据该协议,美国国家安全局支付1000万美元,RSA公司在部分加密技术中放置后门。

可见,如果在密码管理方面依赖他人的技术,这无异于让“狼守着羊”,国外敌对势力不但会经常性窃取机密数据来实现其不正当目的,还会在国际冲突时猛烈攻击我国的银行系统、电信系统、企业管理系统和居民信息系统,造成社会运行的瘫痪。为了摆脱对国外密码管理技术的依赖,提高信息安全的自主可控性,国家密码管理局公布了SM2、SM3、SM4等一系列密码算法,并积极推动在金融领域的试点示范工作,从密码算法层面推动信息科技的“安全可控”。为配合国产密码算法,保障信息安全,国家商用密码管理办公室制定了一系列密码标准,包括SSF33、SM1(SCB2)、SM2、SM3、SM4、SM7、SM9、祖冲之密码算法等。其中SSF33、SM1、SM4、SM7、祖冲之密码是对称算法;SM2、SM9是非对称算法;SM3是哈希算法。各类算法的具体情况如下:

(1)SM2椭圆曲线公钥密码算法。

SM2算法就是ECC椭圆曲线密码机制,但在签名、密钥交换方面不同于ECDSA、ECDH等国际标准,而是采取了更为安全的机制。2010年底,国家密码管理局公布了我国自主研制的“椭圆曲线公钥密码算法”(SM2算法)。为保障重要经济系统密码应用安全,国家密码管理局于2011年发布了《关于做好公钥密码算法升级工作的通知》,要求“自2011年3月1日期,在建和拟建公钥密码基础设施电子认证系统和密钥管理系统应使用SM2算法。自2011年7月1日起,投入运行并使用公钥密码的信息系统,应使用SM2算法。”近期,人民银行组织召开多次专题会议讨论研究金融领域国产加密算法升级改造的相关工作。

(2)SM3杂凑算法。

SM3又叫文摘算法、杂凑算法。功能与MD5、SHA-1相同,产生256位的编码,具有算法位不可逆的特性,具体算法保密。SM3密码杂凑算法给出了杂凑函数算法的计算方法、计算步骤和运算示例。此算法适用于商用密码应用中的数字签名、验证、消息认证码的生成与验证及随机数的生成,可满足多种密码应用的安全需求。

(3)SM4对称算法。

此算法是一个分组算法,用于无线局域网产品。该算法的分组长度为128位,密钥长度为 128 位。加密算法与密钥扩展算法都采用 32 轮非线性迭代结构。解密算法与加密算法的结构相同,只是轮密钥的使用顺序相反,解密轮密钥是加密轮密钥的逆序。SM4 算法的优点是软件和硬件实现容易,运算速度快,但该算法的缺点是消息安全取决于对密钥的保护,泄漏密钥就意味着任何人都能对消息进行密码和解密。由于其加密过程和解密过程互逆,这两个过程均使用相同的保密密钥,使得对称密钥加密体制的适用范围受到了很大限制。

目前,SM2 椭圆曲线公钥密码算法、SM3 密码杂凑算法和 SM4 分组密码算法在全国交通一卡通互联互通项目得到大规模应用。随着"一带一路"倡议的提出,交通一卡通的国际化将有利于国产密码产品走出国门。

3. 交通一卡通密码管理方案

(1)交通一卡通密码体系。

第一,密钥体系层次。应用密钥可分为根密钥和 RFUIM 卡密钥,RFUIM 卡密钥体系分为 RFUIM 卡卡片根密钥、RFUIM 卡和 PSAM 卡卡片密钥,所有卡片相关密钥均由 RFUIM 卡卡片根密钥分散产生。这个密钥体系除在交通一卡通得到应用外,在上海电信手机支付业务等也得到广泛应用。采用该体系可以保证密钥的追述性,有利于加强密钥的有效管理,备份恢复密钥方式也更加多样和方便快捷。

第二,密钥分散结构。密钥需要进行分散,其计算方法是通过分散因子产生子密钥。分散因子为 8 字节,用指定的分散因子加上分散因子求反值作为输入数据,执行 3DES(e)/SM4 计算,产生的 16 字节结果作为子密钥。图 6-9 所示为密钥分散层次。

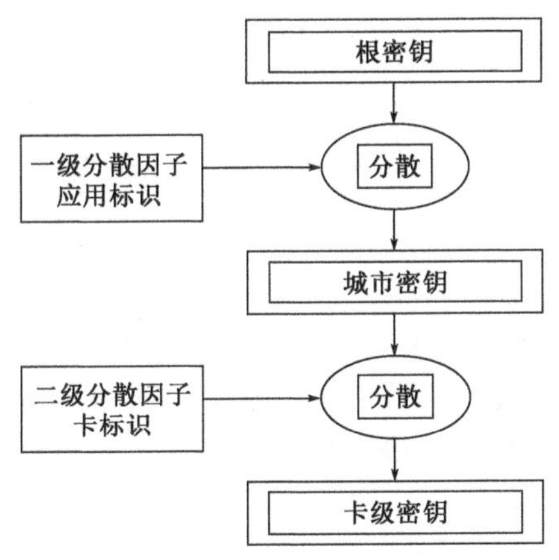

图 6-9　交通一卡通密钥分散层次

(2)交通一卡通密码管理。

密钥管理的各项功能要通过相应的安全机制来实现,密钥的安全管理机制是整个密钥管理系统的核心,在安全实用的原则下来控制密钥的使用权限,保证系统的安全。具体的流程包括:

第一,密钥产生。利用物理噪声源(如 Wnpg4)产生硬件随机数,通过五项检验(频数检验、序列检验、自相关检验、扑克检验和游程检验)后的随机数作为密钥素材。密钥是在密钥素材库中选取的一段数据,由加密机产生。

第二,密钥存储。密钥必须进行安全存储。除加密机等安全设备中可以存储密钥明文外,密钥明文必须以密文的状态存在。密钥的传输过程、密钥管理系统数据库等环境,密钥以密文状态存在。密钥的存储载体可以是移动存储设备、硬盘、软盘、光盘等等。

第三,密钥分发。密钥分发是指将上级密钥管理系统加密机中密钥分发到下级密钥管理系统中并存储在下级密钥管理系统的加密机中。密钥分发与密钥导入构成密钥传递过程操作。密钥分发具有严格的原则,具体为:不将密钥以明文的方式下发,密钥密文和传输密钥(加密密钥的密钥,用于密钥的安全传递)必须分离存储。需要注意的是,密钥传递过程中传输密钥安全性比密钥密文要高,所以传输密钥必须由加密机提供给密钥管理系统,且以密文状态存在于存储设备中。传输密钥使用智能 IC 卡作为存储载体,这样可以对传输密钥密文增加一层口令保护,使密钥的传递过程更加安全。

第四,密钥导入。密钥导入是指将上级密钥管理系统加密机中密钥导入到下级密钥管理系统中,并存储在下级密钥管理系统的加密机中。密钥分发与密钥导入构成密钥传递过程操作。

第五,密钥更新。所有应用密钥均具有一定的属性,包括类型、版本、索引、有效期等。在生成用户卡和 PSAM 卡的时候,装载若干个索引和版本的密钥,赋予每个版本的密钥一定的有效期,当密钥有效期结束后,可方便启用下一个版本的密钥。

第六,密钥备份/恢复。密钥的备份和恢复在密钥生命周期中具有重要意义,对各种密钥进行备份是必须要做的密钥管理工作。密钥管理系统必须提供密钥的备份/恢复操作手段。在系统密钥丢失或者系统损坏时才能使系统恢复原状,重新回到可以正常运转的状态。在密钥发生变化或者增加密钥时必须对密钥进行备份操作。备份密钥的方式包括存储密钥的密文、存储密钥关系码单(记录了上级密钥版本、索引、类型以及该密钥的分散因子等)等等,操作方法由密钥管理系统提供。密钥存储载体可以是纸质文件、智能 IC 卡、硬盘、软盘、光盘等。密钥存储必须以一定格式存储,因此密钥存储管理可以利用关系型数据库。

二、发卡管理

从交通一卡通类型来看,交通一卡通经历了从接触性卡到非接触性卡,从 M1 卡到 CPU 卡,从非互联互通卡到互联互通卡。目前,在实体卡方面,交通一卡通一般采用非接触性 CPU 卡,同时,虚拟的电子卡也已经得到应用。

1. 交通一卡通技术构造

(1)非接触性 CPU 卡技术构造。

非接触性 CPU 卡是当前交通一卡通的主要类型,支持电子现金、电子钱包和电子现金双币应用,能有效地防复制、防伪造和防篡改,安全性强。非接触式 CPU 卡属于非接触式 IC 卡的一种,由 IC 卡芯片和感应天线组成,封装在一个标准的 PVC 卡片内,芯片及天线无任何外露部分。非接触性 CPU 卡成功地将射频识别技术和 IC 卡技术结合起来,实现无源(卡中无电源)和免接触,是电子器件领域的一大突破,也大大提高了支付的便捷性。卡片在一定距离范围(通常为 5 ~ 10 厘米)靠近读写器表面,就能通过无线电波的传递来完成数据的读写操作。

非接触性 CPU 卡从外形上来说和普通 IC 卡或射频卡并无差异,但是功能和安全性得到大大提升。和普通的 IC 卡相比,非接触性 CPU 卡内含有随机数发生器、硬件 DES 和 3DES

加密算法等，配合操作系统（即片上 OS，也称 COS），可以达到金融级别的安全等级。

通俗来讲，非接触性 CPU 卡相当于一个微型的计算机，具有计算的功能，所以可以进行比较复杂的加密/解密运算；COS 中也包含了安全技术，这就为非接触性 CPU 卡提供了双重的安全保证。非接触性 CPU 卡极难伪造，是目前极安全的卡类型，同时存储容量可小可大，且支持分区存储，通卡公司可以根据需要采购支持单应用非接触性 CPU 卡或多应用的非接触性 CPU 卡。

（2）虚拟电子卡技术构造。

随着移动支付技术的发展，交通一卡通的类型也日渐丰富。近年来，可穿戴设备和支持 NFC 功能的手机支持开通虚拟电子卡。虚拟电子卡同样支持子现金、电子钱包、电子现金双币等应用，原理和实体卡相似，但支持挂失和在线查询，便利性较强。但是，由于虚拟电子卡采取实名制，存在用户信息泄露的风险。虚拟电子卡的开通和应用需要互联网企业和通卡公司进行合作，这是探索互联网企业和通卡公司协调发展有序竞争的重要途径。

（3）“交通联合”互联互通卡技术构造。

“交通联合”互联互联互通卡采取非接触性 CPU 卡，由于虚拟电子卡的原理和 IC 卡相似，此处就以实体卡为例，介绍有关卡片技术。

第一，卡文件系统技术构造。交通联合卡的文件系统采用与 ISO7816 规范定义一致的树形结构，其 COS 对应用数据的存储依靠文件的逻辑形式存放于指定的连续空间内。整个文件信息包含头控制信息与体数据信息，头控制信息与体数据信息在存储空间中是分开存放的。其中，EF 文件头控制参数存放于 MF 文件空间的高端，体数据信息存放其逻辑父文件的底端；MF 文件头控制参数存放于 MF 文件空间的最高端，文件体数据信息存放于 MF 文件空间的最低端，DF 文件头控制参数存放于 MF 文件空间的高端，文件体数据信息存放于本身 DF 文件空间的最低端。卡片内存分配结构如图 6-10 所示。

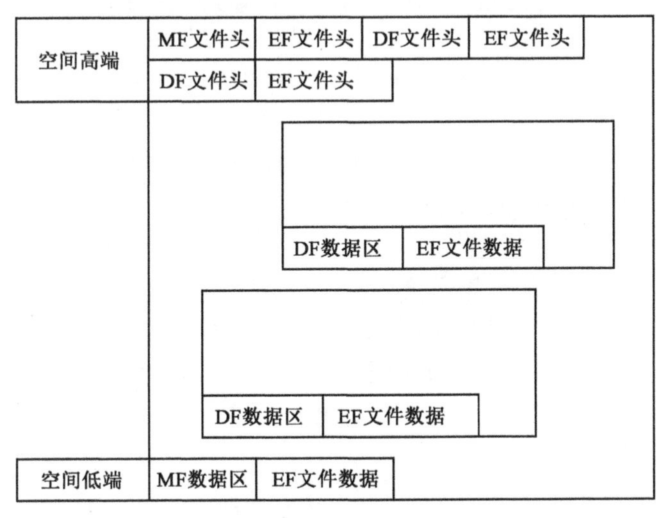

图 6-10　卡片内存分配结构

第二，卡文件分类技术构造。交通联合卡支持多层应用，应用层包括 MF（3F00）、DDF/ADF（具体应用层）；交通联合卡支持 ISO 标准 EF 结构，即透明二进制文件、线形定长记录文件、线形变长记录文件、环形定长记录文件及特殊结构文件。其中,特殊结构文件分为 KF、SF 和 RD/EP 三类,KF 是密钥文件,各层应用均可有一个,亦可共享 MF 的密钥文件,一个密钥文件中密钥的数量最多不超过 254 个,其结构由交通联合卡的 COS 解释;SF 是密码文件,各层目录均可有一个,亦可共享 MF 的密码文件,一个密码文件中密码的数量为 1 个,其结构由交通联合卡 COS 解释;ED/EP 文件为内部数据文件,为标准金融流程应用所专用。结合应用层和文件结构,交通联合卡的内部结构可分为三个层次,即 MF - ADF/DDF - EF。其中,DDF 层支持继续建立 ADF/DDF 子结构,但 ADF 层则不支持建立 ADF/DDF 子结构。基于卡文件分类的设置,交通联合卡的一卡多用功能得到实现,图 6-11 清晰地展示出交通联合卡的文件逻辑分层结构。

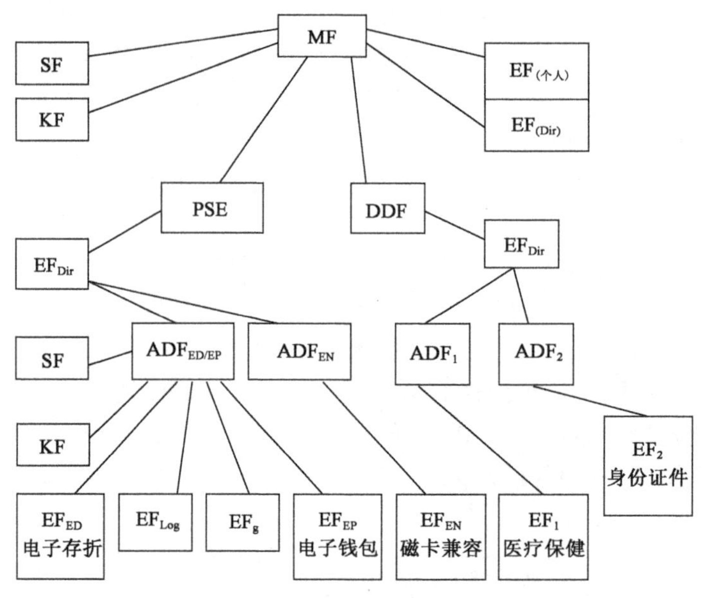

图 6-11　交通联合卡文件逻辑分层结构

2. 交通一卡通个人化管理

交通一卡通需要进行“卡片个人化”,才能出售给持卡用户,“卡片个人化”需要经历数据准备—COS 激活—预个人化—个人化的流程。

(1)数据准备。

数据准备以来数据准备系统,该系统负责接收、处理申请单位通过物流管理系统提交的制卡申请,根据订单所选卡产品,整合静态数据、模板数据等,并根据预先设定的包含对应业务参数的模板,调用加密机生成相关的密钥、计算签名等,最终将所有的数据整合并转化为卡片个人化系统可以理解的格式文件,供个人化厂商进行交通卡个人化生产。图 6-12 所示为数据准备系统的技术框架。

具体而言,数据准备系统又分为四个模板,分别是:

第一,数据准备模板和参数管理。数据准备模板管理为制卡文件提供制卡模板格式,该格式主要是根据交通一卡通互联互通规范所定义的卡结构以及个人化对卡片数据的要求而进行编排。卡参数管理主要是针对卡模板,为卡模板配置静态数据和动态数据生成方式。

第二,制卡文件管理模板。数据准备系统接收到物流管理系统审批通过的订单后,可以自动启动制卡批处理任务，把系统中的各种输入数据按照业务规则进行重组，调用加密机获取密钥、证书，进行转加密等操作，最终生成可提供给卡商个人化的制卡文件。

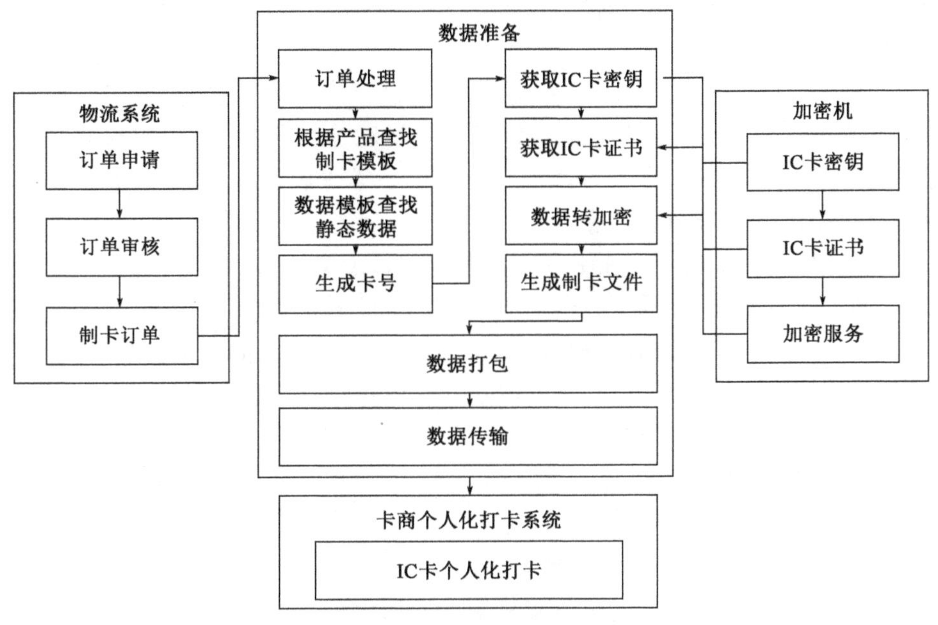

图 6-12　交通联合卡数据准备系统

第三，密钥对生成管理模板。根据全国交通一卡通互联互通的规范，交通一卡通应既包含电子钱包应用和电子现金应用。因此，在生成个人化制卡文件时，IC 卡公私钥对需要从加密机实时获取，密钥对生成批处理任务可 24 小时不间断调用加密机产生公私钥对。

第四，传输密钥管理模块。数据准备生成的制卡文件通过介质传递给制卡厂商，因此为了数据安全，在传递之前需要数据准备对制卡数据中敏感数据进行加密。加密过程需要使用与卡商约定的传输密钥，而且不同卡商要约定不同的传输密钥。传输密钥管理就是用于维护数据准备与卡商之间传输密钥的增删改查等操作。

(2) COS 激活。

芯片在卡片制造商处要进行 COS 激活才能进一步操作使用，这个过程包括两个方面的操作，即设置卡片默认传输密钥和设置卡片复位信息。

在 COS 激活过程中设置默认传输密钥，这个默认的传输密钥在卡片后期处理中会被卡片加载的主控密钥替换或隐藏。当卡片后期进行结构删除后，卡片主控密钥一并被删除，此时初始化设置的传输密钥自动被启用或重新生效。设置此默认的卡片传输密钥的目的是处于对卡片的安全性管理的需要，在对卡片进行文件创建时需要先认证此传输密钥，获得创建权限，才能进行文件结构的创建操作。

(3) 预个人化。

卡片在完成 COS 激活后需要进行预个人化操作，预个人化可以由卡片制造商来完成，也可以由具备相应资质的机构来完成，例如一个市的交通一卡通可以由该省的公交卡初始化中心来完成预个人化操作。具体包括以下流程：

第一，认证卡片默认的传输密钥。一般情况下，COS 设置都要求先认证卡片在初始化阶段设置的默认传输密钥，认证成功后才具备进一步操作卡片，建立卡内文件系统相关文件，这是安全载体的安全性要求，否则卡片就有可能受到外界的一些恶意攻击。卡片的默认传输密钥值一般由初始化机构知会承接卡片预个人化的单位，这时候所有卡片的传输密钥都是一个统一的定值。

第二，创建卡片文件系统。在预个人化阶段，当认证卡片默认传输密钥成功后，即可以创建卡片文件系统的目录文件。其应用目录的相关属性，比如应用空间大小、应用锁定密钥标识、应用主控密钥尝试次数、相关的目录文件短标识等等属性的设置，需要根据相应互联互通标准的具体结构规划来确定。

第三，加载主控密钥。在创建完卡片文件系统的目录文件后，一般要紧接着加载卡片主控密钥，此时的卡片主控密钥是可以是一个 COS 默认值，也可以是一个临时主控密钥值，它的作用在于可以以此固定的密钥值保护加载卡内应用的相关其他密钥，实现安全而又快速的加载密钥。同时又可以整个预个人化过程中，当出现异常导致失败时，可以使用此密钥值删除应用并重新进行预个人化操作。

第四，创建卡片文件系统。创建卡片文件系统下的相关文件，必须包括但不限于交通一卡通互联互通规范所规定的应用目录文件和数据记录文件。互联互通应用各个具体应用的标识符（AID）必须采用由国家 IC 卡注册中心颁发的 RID，并通过 RID 选择该应用；对尚未获得 RID 的应用则采用互联互通标准附录规定的应用标签，并通过应用标签选择该应用。

第五，替换卡片主控密钥。在预个人化阶段的最后，一般是进行卡片主控密钥的替换，替换卡片主控密钥的方式一般是采用更新密钥的指令方式，在临时主控密钥的保护下，采用线路保护加校验码的方式进行。在此环节才进行卡片主控密钥的替换有利于卡片在发卡过程中失败时，可在认证卡片默认传输密钥或者临时主控密钥成功后，进行反复制卡。此过程完成后卡片的主控密钥是一卡一密，保证了卡片在管理过程中的安全性。

（4）个人化。

个人化是整个流程的最后的环节，具体包括以下两个流程：

第一，解析制卡数据项。卡片个人化程序需要首先解析出相应的卡片个人化制卡数据，由于许多数据项的实际长度随持卡人的具体情况存在差异，当某一数据项的实际长度不足规范所定义的长度时，对数据项左靠齐并且右补十六进制数字 0 或 F。在解析各数据项时，将解析出来的数据项的长度按照以上填充规则填充，使其达到互联互通标准所定义的长度。为下一步写入到卡内做好准备。

第二，认证密钥获得个人化权限，写入个人化数据项。个人化数据的添加或更新，一般都需要受到相关更新密钥的保护，需要认证相应的更新密钥成功后，才能获得更新权限。如果某条个人化数据更新失败，不影响之前已更新成功的数据内容，同时此条个人化数据项可以重新进行更新操作而不会影响卡片的其他性能。

三、安全机制

交通一卡通在发行管理过程中，需要注入安全机制，安全机制是发行管理的从属。随着全国交通一卡通互联互通项目的开展，交通一卡通已形成较为完整的安全体系，保障数据准备、预个人化和个人化等流程的安全。

1. 交通一卡通安全体系

交通联合卡的 COS 安全机制由密码和密钥组合构成的。MF 和 DF 都可以有独立的安全控制。交通联合卡 COS 的 DF 可以把安全委托给 MF 代理,但对于 ADF 的安全应该进行自主控制。每套安全控制中都可以包含 PIN 安全控制和 KEY 控制安全,具体如下:

(1)PIN 的存储和维护。

MF/DF 下可以设置 1 个 PIN。如果 MF/DF 使用独立的 PIN,则需要在 MF/DF 下面创建一个 PIN 文件。PIN 文件用来保存 PIN 的内容。对 PIN 的操作包括校验、重装、更改、解锁。在非金融 DF 下,PIN 文件头中有 2 个 FAC 字节设定重装、解锁的安全控制。在金融应用下,PIN 文件头中有 2 个 FAC 字节无效,重装、解锁的安全由金融规范指定。在创建 DF 是可以指定该 DF 使用 MF 下的 PIN, 在这样的 DF 的上下文中,不允许对 PIN 重装、更改、解锁。

(2)KEY 的存储和维护。

第一,密钥分类:据密钥的用途不同,可把密钥划分为若干类型。其中,最重要的两种为主控密钥、维护密钥,其他类型的密钥统称为工作密钥,比如 PBOC 应用中用的圈存密钥、消费密钥、圈提密钥等。对每个密钥,OS 记录如下关键信息:类型、版本、算法标识、密钥值、索引等。

第二,密钥存储。主控密钥、维护密钥和工作密钥的存储结构有所区别。主控密钥、维护密钥被存储在 MF/DF 的空间中,MF/DF 被创建后,COS 就自动为这两个密钥分配了存储空间,可以立即用 WriteKey 命令写入这两个密钥。工作密钥被存储在密钥文件中,在安装工作密钥之前,必须创建密钥文件。密钥文件中密钥是无序集合,用户不需要关心某个密钥的具体存储位置。COS 用类型、版本、索引这几个关键字来确定一个密钥。

第三,密钥维护。密钥维护即密钥的添加和更新。密钥的添加和更新都通过 WriteKey 命令进行。该命令的数据域由一个密钥保护(加密并签名)。刚出厂的卡中没有文件结构,其中有一个缺省主控密钥(Default Control Key),它由生产商设定。生产商设法通知用户缺省主控密钥的值(提供明文或载有密钥的密钥卡)。在创建 MF 后,用户可以在 MF 下添加主控密钥,称为卡片主控密钥(Card Control Key),过程由缺省主控密钥保护。卡片主控密钥安装成功之后,缺省主控密钥失去任何作用。更新卡片主控密钥必须用自身保护。除了 MF,在任何 DF 下都可以添加主控密钥,称为应用主控密钥(Application Control Key)。应用主控密钥负责保护该 DF 下所有密钥(包括它自身)的添加和更新,此后用卡片主控密钥无法更新应用主控密钥。

2. 交通一卡通全流程安全保障

(1)保障数据准备安全。

保障数据准备安全的关键是传输密钥,具体从传输密钥的定义、传输密钥的生成和传输、传输密钥的交换来展开。

第一,传输密钥的定义。传输密钥指的是个人化数据在数据传输保护过程中用以加密所需的密钥。对于数据的机密性通过对数据的加密进行解决,使用加密算法(使用加密密钥)将明文转换为密文,并使用相应的解密算法将密文转换回明文。数据的加解密可使用对称密钥或非对称密钥加密技术。对称密钥加密技术,是对在传输过程中对敏感数据采用相同的密钥进行加密和解密。目前,国内外应用最广的对称密钥加密技术采用的是 DES 算法,交通运输行业要求对称密钥算法密钥长度为128位。非对称密钥加密技术，与对称密钥加密技术相反，使用的是不相同的密钥进行加密和解密。目前，国内外使用最广的非对称密钥技术采用的RSA算法。交通运输行业要求非对称密钥算法密钥长度大于1024位。传输密钥的生命周期为5年。

第二，传输密钥的生成和传输。传输密钥可通过软件或硬件的方式生成。软件的方式指的是发卡方可提供解密程序给到个人化厂商，或者个人化厂商提供加密程序给到发卡方来进行数据的加解密。硬件的方式与软件的方式类同，区别在于它可以把密钥存储在硬件里，进行数据加解密时使用硬件里的密钥便可实现数据的安全传输。

第三，传输密钥的交换。对于对称密钥，交换方式极其重要，必须保证密钥能够安全提供给对方。可在加解密硬件和软件的基础上再增加一个密码的认证，在网络传输方面采用点对点的传输，以减少对称密钥交换带来的风险。对于非对称密钥，从很大程度上避免了对称加密密钥传送问题的麻烦。先由个人化卡厂生成一对非对称密钥，将生成的公钥提供给发卡方，再由发卡方用公钥对数据进行加密，最后传送到卡厂对数据进行解密。基于非对称密钥技术的特点，公钥不能对数据进行解密，也只有拥有私钥的拥有者能够对数据进行解密。

(2)保障预个人化安全。

交通联合卡密钥包括卡片、应用主控密钥及从互联互通中心申领回来的应用密钥，预个人化安全保障机制如下：

第一，卡片、应用主控密钥主要是用来保护卡片及应用不被擅自删除、添加，由发卡方来定义。

第二，从互联互通中心申领回来的应用密钥主要是用来维护电子现金、电子钱包消费等应用，其他发卡方扩充的应用，由发卡方进行密钥管理。

第三，发卡方将所需的密钥存储到加密存储介质，如加密机，进而从加密存储介质中由传输密钥保护以密文带安全报文(MAC)的形式传递给卡片。

3. 个人化安全

个人化是卡片发行管理的最后环节，其安全问题至关重要，具体包括数据接收和存储安全、数据销毁安全和密钥安全。

第一，数据接收和存储安全。个人化生产厂商的数据员的权力必须严格审核，拥有权力的数据员按照事先约定好的加解密规则对相应的密文数据进行解密，并将解密的数据与发卡方进行比对校验，确保数据传输过程的完整性。从个人化设备接收到个人化应用数据后应正确存储以保证数据的安全性，以供日后使用。存储数据的环境必须高度安全，必须安装安防监控报警，实行24小时监控；下班无人时，必须启动安防报警装置设防；不允许使用摄影、录像、录音等与工作无关的记录设备；网络安全方面管理须严，必须做到防病毒、设置防火墙、网络隔离、入侵检测、网络监控等。

第二，数据销毁安全。发卡结束出货检验合格后，数据管理员在产品保安人员监督下立即删除打卡机的相应数据，如果发卡方需要监督执行，则在发卡方指定人员的监督下执行删除相应的数据文件，并做好记录。整批数据使用完成，卡片出货检验完成后，数据管理员在产品保安人员的监督下删除数据处理中心电脑中的数据，如果发卡方需要监督执行，则在发卡方指定人员监督下执行删除数据，并做好记录。

第三，密钥安全。密钥安全管理是在IC卡之外执行的一切加密和解密操作必须在硬件安全模块上进行，并且要求硬件密钥存储器与生产设备分属不同场区，由专人负责管理，并且实施全程录像监控以保证安全，同时要求安全保障部门与管理部门分属不同业务范畴。密钥存储以防止密钥泄露、被修改和被代替为原则。主要安全要求如下：

(1)普通文本私钥和秘密的密钥必须只存在于硬件加密设备内。

(2)私人和秘密的密钥及其组成部分必须用双重控制和分别持有的原则存储。这些原则的有效执行需要程序性控制的屏障存在，以防止任何管理人(或任何个体组成部分的非管理人)有机会访问足够构成实际密钥的组成部分。

(3)私人的和秘密的密钥组成部分可存储在介质上(例如：软盘、PC卡、智能卡等)。这些介质必须安全存储，以防止未授权的个体得到密钥组成部分。

(4)如果私人的和秘密的密钥组成部分可存储在介质上，并且一个个人识别码介质，那么只有介质的拥有者必须同时拥有介质和它相应的PIN。

(5)存储在密钥转移设备里的私人的或秘密的密钥组成部分必须通过像口令这样的充分的访问控制来保护。

(6)任何时候私人的密钥或加密的密钥及其组成部分从存储或加载到一个安全系统设备时，记录必须被保留。记录至少应该包括日期和进出的时间、访问的目的、访问此组成部分的管理人的签名等信息；这些记录应该被明确地保留，直到当密钥被终止或销毁时。

四、车载终端管理

1. 终端技术框架

不同品牌和厂商的终端技术架构略有区别，以倍胜科技M702为例，该终端采用64位四核Cortex ARM处理器，1吉字节运行内存和8吉字节内部存储，支持存储超过一亿条黑名单，数年交易记录。内置基带支持4G全网通并向下兼容3G/2G移动数据传输。在支付安全方面，该终端内置PSAM/ESAM安全模块，支持电子签名防护，国际算法加/解密，国产加密算法(SM1、SM2、SM3、SM4)，满足金融数据安全自主可控的需求，特别是远程密钥接收灌注，建立了更安全的公交消费生态。设备搭配高版本的Android操作系统，可以流畅运行多线程消费、语音、定位、传输、存储等处理任务，可承载未来更多业务扩展的需求(图6-13)。

2. 终端基础功能

终端一般采用标准12伏/24伏汽车电源供电，开机系统启动后，初始化硬件驱动，读取PSAM卡号和PSAM卡终端号，屏幕显示基础票价信息，设备进入消费等待状态。射频卡读写模块进入寻卡等待状态进行周期性寻卡，二维码扫码模块进入自动感应读码状态(图6-14)。

(1)终端时间更新和文件下载。

①消费记录时间上的准确性：在无线网络通信正常情况下，设备每隔一定时间会在给后台服务器的心跳报文中上传本地的这些信息，服务器经过判断，在下发心跳回复数据里面带上服务器最新时间，设备收到更新保存。

②终端软件和黑白名单版本更新：如果服务器有最新的软件、黑名单等升级文件，且允

许该设备升级，那么同样在下发心跳的时候会将升级文件名带入，设备收到文件名后，会与机具中存储的文件名进行对比，然后开始建立升级过程，下载升级数据。

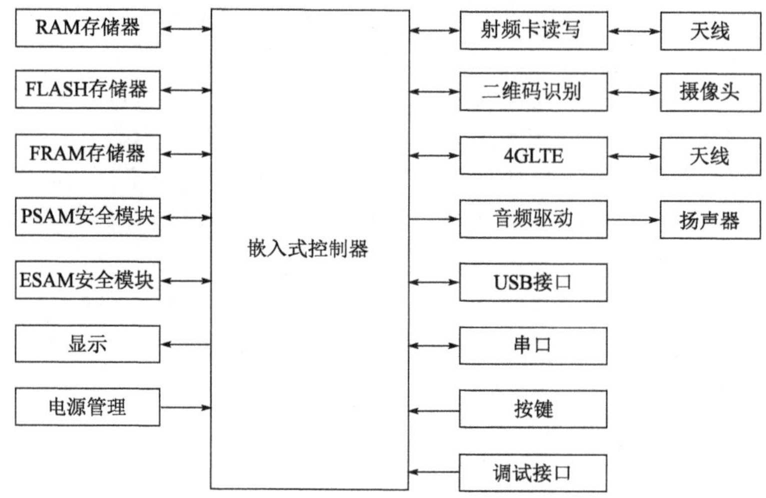

图 6-13　终端产品架构

图 6-14　终端运行消费界面

③终端文件下载安全：设备进行下载流程中，采用断点续传方式，平台会将最新的文件名下发给设备，终端根据文件名发送请求下载报文，平台会根据发送的下载报文分包依次将文件数据加密下发给终端，终端收到数据会校验数据的正确性，如果正确，则继续后续下载，如果不正确则重新下载。下载完成后，如果是固件则会自动升级并重启，如果是黑白名单则会更新到设备中，更新过后，会在下一次心跳中将最新的文件上送到管理平台，如图 6-15 所示。

(2)终端交易记录上传。

终端每次卡片或二维码的消费结束后会自动生成一笔交易记录存储在本地，在无线网络通信正常情况下，已存储的数据会每隔一定时间上传至服务器。具体步骤是，终端发送上传数据的信号量，数据上传线程收到信号量后进入流程，读取每笔交易记录存储信息结构体，获取未上传总数，然后与服务器建立连接，准备上传数据，这里有两种上传方式：超时上传和得到信号量上传，具体如图 6-16 所示。

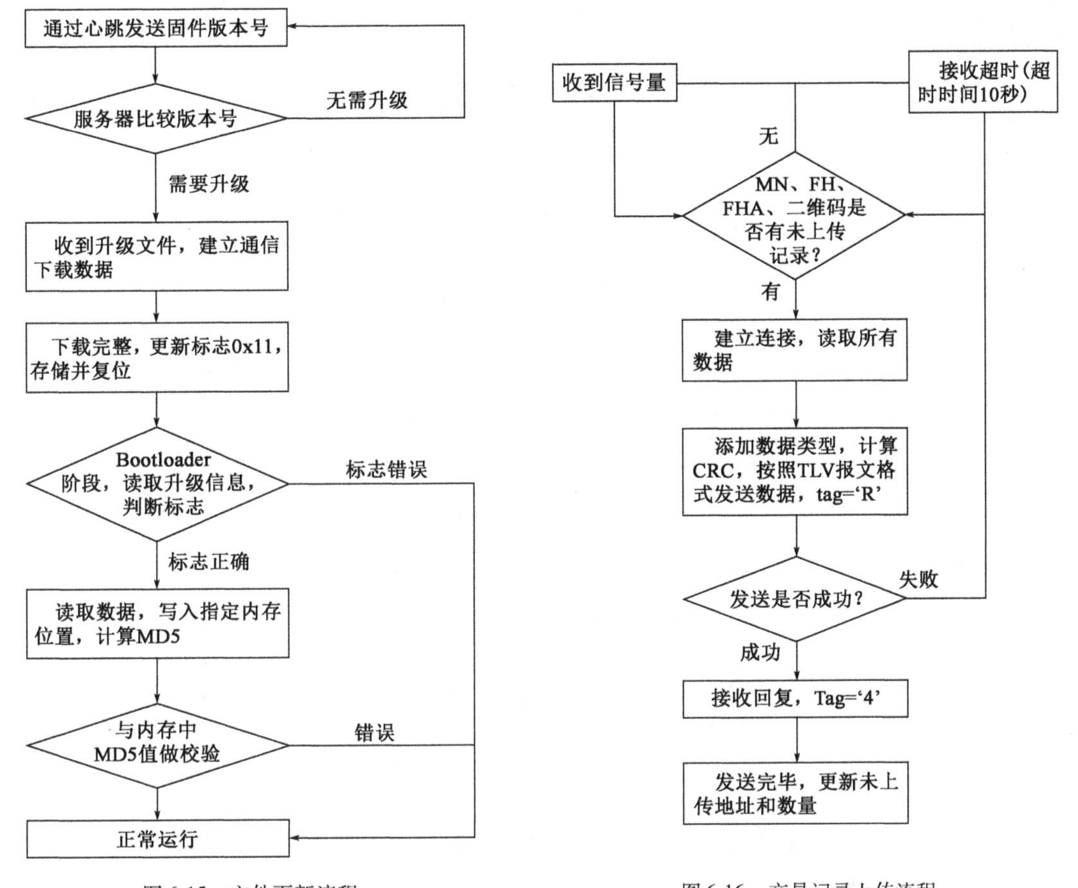

图 6-15　文件更新流程

图 6-16　交易记录上传流程

终端产生交易记录后，会主动上传数据到管理平台，每次上传一笔交易记录，连续上传，直到全部上传完成。如果传输失败，会间隔一定时间后重新上传，直到传输成功后为止。

每次消费成功后，数据上传线程等待上传信号量，等到之后开始上传数据，如果失败则退出该数据继续下一种交易数据上传，完成本轮数据上传后，线程继续等待信号量。如果长时间没有刷卡，则会进入超时上传，超时上传会把之前没有传上去的数据再次上传。在上传成功前后都会做未上传地址边界检查，同时也会检查存储的结构体末尾的值校验结果是否和计算的一致，最后更新全局变量中的未上传地址和数量。

（3）补登充值。

如在终端发展历程中所描述的，终端补登功能的增加主要是为了改善充值过程中写卡激活操作不便而特设的，其意义在于任何一台车载机都是一个流动的补登设备。当卡片在线上完成充值以后，就可以在终端特定区域上补登写卡激活。

具体步骤：用户使用 App 选择充值金额进行卡片预充值，成功后在一卡通后台生成一个待补登订单；预充值卡片在终端补登区贴卡，终端根据找到的订单开始发起充值流程，终端向前置申请订单圈存，从一卡通数据交换和结算中心获取 MAC2，成功后设备开始订单圈存，将充值金额写进卡片，补登充值完成（图 6-17）。

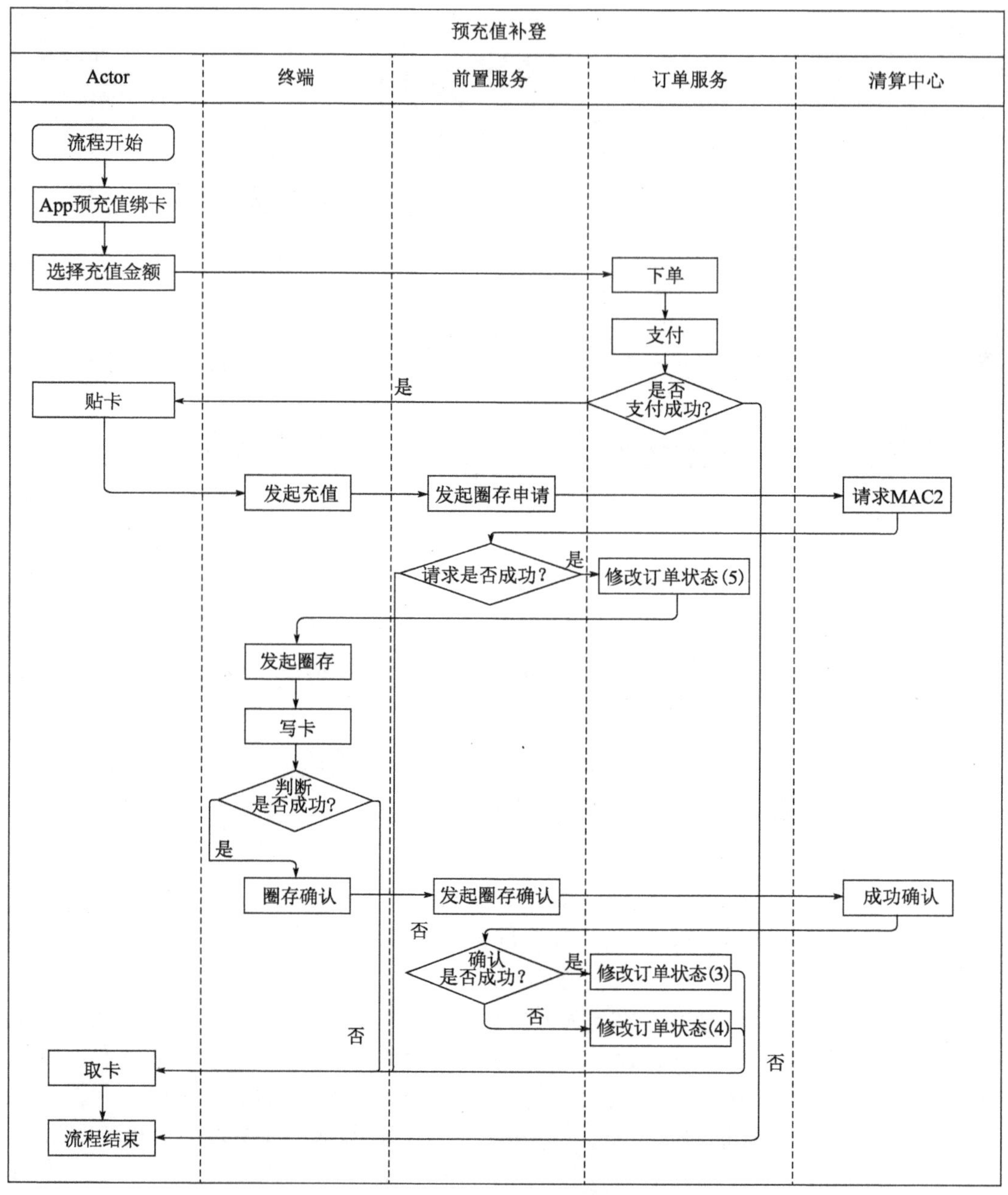

图6-17　补登业务流程

五、公交运营系统管理平台

公交管理平台一般由前置服务器和可视化平台组成。其中,前置服务器一般存在于终端和后台服务器之间,起到管理和调度前台所发起的交易作用,经过前置机的调度,可以减轻后台服务器的负担,并且有时在客户端和后台服务器间起着防火墙的作用。这样可以起到隐藏后台的功能,在一定程度上确保后台的安全性(图6-18)。

1. 管理平台的前置服务

在架构上,前置系统一般是核心业务系统的统一接入平台,车载终端机、补登机、充值机自助设备等终端设备都通过前置系统统一接入到后台。在层次结构上，前置系统是一个以交换为核心的运行平台，基础的功能是完成渠道的统一接入和对后台其他系统的报文交换。车载终端前置服务器主要有以下两个功能：

(1)上行数据处理，主要包括：采集交易数据并处理上传一卡通清算中心清算（各地本地卡、交通运输部卡、支付宝码、交通运输部码、各地自有码等），终端心跳数据接收处理（用于监控设备运行和数据上传状态），终端位置信息、个性化数据、异常日志反馈。

(2)下行数据处理，主要包括：第三方支付，银联支付等证书秘钥下发，黑白名单票价文件下发，参数文件、远程固件、业务参数、终端控制信息、终端个性化资源文件下发。

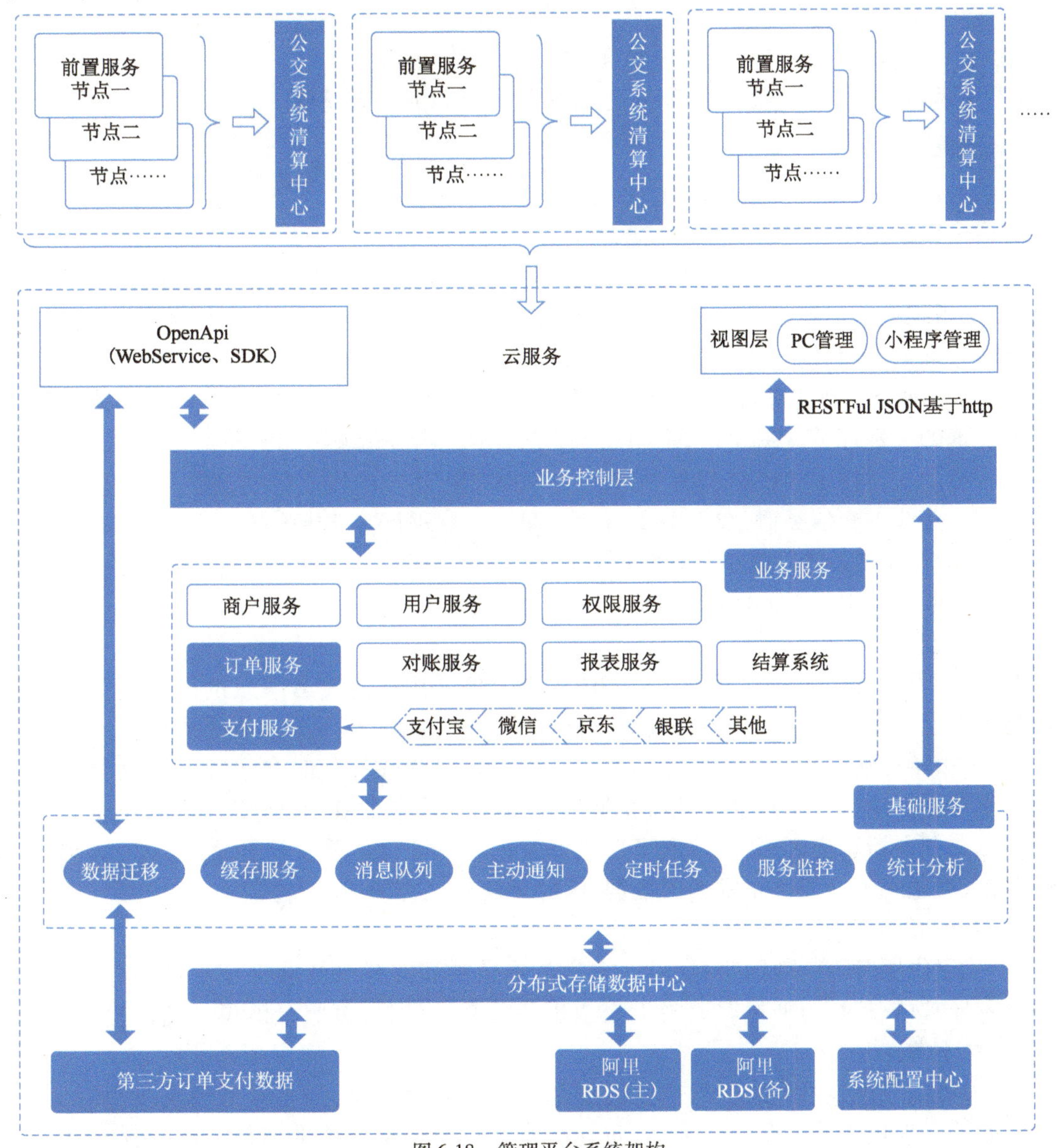

图6-18　管理平台系统架构

2. 管理平台的可视化平台

可视化平台的主要作用是通过利用终端和前置服务器上行、下行数据交互，实现业务数据展示、设备监控、预报预警、数据查询、设备管理、远程控制、系统设置等功能，具体功能如下：

(1)业务数据展示：交易量趋势等基本信息的统计、分析功能。

(2)预报预警：设置预警策略和预警等级，在系统发生异常时给相关负责人发送报告等功能。

(3)数据查询：对指定终端或全部设备在某一时间段内的卡交易记录和码交易记录等信息的查询功能。

(4)设备管理：新增或删除设备号、批量或单台固件管理和升级，黑白名单、设备参数管理等功能。

(5)系统设置：票价管理，职工卡签到、签退管理等功能。

(6)远程控制：远程控制终端重启、运行参数和日志返回等功能。

六、充值管理

1. 基本流程

交通一卡通充值管理的基本流程见图6-19。

由图6-19可见，交通一卡通充值管理涉及四个环节：卡片、读卡器、充值POS机和城市公共IC卡系统充值前置服务。卡片是充值管理的直接载体，通过与读卡器和POS机对接，连接城市公共IC卡系统充值前置服务平台，最终完成充值。读卡器和POS机是充值管理的“桥梁”载体，对充值数据进行获取反馈并提供充值申请。城市公共IC卡系统充值前置服务是充值管理的实现环节。图6-19所示的流程适用于大部分情况。

随着移动支付技术的快速发展，充值业务从线下正逐步向线上转变，进一步方便了持卡人的使用。与线下充值类似，线下主要借助终端读卡器进行实体卡充值，而线上圈存主要借助互联网和NFC设备进行圈存和在线补登。

2. 充值管理异常情况处理技术

(1)常见异常情况。

第一，当发生网络异常时，城市公共IC系统充值前置服务平台下发的充值指令将无法正确传到交通一卡通，这会造成后台认为充值成功，但实际上卡片并没有完成充值。

第二，由于交通一卡通采用非接触性交通IC卡，因为在充值时是卡片贴在读卡器而非插入读卡器。如果持卡用户过早地将交通一卡通离开读卡器感应区，或因没有注意让交通一卡通偏离读卡器感应区，就会造成当充值指令正常下发到交通一卡通时，但因失去和读卡器的联系，交通一卡通无法正常返回数据，因此无法确认充值成功与否。

(2)异常情况处理。

第一，提供服务。一般而言，交通一卡通的充值前置服务平台会保留充值指令，持卡用户在遇到异常情况时，可通过客服投诉渠道进行处理。但是，客服投诉渠道速度慢、处理时间长，相对不便。

第二，可信充值技术方案。可信充值技术方案的技术要点：当有异常情况发生时，系统将会提醒持卡人再次放入交通一卡通，重新确定交通一卡通卡内的最新数据。这一数据是实时更新、无法伪造和抵赖，因此可以通过前后比对判断是否充值成功，如果未能充值成功，则重新处理，尽快解决。

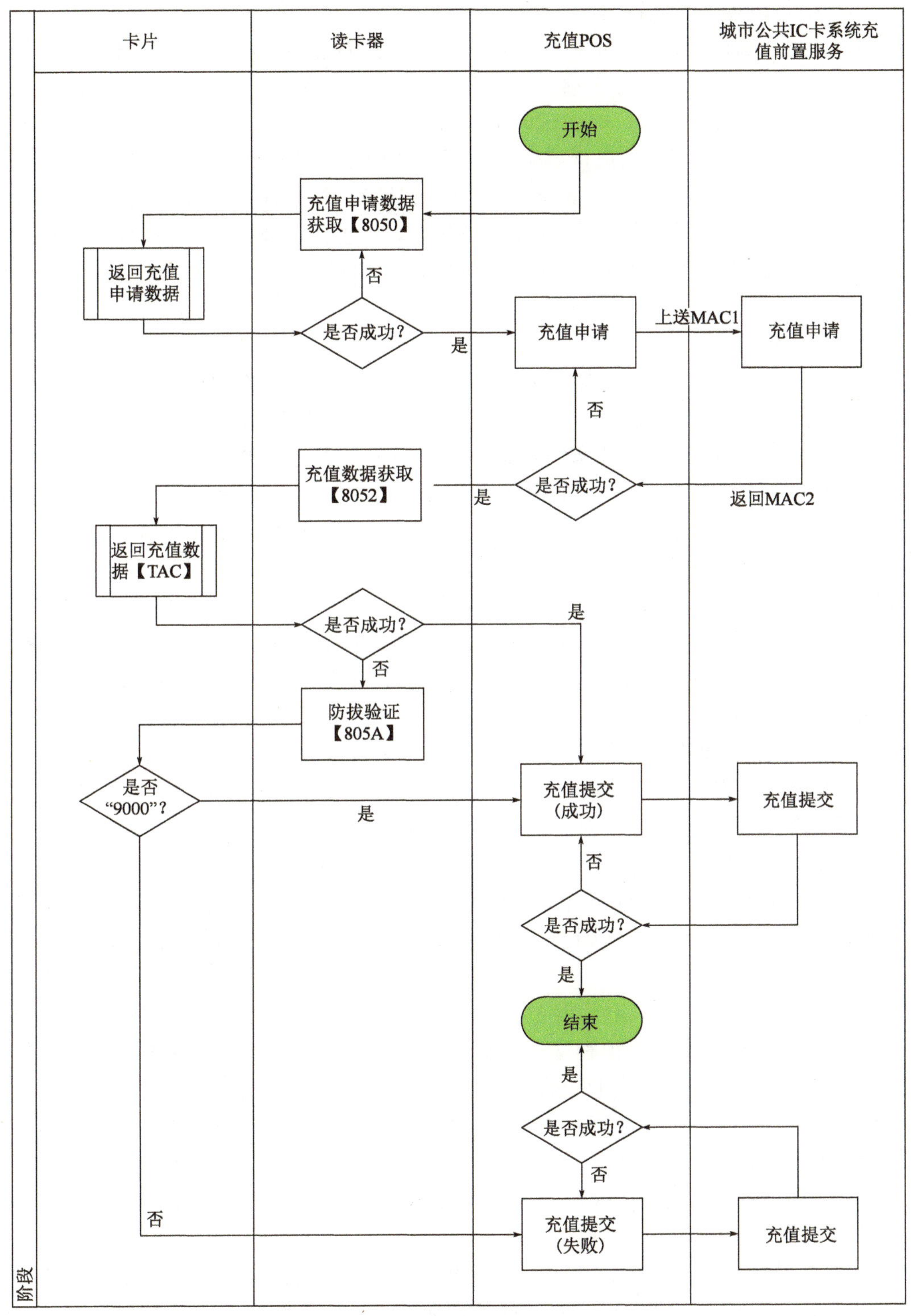

图 6-19　交通一卡通充值管理的基本流程

七、数据交换与结算

数据交换与结算技术体系基于“全国交通一卡通互联互通项目”建成，起点高，水平高，满足全国交通一卡通互联互通的各项需求，包括脱机消费、联机充值，联机大额消费，卡的联机处理交易等业务，并将支持各个通卡公司联机账户（包括预付费卡）的联网交易等。

数据交换与结算架构设计如图6-20所示。

通过借鉴“微服务”架构的设计风格，按照业务类型进行划分，把整个业务划分成多个独立的微服务，各服务业务重合度较低，具有良好的扩展性、复用性，便于整个系统的后期维护和扩展，实现分布式部署，极大提高系统的处理能力；对于海量数据的处理，通过引入缓存数据库 Redis 和大数据存储技术 HDFS，提高对数据处理的效率。系统主要分为五部分，具体介绍如下：

（1）外部系统交互。

主要实现部级清分结算系统与外接系统间的数据交互。通过对外接系统进行归类并制定标准的接入方式和流程，保证了接入系统的可信性和便捷性，并实现交互信息的安全、可信以及系统的稳定。通过引入开源的高吞吐量的分布式发布订阅消息系统 Kafka，可以有效提高实时交易的处理能力，引入加密传输机制可以保证敏感数据的安全，引入负载均衡策略可以实现数据交互的稳定性、一致性，保证系统对外数据交互安全、稳定、有效的运行。

（2）业务处理逻辑。

业务处理是整个系统的核心。该部分采用“微服务”架构的设计风格，把整个业务划分成多个独立的服务，保证各服务稳定性、完整性、最小重叠性。各个服务间通过 HTTP 或者消息总线（RabbitMQ、Kafka）进行通信，这种机制与平台和开发语言无关，可以实现不同的服务采用更加方便其处理的语言开发并在合适的环境中进行部署。主要特色如下：

一是把备付金、卡和密钥和实时业务这三部分相对独立的业务单独提取出来作为三个单独的服务进行单独维护。尤其是实时业务相比于其他交易，无论在处理的流程，还是处理技术上具有其特殊性，实时业务处理有大量数据源源不断到来并需要及时地处理掉，不能积压的特点，对该服务采用流式计算框架（Flink、Spark-Streaming）并通过 Kafka 进行数据分发、Redis 进行实时数据缓存从而达到对实时数据的高效处理，实现实时交易在秒级内稳定进行。

二是增加风控管理、对接审核、异常情况识别、数据治理、数据分析等服务。①通过增加风控管理、对接审核、异常交易识别这三个服务，可以使得机构的入网、特殊交易等异常情况得到系统化的监控，增加交通一卡通的自检功能。这三个服务在处理逻辑具有独立性，但在业务上具有相关性，分成三个服务可以分散风险，增加交通一卡通业务的安全、稳定。②通过增加数据治理、数据分析服务，实现对交通一卡通数据的有效规整、降低数据冗余、提高数据可用性，并且可以把交通一卡通的运营状况得以体现，为一卡通的政策制定、标准化实施等决策提供参考。

三是把交易处理的三个阶段分成三个服务：交易前置、交易核心、数据交换和结算，使其各司其职，避免某个服务出现异常影响其他服务，也为后续清算业务的增加提供灵活、便捷。

展示监管
交通一卡通管理部门
市场及业务部门
各地市交通一卡通相关部门
研发人员
运维人员
运维及监控
Zabbix监控
短信/微信预警
日志管理
移动运维
大屏监控
运维部署
数据存储
缓存
Redis集群
实时交易数据
辅助交易处理数据
持久化存储
Oracle/Mysql
清结算数据
交易明细数据
机构相关信息
卡片相关信息
风控相关数据
异常申诉
……
大数据存储
HDFS/Hbase集群
历史数据
业务处理逻辑
实时业务
实时交易接收
实时交易验证
实时交易结算
数据治理
数据注册
数据分类
噪声识别
数据画像
冗余处理
数据更新
交易核心
机构管理
卡片管理
资金处理
记录流水
交易前置
交易处理
业务检查
报文处理
记录流水
风险控制
文件登记
文件处理
异常交易处理
对账处理
清结算
清分处理
结算处理
差错处理
对账处理
风控管理
事后风控
合规管理
对接审核
对接测试
入网检查
异常情况识别
可疑交易上报
大额交易上报
黑名单管理
白名单管理
备付金
数据录入
数据复核
银联对接
资金划拨
卡及密钥
基础信息
生命周期
查询模块
外部对接
数据分析
用户管理
权限管理
统计分析数据标注
规律挖掘专题探索
异常情况识别
信息查询
备付金整合
关联分析
外部系统交互
数据通信
Socket
FTP
HTTP
Kafka/RabbitMQ消息队列
负载均衡
Nginx软件负载策略
硬件负载策略
加密传输
RSA
SM2
二维码业务
支付宝
城市发码平台
其他发码平台
通卡系统
区域交通一卡通中心系统
直连城市交通一卡通系统
托管城市交通一卡通系统
TSM
充值
发卡
银行/支付系统
资金划拨
对账

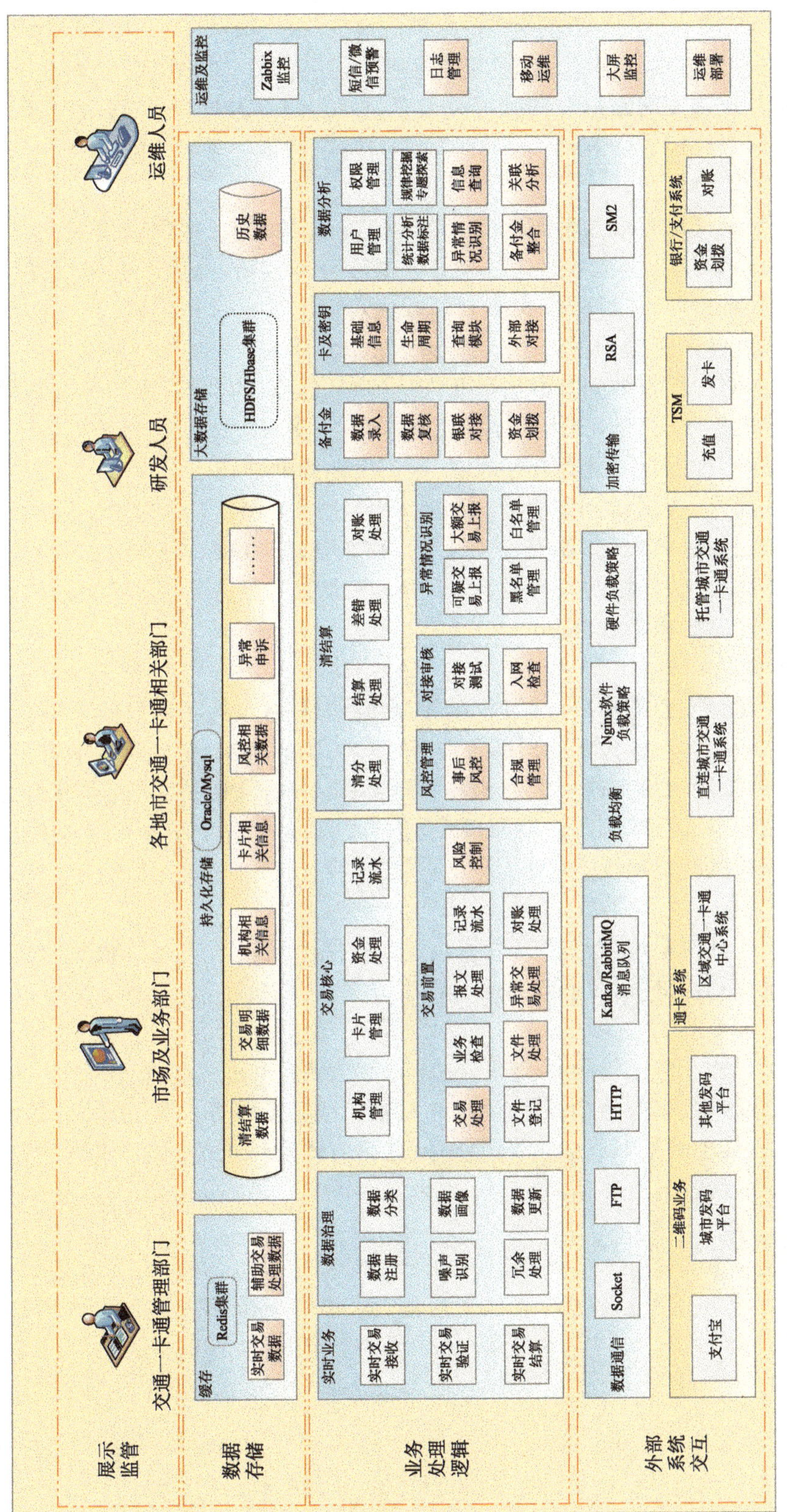

图6-20　系统架构

(3)数据存储。

合理的数据存储方案是提高系统性能的关键,尤其是对于业务逻辑相对复杂、数据访问较为频繁的情况,更需要对数据存储进行较为完善的设计。因此,根据业务处理的需求为三种存储方式来提高系统的IO开销,支撑业务能够快速、准确处理,并达到数据存储冗余降到最小,降低机器的存储压力。

实时数据:实时交易要求在秒级内完成整个业务的数据,在这种场景下,通过缓存来减少IO读取成为首选方案,但是考虑到缓存服务器故障等容错处理,本方案选择比较成熟的Redis分布式内存数据库,通过分布式部署的方式对缓存数据进行控制,当一台发生故障的时候自动切换到其他的机器上去。

持久化存储:对于频繁访问且数据量并未达到一定量级的数据,采用传统结构化数据库存储。这种存储方案不但可以提高数据的访问速度、方便开发人员查看数据的内容,也能够在一定程度上减少开发难度,提高开发效率,便于后期的维护。

海量历史数据:大数据访问本身存在数据丢失、数据一致性、快速访问的难度,采用成熟、开源的分布式存储(HDFS、HBase)方案,可以较为便捷地解决这些难题,同时也便于对交通一卡通数据数据分析、挖掘的大数据处理。HDFS大数据存储通过三重备份机制最大限度地实现数据的安全和数据一致性。

(4)展示监管。

这个模块是整个系统的出口,通过权限控制,保证各类人员在其权限下进行,实现系统的安全。该模块既实现了业务部门对部分业务处理的调节功能,保证系统的灵活性,又把数据的分析、挖掘结果展示给交通一卡通相关管理部门、市场及相关部门,实现相关人员对交通一卡通运营情况的充分掌握。研发和运维人员也可以从数据的分析结果来提出系统的优化方案和掌握系统的运行状况。

(5)运维及监控。

这部分主要实现对系统运行状况进行监控。实现全天候系统运行状况的实时监控、展示、报警,并提供移动运维,以及系统自动化部署方案、代码版本策略,保证系统的安全、稳定运行。

这五部分形成相互协作的闭环,保证数据交换与结算系统每步操作都在授权下合规进行。对业务处理通过微服务架构设计,实现在某部分或某个服务出现问题时,其他服务不受影响,整个系统在最小的影响下继续提供服务,并且方便及时定位问题,快速解决,在最短的时间内恢复系统的稳定。

第七章　交通一卡通数据交换与结算体系

交通一卡通数据交换与结算是交通一卡通的关键环节。近年来，随着全国交通一卡通互联互通项目的开展，交通一卡通数据交换与结算也从标准不统一趋向统一，交通一卡通数据交换与结算工作面临着新要求、新挑战。

第一节　全国交通一卡通数据交换与结算

数据交换与结算的关键在于处理异地之间的交易，交通运输部在推行全国交通一卡通互联互通项目时，根据情况需要，采用了比较灵活的全国、区域（省）、城市多级管理体系结算方式。全国交通一卡通数据交换中心作为全国总数据交换与结算机构，承担全国范围内各运营机构间的数据交换、结算管理、信息服务等业务，区域（省）、城市级数据交换机构辅助全国交通一卡通数据交换中心，开展所辖区域内数据交换与结算相关工作。

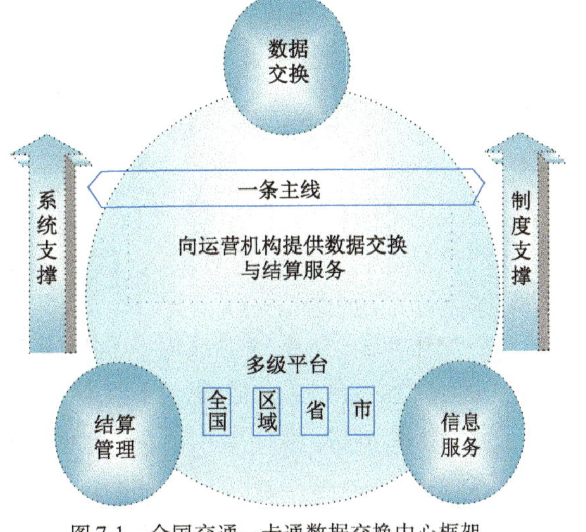

图 7-1　全国交通一卡通数据交换中心框架

一、架构体系

全国交通一卡通数据交换中心的框架可概括为“一条主线、两大支撑、三项职责、多级平台”（图 7-1）。

1. 一条主线

数据交换与结算是开展全国交通一卡通互联互通业务的核心要素，向加入全国交通一卡通互联互通业务的运营机构提供统一、标准、高效的数据交换与结算服务，是全国交通一卡通数据交换中心的基本职能。

2. 两大支撑

包括系统支撑和制度支撑，为实现统一、标准、高效数据交换与结算服务提供基本保障。

（1）系统支撑：全国交通一卡通数据交换与结算系统作为交通一卡通跨域数据交换和结算的核心系统，完成不同地区数据交换机构之间的数据交互，对跨域交易进行统一的数据验证和转发处理，并向各运营机构提供高效的数据交换与结算服务和标准化的结果。

（2）制度支撑：实现全国交通一卡通互联互通的基础之一，是建立标准统一、责任明确、流程清晰的跨域数据交换与结算业务规则和服务标准。在实践中，全国交通一卡通数据交换中心陆续出台了相关业务规则和服务标准。

3. 三项职责

数据交换、结算管理、信息服务是全国交通一卡通数据交换中心的三项基本职责。

(1)数据交换:通过统一的数据交换系统和业务规则,对所有交通一卡通互联互通城市完成不同地区数据交换机构之间的数据交互,并负责互联互通异常业务的协调处理。

(2)结算管理:对存放在数据交换中心内的预存结算资金进行管理,各城市跨域结算数据按照应收应付金额统一轧差后,通过缴纳的预存结算资金完成跨域资金的收付。

(3)信息服务:对交通一卡通互联互通数据进行管理分析,对交通一卡通互联互通的城市名单进行管理,对数据交换与结算业务进行风险防控和机构信息管理及服务协调。

4. 多级平台

我国各城市交通一卡通业务范围是以行政区域为主进行划分的。在拓展交通一卡通互联互通过程中,既要保留本地化数据交换与结算体系和管理模式,又要适应各城市间执行标准的差异性、经济发展的不平衡性和跨区域行政管理限制。因此,全国交通一卡通互联互通数据交换与结算业务划分为多级平台(图 7-2)。

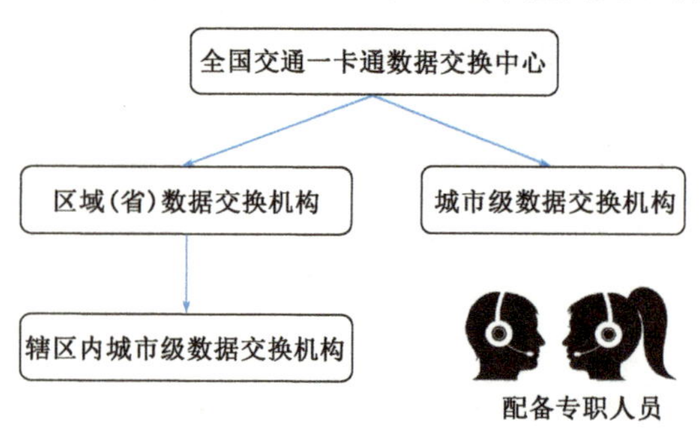

图 7-2　数据交换体系架构

(1)全国平台:是城市公共交通一卡通数据交换与结算体系的顶层平台,依托全国数据交换与结算系统开展全国范围内跨域服务。

(2)区域/省平台:依托区域/省数据交换与结算系统开展本区域内数据交换与结算服务,跨域业务发送全国平台处理。

(3)城市平台:依托城市数据交换与结算系统开展本地数据交换与结算服务,跨机构业务发送区域/省平台(或直连全国平台)处理。

二、模式与流程

跨域数据交换与结算环节是全国交通一卡通互联互通业务的核心环节,由跨域数据交换与结算系统完成。跨域数据交换与结算系统是跨域数据交换与结算的中心,主要用于实现电子支付数据的传输、收集、验证、交换、结算和划拨等操作。目前,国内开展全国交通一卡通互联互通跨域数据交换与结算主要由全国交通一卡通数据交换与结算系统、区域交通一卡通数据交换与结算系统(如:京津冀区域交通一卡通数据交换与结算系统)、省交通一卡通数据交换与结算系统(如:江苏省交通一卡通数据交换与结算系统)和城市交通一卡通数据交换与结算系统完成。图 7-3 所示为跨域数据交换与结算的基本架构。

1. 业务模式

跨域数据交换与结算业务模式由数据交换与结算机构、发卡机构、收单机构为参与方的数据交换体系,以及由各结算主体为参与方的资金结算体系构成。

(1)数据交换业务。

数据交换是指在跨域交易中,数据交换与结算机构通过发卡机构和收单机构交换的支付数据信息,根据支付指令对收单机构与发卡机构间债权债务进行定期轧差,以结清因跨域交易产生的债权债务。

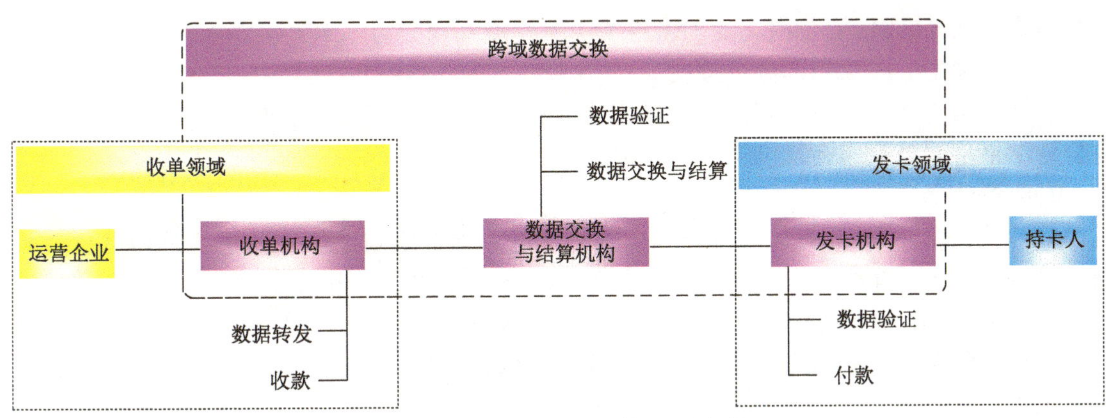

图 7-3　跨域数据交换与结算的基本架构

因目前全国交通一卡通互联互通业务只开通消费领域的跨域支付,其数据交换过程可简要描述为:运营机构系统定时向全国交通一卡通数据交换中心上传跨域消费数据,全国交通一卡通数据交换中心接收到交易后,对交易按照相关业务规则进行处理,包括交易有效性的验证、重复性判断、逾期判断等,并将交易处理结果入库,形成待结算交易及需差错处理交易。全国交通一卡通数据交换中心准实时将交易明细的清算结果按照原始交易的交通一卡通收单机构和交通一卡通发卡机构,分别下发全国交通一卡通数据交换中心验证的反馈结果。日切批处理完成对待结算数据的数据交换与结算,同时生成对账文件,下发至指定位置,供数据交换机构、交通一卡通发卡机构或交通一卡通收单机构获取,进行交易对账。当日清算后,交通一卡通发卡机构和交通一卡通收单机构对原始交易的验证结果存在异议的,按照差错处理办法进行处理。差错处理交易按照规定提交全国交通一卡通数据交换中心,交通一卡通发卡机构和交通一卡通收单机构通过 Web 服务发起差错交易的申诉及处理。申诉处理成功的交易成为待结算交易放入待结算数据,参与当日的数据交换及结算。同时数据交换清算完成后,更新各交通一卡通运营机构的结算预存资金账户,通过全国交通一卡通数据交换中心银企互联系统完成资金划拨。全国交通一卡通数据交换中心交易数据定期执行备份,以保障系统从异常中恢复,保证全国交通一卡通数据交换中心系统可持续运行。

上述数据交换与结算模式有利于交通一卡通收单机构及时收到当日清算的资金,增强资金流动性,促进整体清算体系的运营。全国交通一卡通数据交换中心采用多层级、多主体数据交换与结算体系,可处理交通一卡通发卡机构、交通一卡通收单机构、交通一卡通代理机构等多方数据交换分润,同时支持发卡、收单、开卡、充值和二维码支付等多种业务结算。

(2)结算业务。

结算是指在跨域交易中,各结算主体围绕跨域数据交换与验证结果进行的交易资金对账与结算。

因目前城市公共交通一卡通互联互通业务只开通消费领域的跨域支付,跨域结算范围围绕异地卡本地消费、本地卡异地消费及跨域消费交易手续费结算开展。结算过程可简要描述为:持卡人通过柜台(客服系统)进行充值,资金流入到交通一卡通发卡机构账户,持卡人通过异地刷卡乘车消费,交通一卡通收单机构接收到交易流水,直接或者通过交通一卡通数据转换机构上传到全国交通一卡通数据交换中心,全国交通一卡通数据交换中心于日终进行数据交换与结算，资金由交通一卡通发卡机构流入到交通一卡通收单机构，全国交通一卡通数据交换中心收取一部分手续费。

收单机构与运营企业间依据清算结果进行资金对账，如无异常，则进行资金划拨，反之将异常结果反馈至数据交换机构。

2. 业务流程

以跨域消费业务为例，选取由全国交通一卡通数据交换与结算系统进行跨域数据交换与结算的流程进行介绍。

(1)参与主体。

流程共涵盖5个参与主体：运营企业、收单机构，发卡机构，区域(省)中心、全国交通一卡通数据交换中心。

第一，运营企业。指各地市城市公共交通系统交通服务运营商。

第二，收单机构。本流程界定的收单机构主要指向运营企业提供资金结算服务的各城市通卡公司，在一些城市由运营企业或其他特许机构担任此角色。

第三，发卡机构。本流程界定的发卡机构主要指发行交通一卡通互联互通卡的各城市通卡公司，在一些城市由运营企业或其他特许机构担任此角色。

第四，区域(省)中心。本流程界定的区域(省)中心指经授权向本区域内提供数据清分和资金结算服务的机构。

第五，全国交通一卡通数据交换中心。提供跨域数据交换和资金结算服务。

(2)基本流程。

第一，跨域数据传递。收单机构数据交换与结算系统对上传数据解析后，将全部跨机构交易数据上传至区域(省)中心。区域(省)中心数据交换与结算系统将跨域交易数据上传至全国交通一卡通数据交换中心。全国交通一卡通数据交换中心对上传数据进行数据验证，并向发卡机构和收单机构反馈验证结果。

第二，跨域数据清分。全国交通一卡通数据交换中心对上传数据进行数据验证，并向发卡机构和收单机构反馈验证结果。全国数据交换与结算系统对 T 日跨域交易数据进行日终数据交换，数据交换结果在 $T+1$ 日下发至发卡机构及收单机构。

第三，跨域数据对账。发卡机构对数据交换结果进行数据对账，对账差异向全国数据交换与结算系统提交差错处理。收单机构对数据交换结果进行数据对账，对账差异或接到运营企业的申诉交易向全国数据交换与结算系统提交差错处理，发卡机构进行验证。

第四，跨域数据确认。发卡机构出具验证结果，收单机构对结果存有异议的，向全国交通一卡通数据交换中心提交争议处理。收单机构、发卡机构、全国交通一卡通数据交换中心定期对跨域交易数据、资金进行核对确认，争议部分提交全国交通一卡通数据交换中心进行仲裁。

图7-4所示为跨域数据交换与结算流程的详细流程。

三、应用案例

以持卡人持北京发行的交通一卡通在南京公共交通进行刷卡消费的场景为例，介绍跨域交易数据交换与结算流程。

(1)全国交通一卡通数据交换中心清算系统 T 日(交易日)产生南京和北京的跨域交易1元。图7-5所示表示三方的资金关系。

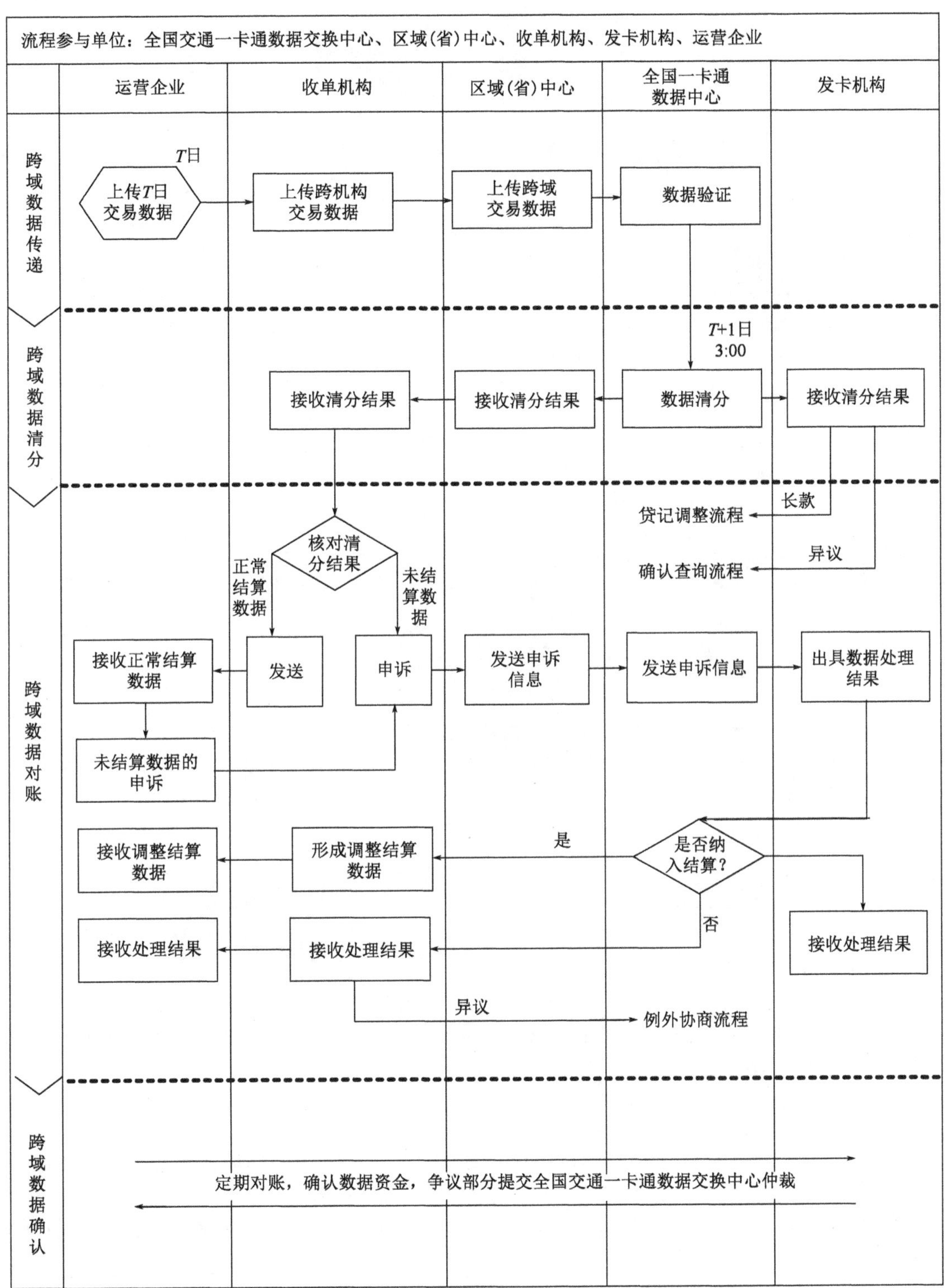

图7-4　跨域数据交换与结算流程

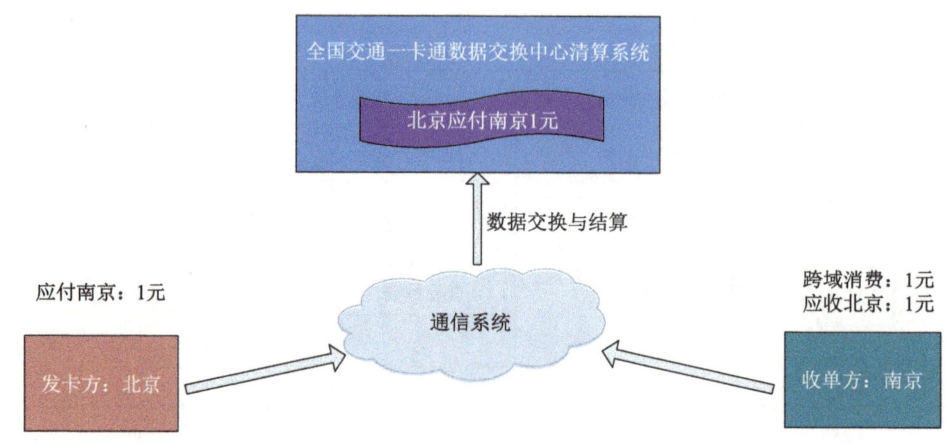

图 7-5　三方资金归属关系

(2)全国交通一卡通数据交换中心清算系统 $T+1$ 日对 T 日南京和北京的跨域数据进行数据交换,并将数据交换结果发送南京和北京进行确认。

(3)南京收到应收 1 元的交易明细,北京收到应付 1 元的交易明细,双方与全国交通一卡通数据交换中心进行对账。图 7-6 表示对账流程。

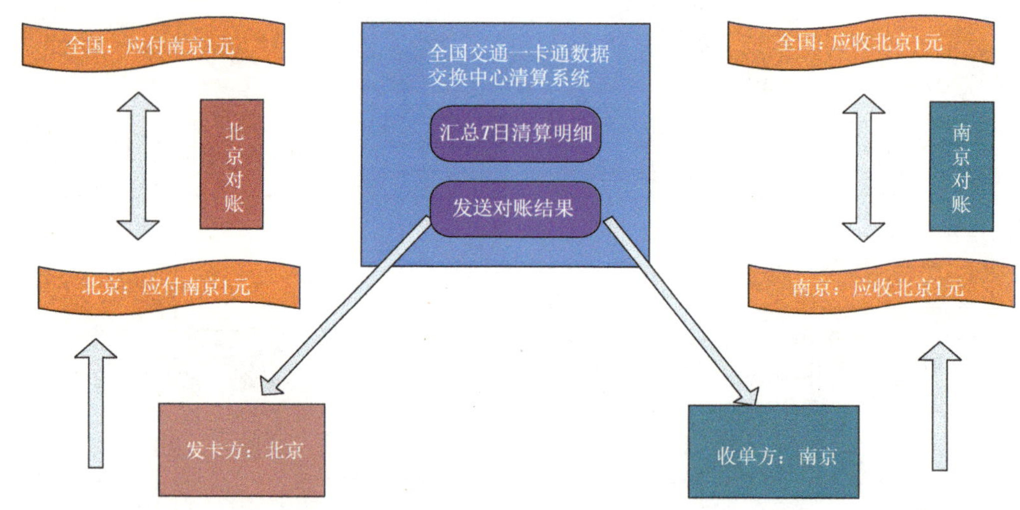

图 7-6　三方对账流程

(4)全国交通一卡通数据交换中心数据交换与结算系统中记账:北京预存结算资金虚拟账户:-1 元;南京预存结算资金虚拟账户:+1 元。

四、保障措施

全国交通一卡通数据交换与结算工作执行三层系统安全保障措施及科学化、标准化、自动化的工作流程,保障数据交换与结算工作的准确、安全、高效。

网络安全:建设虚拟专用网(VPN)实现外部数据在 Internet 网上传输,采用数据加密技术和访问控制技术,实现两个或多个可信内部网之间的互联。VPN 通常采用具有加密功能的路由器或防火墙,以实现数据在 Internet 上的可信传递。

数据库加密：为增强普通关系型数据库管理系统的安全性，采用数据库加密的方式对数据库存储的内容实施保护，实现了数据库数据存储保密和完整性要求，使得数据库以密文方式存储并在密态方式下工作，确保了数据安全。

数据传输：采用数据加密的方式，将要传输的数据进行加密并计算报文完整性，确保传输的数据或交易不被篡改。用户登录采用 CA 系统签发人员证书的方式，实现对人员登录的授信管理，确保登录安全。

第二节　区域（省）级数据交换与结算

区域（省）级数据交换与结算机构作为交通一卡通数据交换和结算体系的中间层，主要是处理所辖区域内交通一卡通异地数据交换、资金结算和信息服务等，多为一些具有战略需求的区域或省独立建设。本节以江苏省数据交换和结算机构作为案例进行重点介绍。

案例 7-1：江苏省数据交换和结算机构情况介绍

江苏省是交通运输部首批全国互联互通技术标准的试点推广应用省份，全省地级市通卡公司等 15 家单位于 2015 年 5 月 15 日组建江苏交通一卡通有限公司（以下简称：江苏一卡通），负责全面落实全国互联互通技术标准在江苏省的推进、实施工作，已实现全省全部地级以上城市、县级城市所有公交、地铁线路的交通一卡通互联互通。根据交通运输部发布的《全国交通一卡通清分结算业务规则（试行）》，江苏一卡通编制了自己的相关规则，作为全省清分结算工作的指导和规范。同时，建立统一的技术标准、数据交换和结算流程和服务机制，保障结算数据的完整性和及时性，并通过对全省数据交换和结算人员的业务和技术培训服务，不断优化完善对账结算流程，为安全、稳定运转互联互通业务提供有力保障。

一、体系建设

江苏省数据交换与结算体系包括结算系统、结算运营管理系统和结算服务系统三部分。

结算系统主要是服务于省内各入网机构单位，各单位通过前置服务上传互联互通交易数据至结算系统进行实时处理，通过对交易的重复性、合法性和省内测试卡流程的判断处理，并在对交易数据进行服务费及分润计算后，向各入网机构下发结算系统的认证结果；对区域外的交易数据准实时上报至全国数据交换与结算平台进行数据交互及结算处理。具体交换与结算见图 7-7。

结算运营管理系统主要用于对全省每天的交通一卡通数据进行运营监控。通过建立多维度的监控模型，从数据流向、发卡机构交易比对、收单机构交易比对、节假日交易比对、工作日和周末交易比对等监控管理江苏全省域的公共交通数据情况，为江苏省交通运输厅的交通资源调配等决策提供数据支撑。

结算服务系统，提供给省内各入网机构进行交通一卡通结算数据查询、结算报表查询、结算确认、结算预存资金查询与确认、提交差错及差错处理查询与确认、资金划拨等操作的服务平台。

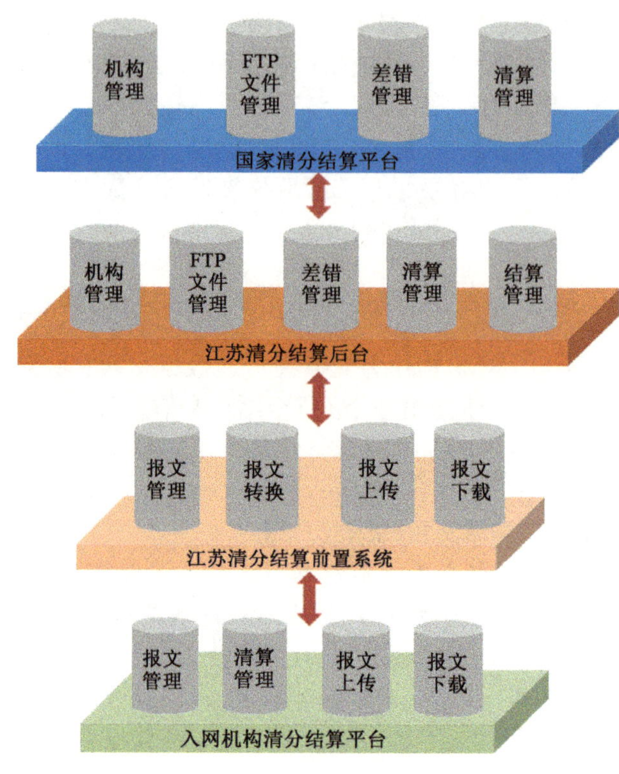

图 7-7　交换与结算体系

二、业务流程

1. 与全国交通一卡通数据交换中心对账工作流程

（1）每月 5 日，江苏一卡通结算人员按照部清算日期，核对上个结算周期的省平台与部结算平台的结算数据，并将差异汇总提交至江苏一卡通技术人员。差异内容包括：部清算日期、收单机构代码、发卡机构代码、差异笔数、差异金额、差异服务费、差异分润（分江苏收单和江苏发卡）。

（2）每月 6 日，江苏一卡通技术人员根据江苏一卡通结算人员提交的差异，联系全国交通一卡通数据交换中心技术人员按部清算日期导出有差异当天的江苏与该机构的交易明细，导出的交易明细字段包括：卡号、交易日期、交易时间、交易金额、收单机构代码、发卡机构代码、服务费、收单机构分润、发卡机构分润、全国交通一卡通数据交换中心分润、部清算日期（每月 8 号前提供）。

（3）每月 15 日前，江苏一卡通技术人员比对省平台与部平台结算数据，核对出差异数据明细，并做相应的处理或调整后再对最终的差异作出说明反馈给江苏一卡通结算人员。

（4）每月 16 日，江苏一卡通结算人员根据江苏一卡通技术人员反馈的差异说明，形成上个结算周期的省平台与部平台对账单反馈给部平台结算人员。

（5）部平台结算人员，核实省平台结算人员提供的对账单及差异说明，反馈给部平台的技术人员，并由部平台技术人员进一步核对差异数据及差异原因，最终确认差异数据及结算数据。

(6)以上约定的日期,如遇节假日顺延。

江苏省平台与全国交通一卡通数据交换中心对账流程见图7-8。

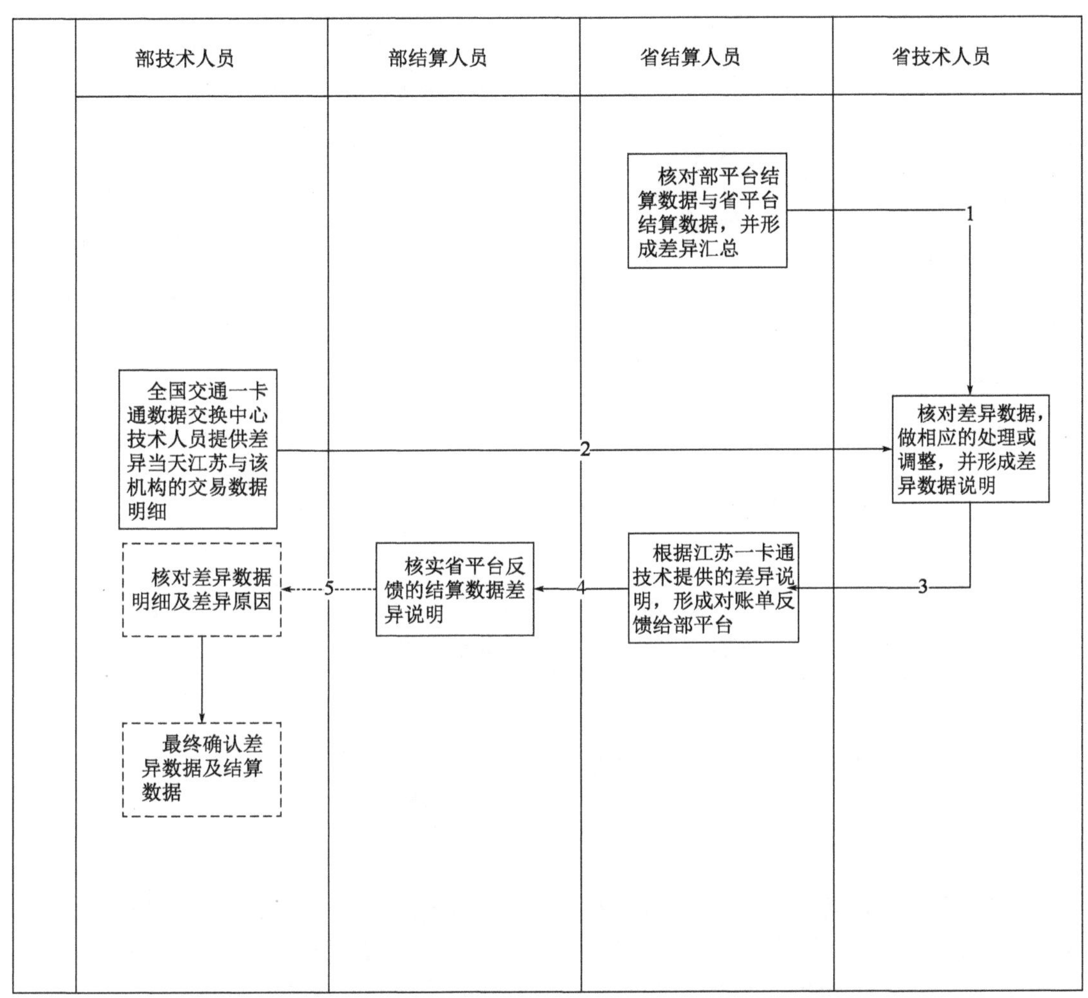

图7-8　江苏省平台与全国交通一卡通数据交通中心对账流程图

2. 与入网机构对账工作流程(图7-9)

工作流程说明:

(1)每月1日,江苏一卡通结算人员通过结算服务平台,按照省清算日期,核对上个结算周期的清算审核与结算数据,确认无误后再通知各入网机构结算人员进行结算数据对账。

(2)每月2日,入网机构结算人员根据省平台的日汇总数据,与本地系统中的汇总数据进行核对,并形成差异数据提交至入网机构技术人员和江苏一卡通技术人员,差异内容包括:省清算日期、收单机构代码、发卡机构代码、差异笔数、差异金额。

(3)每月3日,江苏一卡通技术人员根据入网机构结算人员提交的差异汇总,按省清算日期导出差异当天的入网机构与该机构的交易明细。导出的交易明细字段包括:卡号、交易日期、交易时间、交易金额、收单机构代码、发卡机构代码、省清算日期。

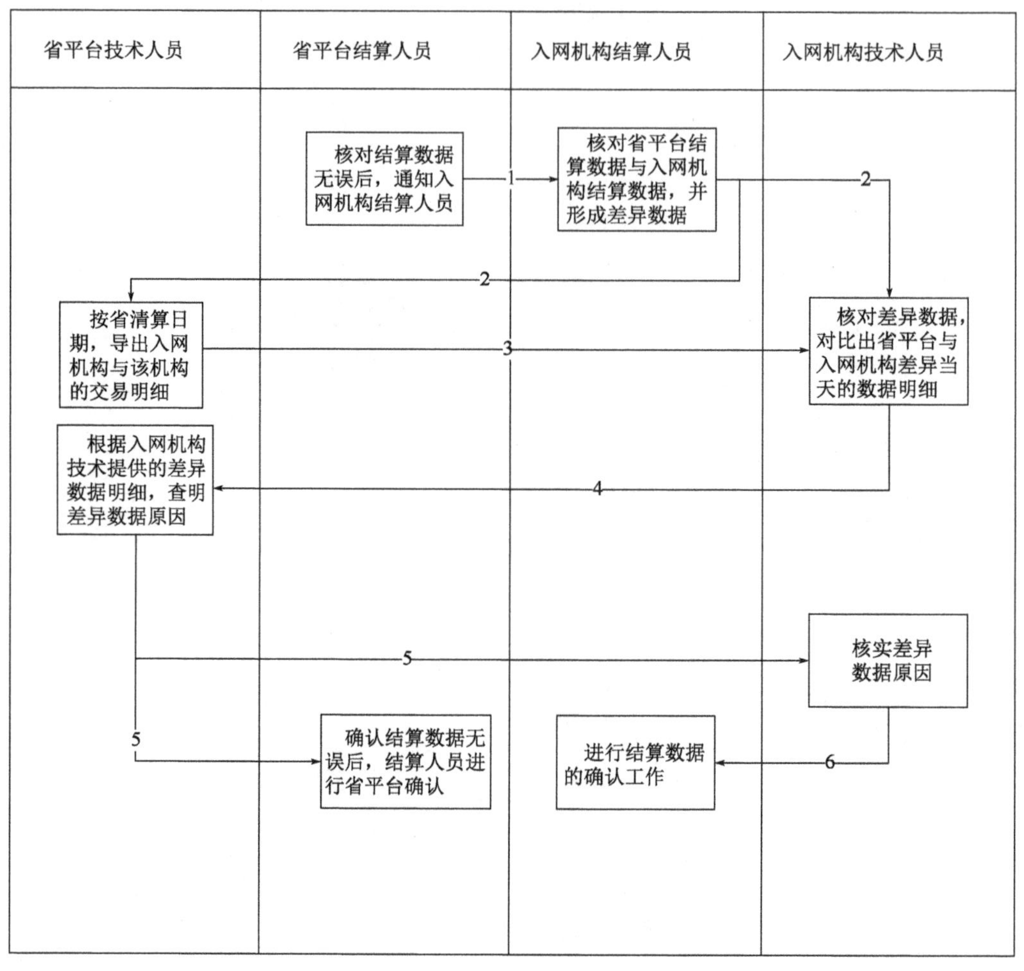

图 7-9　江苏省平台与入网机构对账流程图

(4)每月 5 日,入网机构技术人员核对出省平台与入网机构结算数据的差异数据明细,并将差异数据反馈给江苏一卡通技术人员,差异数据明细字段包括:卡号、交易日期、交易时间、交易金额、收单机构代码、发卡机构代码、省清算日期。

(5)每月 8 日,江苏一卡通技术人员查明与各入网机构的差异数据原因并反馈给入网机构技术人员。江苏一卡通技术人员确认结算数据无误后,通知江苏一卡通结算人员,进行上个结算周期内结算数据的省中心确认。

(6)每月 12 日,入网机构技术人员进一步核实江苏一卡通技术人员反馈的差异数据原因,确认结算数据无误后,通知入网机构的结算人员进行结算确认。

(7)以上约定的日期,遇节假日顺延。

第三节　城市级数据交换与结算

北京市政交通一卡通有限公司(以下简称“北京一卡通”)作为北京市制卡、发卡、清算单位,具备丰富的城市内数据交换与结算的行业经验。在 2015 年 12 月按照交通运输部标准搭建北京互联互通业务数据交换与结算平台,北京一卡通通过京津冀区域数据交换和结算机构平台连接全国交通一卡通数据交换与结算平台，实现互联互通清算工作高效、安全、稳定的开展。2015 年 12 月北京互联互通卡正式发售，北京市 139 条公交线路投入使用试点运营。2016 年，北京市实施互联互通工程第二阶段任务，对全市剩余的 872 条地面公交线路一卡通系统车载终端进行升级改造，实现北京市区地面公交全部线路支持互联互通卡刷卡乘车。2017 年底，随着交通一卡通互联互通工作不断推进，北京轨道交通也纳入互联互通应用范围，实现了北京地面公交、轨道交通路网的全覆盖。2018 年底，随着手机、可穿戴设备的加持，市民可使用移动终端进行北京互联互通卡在线开卡、在线充值等应用。

一、体系建设

北京市数据交换与结算体系由结算服务体系、数据调账体系、风控体系三部分构成。

1. 结算服务体系

结算服务体系包括数据交换与结算系统和数据交换与结算机制。主要功能是通过信息化手段对发卡、充值、消费、退卡、退资等业务实现精细化管理。数据交换与结算系统包括内部管理模块和外部服务模块。内部管理模块包括：报表模块、查询模块、划账模块、发票模块、手续费模块等，根据业务需求开发配套报表，用于支撑内部业务数据交换与结算管理；外部模块包括区域中心系统和商户对账平台，主要功能是辅助内部数据交换对账和服务外部商户自助对账。

互联互通业务数据交换对账流程如图 7-10 所示。

以北京一卡通定义的清算日为时间轴，以 T 日清算数据为例说明运营单位与北京一卡通和全国交通一卡通数据交换中心（区域中心）的清算对账业务流程。T 日：运营单位将终端设备产生互联互通卡交易数据，实时转发给北京一卡通；北京一卡通互联互通清算中心对北京互联互通卡业务数据进行校验；以上工作由系统自动完成。

$(T+1)$ 日 8 点前：区域中心对北京互联互通卡跨域消费数据生成对账文件，北京一卡通接收区域中心下发的北京互联互通卡在异地的消费数据；北京一卡通对北京互联互通卡消费数据在 8 点之前完成 T 日数据数据交换（日结），通过系统向运营单位发送对账文件（包含明细交易和无效交易）。

$(T+1)$ 日 8 点至 13 点：运营单位对接收的对账文件生成结算报表；北京一卡通对北京互联互通卡在北京消费业务生成结算报表；根据区域中心的对账文件生成北京互联互通卡异地消费结算报表。

$(T+1)$ 日 14 点后：北京一卡通与运营单位对账，对账一致，根据对账报表进行资金结算；对账不一致，运营单位向北京一卡通申诉。

北京一卡通与区域中心对账，对账一致，根据对账报表进行资金结算；对账不一致，北京一卡通向区域中心申诉。

2. 数据调账体系

数据调账体系可概括为三大板块：差错处理板块、申诉审核板块、风险监督及管理职能板块（图 7-11）。

差错处理板块职责范围包括对可疑交易的审核及处理，对交易临时流水的审核及处理。主要通过后台清算系统实现对差错数据的处理。申诉审核板块职责范围包括对经由客诉渠道及商户申诉渠道上传的申诉交易进行数据审核并出具意见。主要通过异常申诉处理平台和一卡通管理平台实现对申诉数据的审核及处理。风险监督及管理职能板块职责主要涵盖对差错处理结果(本部门)和申诉处理结果(外部门)的后督审查;对在工作中发现的风险线索进行跟踪和报送;处理公司及部门安排的重点工作;制度及流程的搭建和优化;异常申诉系统的运营和需求升级。

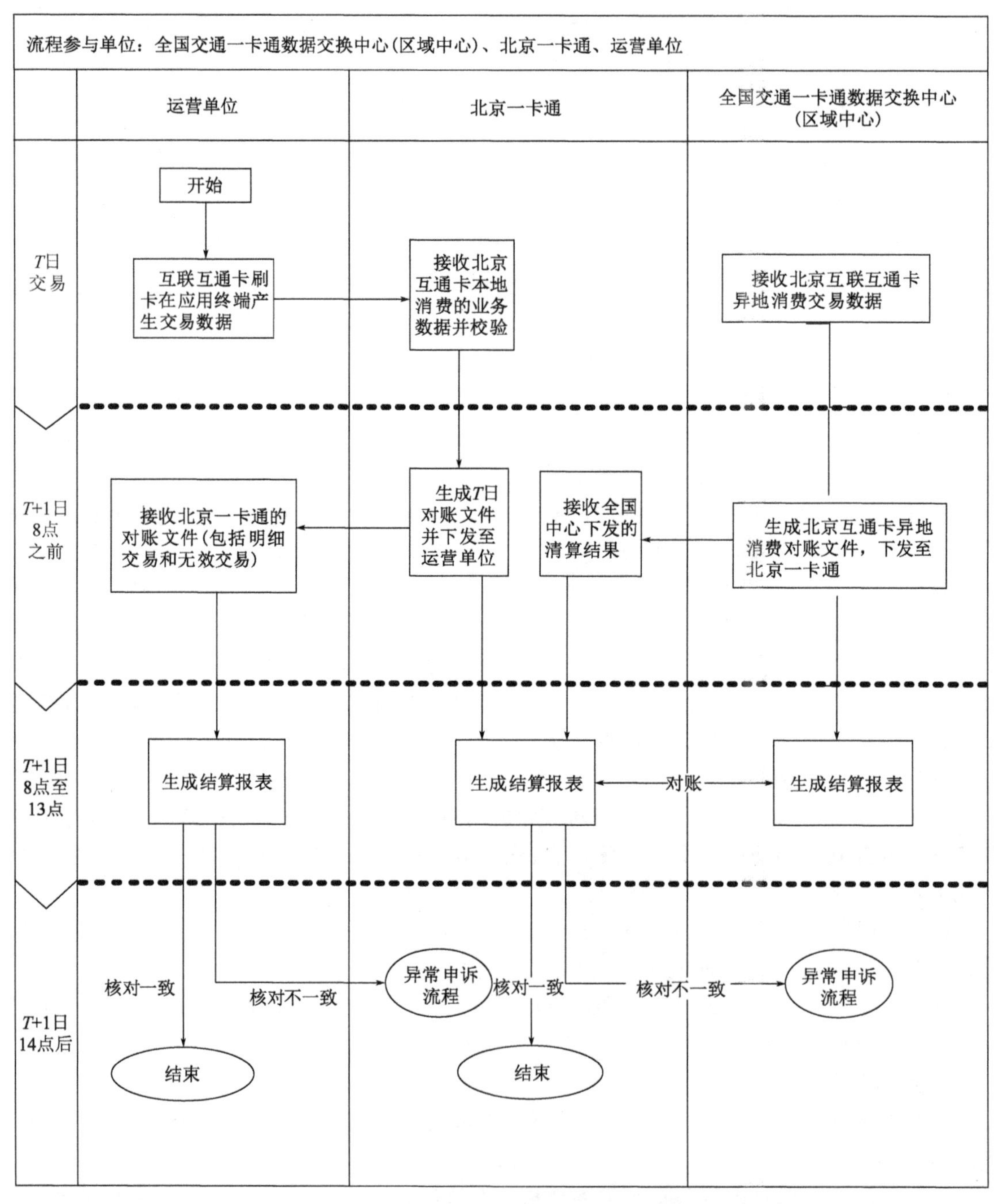

图7-10　北京互联互通卡消费结算对账业务流程

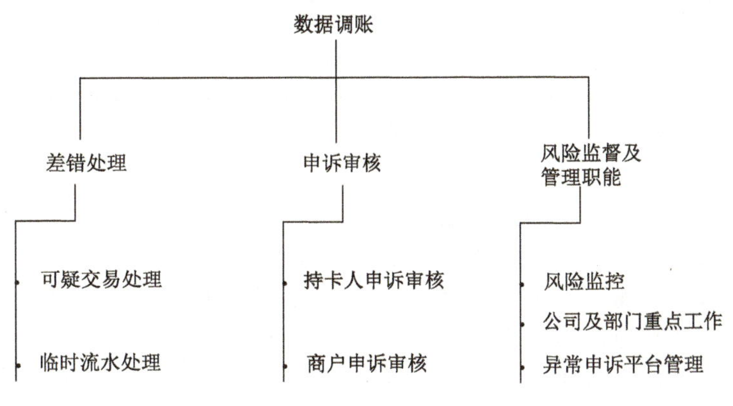

图 7-11　数据调账体系

3. 风控体系

日常风险线索追踪、交易数据监测、标准化操作流程制定、数据信息整合、历史异常数据总结、各部门信息同步合作以及清结算风险预警制度，构成了数据交换与结算风控体系（图 7-12）。数据交换与结算专岗对清结算中的交易数据进行监测，整合数据信息，提升分析能力，提高风险的防控能力；工作中发现风险线索及时通知相关部门，提出改进及建议措施；持续加强与各部门之间的合作，同步各部门业务信息，提升风险应对的成效；从结算、数据日常管理工作中发现风险线索，对历史曾经出现的异常归纳总结，制定防控及解决措施；保障交通一卡通互联互通结算工作顺利开展。

图 7-12　风控体系

二、差异分析

互联互通卡本地交易由北京一卡通执行清算处理，清算结果直接下发各运营单位。与之不同的是，互联互通卡跨域交易由全国交通一卡通数据交换中心执行清算处理，交易数据在全国交通一卡通数据交换中心、发卡机构、收单机构等不同的清算主体间进行数据交互和交易验证后再形成清算结果。因此，在互联互通卡清算执行标准上，北京一卡通和全国交通一卡通数据交换中心存在差异，主要体现在数据验证执行标准、日切时间和差错数据执行标准上。

1. 数据验证执行标准

全国交通一卡通数据交换中心执行标准。互联互通卡跨域交易数据由全国交通一卡通数据交换中心对入网机构上送的交易进行数据合法性验证，由发卡机构进行卡账户合法性验证，全国交通一卡通数据交换中心对验证成功的数据进行清算。入网机构对验证成功数据和不成功数据都可提请差错处理。

北京一卡通执行标准。北京互联互通卡本地交易数据由北京一卡通进行合法性的验证，对验证成功的数据进行清算。运营企业对验证不成功的数据可提请差错处理。此种方式符合北京本地运营惯例，数据交换至运营企业的结算数据不会进行系统内变更，维护了运营企业和北京一卡通数据的一致性和规范性。

2. 日切时间执行标准(图 7-13)

项目	全国中心	区域中心	北京	天津	河北省中心
日切时间	$T+1$ 日 3 点	$T+1$ 日 0 点	$T+1$ 日 2 点	$T+1$ 日 2 点	$T+1$ 日 2 点

图 7-13 日切时间执行标准

北京一卡通日切时间设定为 $T+1$ 日 2 点(T 日为交易日),京津冀区域数据交换和结算机构日切时间设定 $T+1$ 日 0 点,全国交通一卡通数据交换中心日切时间设定为 $T+1$ 日 3 点。各清算主体间日切时间的不一致,是产生跨域交易数据时间性差异的原因。北京一卡通通过规范格式的时间性差异核对报表,对时间性差异数据进行数据核对。

3. 差错处理执行标准

跨域差错数据认定标准有三条,一是未通过全国交通一卡通数据交换中心系统验证的交易数据,处理方式是收单方可向发卡方进行申诉,对发卡方申诉处理结果不认同的,可提交例外协商进行处理。二是已结算但未通过发卡方系统验证的交易数据,处理方式是,发卡方对已结算数据有疑义需要收单方退款的,通过发起确认查询流程,要求收单方确认。收单方接到确认查询信息后,当发生对收单机构确认查询交易超过时限未予答复、确认交易有差错、脱机消费验证失败等情况时,发卡方可发起退单流程,经收单方同意,全国交通一卡通数据交换中心将有效退单自动纳入清算。三是交易长款,收单方对确认的长款向发卡方主动退款的,通过发起贷记调整流程,对确认的长款提交退款处理。对通过以上方式无法解决的争议,由全国交通一卡通数据交换中心争议处理机构裁决。

北京一卡通执行标准有所不同。本地交易差错数据认定标准设定为:未通过北京一卡通系统验证的交易数据,处理方式是运营企业对差错数据可向北京一卡通进行申诉。

第八章　交通一卡通数据治理与数据安全

第一节　交通一卡通数据特征

一、交通一卡通数据范畴与价值

1. 交通一卡通数据的范畴

交通一卡通大数据是指以城市交通一卡通数据为核心，连接与交通相关其他数据的集合，具体包括交通一卡通运行所产生的数据、交通运行管理直接产生的数据（道路交通、公共交通、地理位置等数据）、相关行业和领域的数据（气象、环境、人口、规划等数据），以及来自公共互动平台的交通状况数据（微博、微信、论坛、广播电视等提供的图片、文字、视频等）。由此可见，交通一卡通大数据不仅包含交通领域之间产生的数据资源，还包括许多相关领域的数据资源以及公众互动的数据资源，这些数据共同构成了交通一卡通大数据。

2. 交通一卡通数据的价值

当前社会，大数据的兴起对于交通发展产生了巨大的影响，通过大数据带来的技术突破，推动城市交通迈向全面信息化时代，通过城市交通的快速发展，推动交通大数据应用实践更快落地。城市大数据的集成和未来大数据的挖掘应用对于现代交通的发展具有重要作用。

目前，我国的交通一卡通行业发展迅猛，交通一卡通的使用范围覆盖公共交通领域的公交、地铁、轮渡、出租汽车、有轨电车、城市公共自行车等多种交通方式，应用功能扩展到餐厅、便利店、休闲娱乐等小额消费领域，企业、社区、医院、学校、缴费、考勤、身份识别等公共服务领域。随着我国交通一卡通应用范围的不断扩展，建立全国范围内互联互通的一卡通是未来发展的趋势，由此产生的交通一卡通大数据同时也成为宝贵的资源。

如上所述，交通一卡通大数据同样具有丰富的价值。因此，通过多维度对一卡通大数据的分析挖掘，可以实现交通管理的智能化，满足出行人员的交通出行服务需求，为城市管理、城市规划、部门决策、公众出行等提供决策支持，为发展智能交通增添了持久动力。具体体现在以下四个方面：

（1）实现智能化公交服务与管控。

基于交通一卡通数据以及大数据分析、数据可视化等技术，可以构建城市公共交通管控平台，实现对城市公交的全方位立体感知和智能化管控，为城市管理者提供科学的管理依据，为企业提供新的监测手段，为居民提供多样化的出行服务。

（2）辅助政府部门与企业决策。

基于交通一卡通数据，可以分析各地客流分布、公众出行时空特征的规律，为修编城市交通规划、合理制定票制票价、调整公共交通线网、优化线路运行计划、推进城乡公交一体化等提供决策支撑，为交通运输主管部门实施行业事前预测、事中分析、事后管理的服务监督职责提供技术手段。

(3)全面提高公交出行服务水平。

基于交通一卡通数据以及大数据分析应用技术,从规划、管理、实施等多方面分析公共交通供给侧存在问题,为公交出行服务水平提升策略进行方向性指引,提供更加精准化、精细化、个性化的公交出行服务,满足不同层次的公交出行需求。

(4)促进公共交通可持续发展。

通过提升公共交通发展的智能化、信息化水平,改善城市交通的环境友好性,进一步为公共交通可持续发展注入新活力,使城市交通成为城市发展的源动力而非绊脚石。

二、交通一卡通数据特征

1. 大数据的基本特征

交通一卡通数据本质上也是一种大数据,其具备所有大数据的基本特征。随着信息技术的不断进步,社会已由互联网时代迈进了物联网和云计算时代;同时,交通一卡通数据资源也成为一种新的战略资产,亟待人们对其加以合理、高效、充分地使用,使之能够给人们的生活工作带来更大的效益和价值。

各个领域对大数据的特征都有着不同的解读。上海市科学技术委员会发布的《上海推进大数据研究与发展三年行动计划(2013—2015 年)》中,提到"大数据包括三层内涵:一是数据量巨大,来源多样和类型多样的数据集;二是新型的数据处理和分析技术;三是运用数据分析形成价值。"信息专家涂子沛在著作《大数据》中认为:"大数据"之"大",并不仅仅指"容量大",更大的意义在于通过对海量数据的交换、整合和分析,发现新的知识,创造新的价值,带来"大知识""大科技""大利润"和"大发展"。对于"大数据"的概念,目前来说并没有一个明确的定义。经过多个企业、机构和数据科学家对于大数据的理解阐述,虽然描述不一,但都存在一个普遍共识,即"大数据"的关键是在种类繁多、数量庞大的数据中,快速获取信息。人们普遍用五个 V 字开头的英文单词来表达其特征,即海量性(Volume)、多样性(Variety)、高速性(Velocity)、真实性(Veracity)以及价值性(Value)。

2. 交通一卡通数据的问题

交通一卡通数据除了上述大数据的一般特征外,还具备一定的特殊性。其中较为显著的特征就是数据结构在不同地区存在差异性。

由于不同类型的公共交通在消费形式上存在较大的差异(单票制、分段计价制等),因此交通一卡通数据的数据结构和处理难点也各不相同。

公交卡信息量大且全面,技术简单成熟,在方便地完成乘车收费的同时,还记录了乘客的刷卡时间、车次、站点等信息。这些信息真实、准确地反映城市居民的公交出行状况,是进行公交客流量信息实时采集和未来预测的重要数据来源之一。

但是,一卡通系统设计之初并没有考虑到可以用于获取数据,导致从一卡通系统中所取得的数据先天就存在着不准确、不完整的问题,给数据挖掘造成了一定的麻烦。以北京现有一卡通系统为例,北京市内运营的公共交通线路(包括地面公交和轨道交通)共采用三种一卡通收费系统,分别为:

(1)一票制一卡通收费系统:该类型的系统主要用于公交快速直达专线及定制类公交,公交快速直达专线在早晚高峰期间运营,采取直达或大站快的运营方式,主要用于大型社区、地铁站、商务区之间的通勤,实行上车只刷一次卡、刷卡即扣费的规则。

(2)分段计价制一卡通收费系统:该类型的系统主要用于除了快速公交直达专线及定制类公交,采用根据乘车里程计费的方式,这种计费方式需要清楚获知乘客的上下车站点,才能做到计费的精准,所以实行上车下车各刷一次卡的规则,且在下车刷卡时进行扣费。

(3)轨道交通一卡通收费系统:轨道交通的所有线路都采用该类型的系统。由于轨道交通具有统一计费和换乘不刷卡的特点,所以该类型数据中所记录的内容为进出站轨道交通站点,以及相关信息。三种智能卡收费系统刷卡方式不同、计费方式不同,造成了所记录数据的不统一。

从用于研究客流问题所需的上下车相关信息记录上来看,各类型系统数据的完整性均有所差异,如表 8-1 所示。

三种类型智能卡数据完整性差异　　表 8-1

类　　型	上车站点	上车时间	下车站点	下车时间
一票制	×	√	×	×
分段计价制	√	√	√	√
轨道交通	√	√	√	√

注:部分地区分段计价制线路一卡通数据缺失上车时间,如北京。

其中,分段计价制线路和轨道交通一卡通数据记录了完整的上下车时间和上下车地点。一票制一卡通数据则缺少了上车站点、下车站点和下车时间三项记录。部分地区(如北京)的分段计价制线路一卡通数据也存在缺失上车时间的问题,需要在后期的数据处理中进行推测和补全。

对于一票制一卡通数据上车站点的填补和对分段计价制一卡通数据的上车时间填补都已经有成熟的方法可以利用,而一票制一卡通数据的下车时间和下车站点的填补,现有方法填补的效果难以令人满意,亟须通过新的技术方法解决相关问题。

第二节　交通一卡通数据治理

图 8-1 所示为交通一卡通数据治理的一般性流程。对交通一卡通数据进行治理,首先应接受所采集得到的原始一卡通数据,进而对一卡通数据进行处理分析,推测上车时间、上车站点以及下车站点,得到完整出行 OD 数据,以用于分析线路站点、区域客流变化,对站点客流模型进行分类,识别客流流向,建立客流分析模型,研究城市客流流向规律等问题。

一、数据采集

随着信息技术的不断发展和应用领域的扩大,数据的来源更加广泛,信息量更加丰富,数据的采集技术也在不断提升。传统意义上的数据采集是指从传感器和其他待测设备等模拟和数字被测单元中自动采集信息的过程,主要为了测量电压电流温度压力或声音等物理现象。随着我国新一代信息技术的快速发展,数据采集已经演变成一种信息的获取途径,数据采集方式也更加多样,总体归纳为有线采集和无线采集两种主要方式。交通一卡通数据采集流程,如图 8-2 所示。

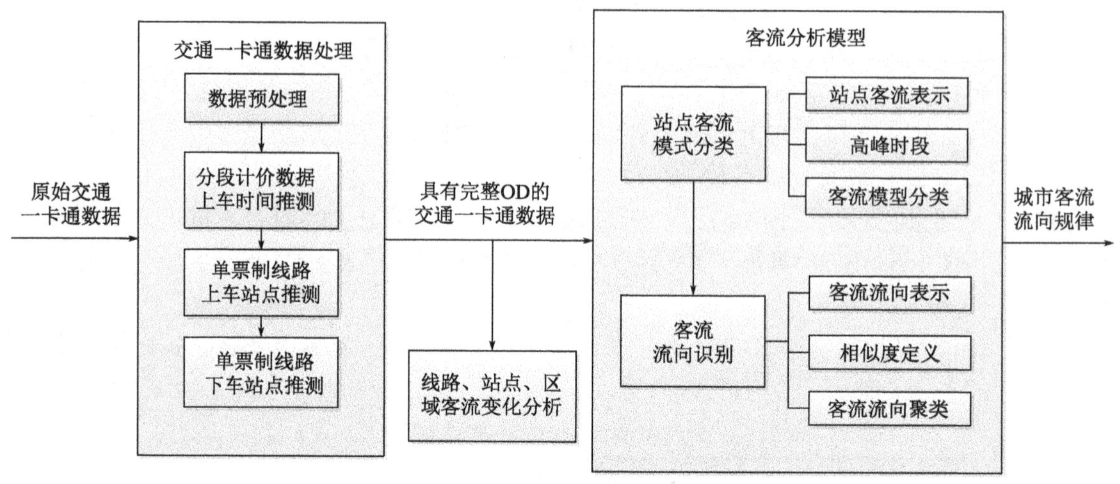

图 8-1　交通一卡通数据治理流程

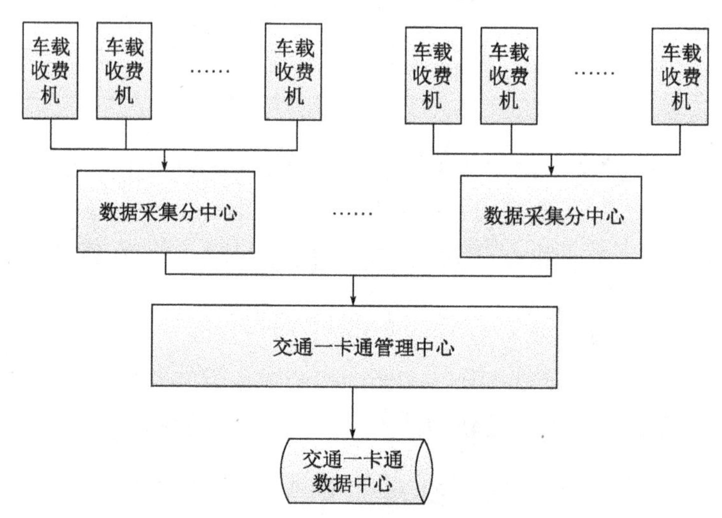

图 8-2　交通一卡通数据采集流程

数据采集系统是城市交通一卡通系统的重要组成部分，它是 IC 卡管理和清算中心系统的基础。数据采集系统实现城市交通一卡通系统与前置消费终端之间的信息收集，并汇总各应用场所消费终端的消费记录，通过各分中心传输至 IC 卡管理和清算中心系统进行资金清算。

在全面采集、梳理、汇总海量交通一卡通数据的基础上，对这些数据进行结构化预处理和价值挖掘，迅速形成总体宏观分析结果。这不仅有利于科学合理安排发车时间、发车间隔，优化公交路线，辅助完成客流调查工作，还可以为政府行业部门的决策和公众的便捷出行提供合理化的建议。同时，借助数据分析工具，规划部门和经营者能够深入了解城市居民的公交出行特征和公交企业经营状况，及时、准确、全面地掌握出行数据，并适时作出科学的规划和运营决策。

交通一卡通涉及的领域较多，来源也相对广泛，采集方法呈现多样化，下面基于交通一卡通常见应用领域进行分析，梳理总结不同领域的交通一卡通大数据来源。

1. 公共汽、电车

交通一卡通在公交车上的应用构成了公交 IC 卡系统，公交 IC 卡系统包括车载终端、数据采集盒、充值机、服务器、工作站、数据库平台等设备。在交通一卡通数据采集过程中，包含了一项重要的信息记录，即公交 IC 卡刷卡数据。所谓公交 IC 卡刷卡数据是指通过公交乘客上车刷卡，由车载终端记录并存储下来形成的具有特定结构化信息。

除公交 IC 刷卡数据之外，城市交通一卡通在公共交通领域应用过程中还连带产生了其他数据。为了更清楚地说明数据来源类型，将公交 IC 卡刷卡数据看作第一类数据，则第二类数据是公交线路及站点信息。根据《城市公共交通 IC 卡技术规范》（JT/T 978—2015），公交线路信息包括线路编号、线路名称、线路长度、站点数、起点站点、终点站点、中间站点、运行时间等信息，公交站点信息包括站点名称、站点位置、站点编号、相邻站间距等信息。

其他与公交相关的数据的还有公交车的 GPS 定位数据等和公交车辆信息。公交车辆 GPS 数据是定时上传的。以北京市公交车 GPS 数据为例，上传时间间隔为 20 秒，且每条记录都包含了定位时间。后者不仅包括公交车车龄、最大载客量、行驶里程等数据，也包括视频采集系统所采集而来的数据，这类数据可在公交运营公司处采集而来，这类数据的数据量也十分庞大。

2. 地铁

在现代化大都市中，城市交通一卡通系统已初具规模，且覆盖至地铁。城市公共交通现代化管理得益于城市交通一卡通在地铁的应用，一卡通系统积累的海量数据主要包括以下几类：地铁 IC 卡刷卡数据、地铁线路及站点信息、地铁调度信息、地铁视频客流监控信息及其他相关数据。

第一类数据是地铁 IC 卡刷卡数据。地铁 IC 卡刷卡数据是指乘客在乘坐地铁时出入闸机刷卡，由终端记录并存储下来形成的具有特定结构化信息。地铁刷卡数据与公交 IC 卡刷卡数据不同，公交车大多采用一票制乘车收费，刷卡数据的记录只有一条且没有站点信息，而地铁按段收费，刷卡数据有两条且数据记录中包含站点信息。

第二类数据是地铁线路运营数据。包括地铁线路信息图、地铁规划图、地铁运营时刻表、地铁资讯、地铁票价等，这些数据可以辅助城市地铁运营公司在城市轨道交通运营、运营线路管理维护等方面起支撑作用。

第三类是地铁站内视频监控数据。这一类数据量十分巨大，也十分有价值。地铁站内往往人多而密集，极易发生突发事件，视频监控信息对了解事件发生时的场景有很大帮助。此外，对视频数据进行分析利用，可帮助地铁运营公司为乘客提供更加优质的服务。

第四类是地铁内的免费无线网服务数据。通过提供免费的无线网服务，掌握乘客的接入和使用情况，了解乘客的上网需求和习惯，为乘客推荐合理的出行线路和相关路况警示，提升乘客出行体验。

3. 出租汽车

随着城市交通一卡通在出租汽车上的应用，交通一卡通在出租汽车出行上产生了乘客的刷卡数据，另外，出租汽车自身配备的定位和无线设备也在实时记录其运行状态数据，这两种数据构成了出租汽车的基本数据信息。

第一类是出租汽车刷卡数据，即乘客的城市交通一卡通在出租汽车驾驶员刷卡终端进行刷卡而产生的数据,该类数据可由出租汽车刷卡数据采集器采集。

第二类是基于出租汽车的浮动车数据。由于出租汽车具有运营时间长、道路覆盖面广、采集成本低、便于集中管理等特点,国内外各城市浮动车采集系统都将城市出租汽车作为典型的终端搭载车辆。浮动车数据采集系统是通过交通流中一定比例的浮动车辆与调度管理中心实时交换数据的一种新型路网交通信息采集系统。当浮动车在道路上行驶时,来自路网纵剖面的实时交通状态数据被收集,这样可以方便地测得可靠、准确的车辆行驶速度、路段行程时间等路况参数及出行 OD 等交通规划基础数据。

基于出租汽车调度系统建设起来的城市浮动车采集系统以出租汽车作为浮动车,出租汽车在回传坐标位置的同时,回传出租汽车运营中的事件(如客人上下车),并同时生成状态(如空驶、载客等)信息,详细记录出租汽车实时运营状态。

4. 轮渡

轮渡数据的采集与轮渡运输特性的深入分析,尤其是船舶靠岸的过程与实践特性,对于确定发船最小间隔时间,分析航线最大运输能力有着重要的意义。跟常规公交车一样,轮渡也存在着多种类型的数据信息,其中包括刷卡数据、运营数据、接驳数据等。第一类是刷卡数据,由于轮渡也采用的是一票制乘船刷卡,故轮渡收费机与公交车上的车载终端相同,其采集方式也与公交刷卡数据相同;第二类是轮渡运营数据,包括发班信息、行驶路线等;第三类是接驳公交路线信息。

5. 道路客运

城市交通一卡通在城乡道路客运领域已有应用,电子票证系统正是为解决客运站场购票便捷化问题而建设。电子票证以通卡为支付介质,在购票时由系统对进行信息写入,生成电子凭证,在客运站闸口直接刷卡即可乘车。

第一类是交通一卡通售票数据。道路客运的票价收取主要有以下几种方式,一种是分段式的票价,即按站进行区分,在某些区间内上车刷卡是一个票价,从另一个区间内上车又是另外一个票价,可从不同收费档次和标准数据提取乘客的出行范围,这是道路客运特有的数据,应与一般的城市公交车数据相区别。这些数据都可以通过交通一卡通终端方式采集到,并通过有线或无线方式上传至后台。

第二类是线路及站点信息。线路信息包括线路编号、线路名称、线路长度、站点数、起点站点、终点站点、中间站点、运行时间。站点信息包括站点名称、站点位置、站点编号、相邻站间距。目前,客运站场线路及站点信息均可以通过运政 IC 卡终端收集,并实时与运政系统进行信息交换,用于验证线路班次的发班和客流状况。

第三类是车辆调度信息。调度信息包括车辆代号、运营线路、线路方向、发车时刻、到达时刻、发车间隔。客运车辆运营调度信息是客运车辆的运营情况,是客运运营公司对客运车辆运营进行合理调配的依据。客运车辆调度信息可在客运运营公司处采集而来。

二、数据存储

数据存储分为四个系统,分别是:分布式文件系统、关系型数据库系统、非关系型数据库系统和云储存。

大数据系统中数据类型日渐丰富,容量日渐增大,对数据的储存和分析的性能要求日益增加,因此快速高效的存储是大数据时代存储系统的必备要求。

1. 存储与管理技术的特性

(1)海量数据存储能力。

(2)全局命名空间,所有应用可以看到统一的文件系统视图。

(3)支持标准接口,应用无须修改可以直接运行,便于操作。

(4)读写性能高,带宽大。

(5)易于维护管理,无须中断服务,实现动态扩展。

(6)基于开放架构,可以运行在任何开放架构的硬件之上。

(7)具有数据冗余,可靠性高。

(8)多级储存备份,支持多种磁盘统一管理。

大数据存储管理系统必须具有:安全性、可用性、可靠性、可扩性,以及高效性。

2. 主体流程和环节重点信息

数据治理分为七个模块:元数据管理、数据质量管理、数据标准管理、数据安全管理、生命周期管理、主数据管理和数据模型。

(1)元数据管理。

元数据是为描述数据的数据,是对交通一卡通不同来源的数据的规范化描述,它是按照一定标准,从信息资源中抽取出相应的特征,组成的一个特征元素集合。具备准确性、实效性、完整性以及规范性四个原则。元数据管理系统可以通过整合数据源,构建关系数据库、多维数据库,建立 ETL 工具等方式方法,有效解决以下两方面问题:①用户层面对众多异构数据源数据以及其定义不一致造成的数据不完整性和有效性缺陷问题;②帮助业务和技术人员建立信息共享渠道,并能够迅速汇总数据、清理数据和控制数据质量。

(2)数据质量管理。

数据质量是指交通一卡通数据满足明确或隐含需求程度的指标。数据质量管理是通过业务管控及技术检查手段,控制并保证交通一卡通数据信息的准确性、完整性、一致性等关键因素,使得其能够准确反映交通一卡通的经营状况,为交通一卡通的管理决策提供正确的信息。具备准确性、唯一性、实效性、完整性、一致性以及可靠性六个基本原则。数据的不同使用目的会导致不同的数据质量要求,满足业务流程正常运转的需要并不一定就能保证满足分析的需求,使用环节的需求是决定数据质量管理目标的主要因素。

(3)数据标准管理。

数据标准是为了满足交通一卡通企业自身业务发展和分析决策需求而制定的规范性文件,制定数据标准是为了保证交通一卡通数据资产在产生、交换和使用过程中具有高度的一致性和准确性,也是交通一卡通进行数据质量管理、元数据管理以及主数据管理工作的重要基础。主要解决的是数据一致规范准确的问题,数据标准的实施包括标准框架、准备阶段、标准设计、标准映射、标准执行和维护增强。

(4)数据安全管理。

数据安全属于数据治理体系,主要是从保护客户隐私的角度出发,定义并划分数据的安全等级,并且对各类环境之间数据处理过程提出脱敏要求,从而确保客户隐私数据的安全,主要解决的是数据安全受控的问题。

（5）生命周期管理。

数据生命周期是指交通一卡通数据从创建或采集、存储和维护、使用直到最终消亡的全过程，数据生命周期管理在满足交通一卡通历史数据查询和审计管理等要求的基础上，实现减少数据冗余，提高数据一致性，减少存储、硬件、运维等方面基础设施投入，提升交通一卡通应用系统性能，提高响应速度的目的，主要解决的是数据合理存储的问题。

（6）主数据管理。

主数据是指可以在交通一卡通系统间共享的数据（例如，用户、商户和组织部门相关数据）。与记录交易活动，波动较大的交易数据（Transaction Data）相比，主数据（也称基准数据）变化缓慢。在交通一卡通关系型数据库中，交易记录可通过关键字关联到主数据，形成对交易数据分析的主体等维度信息。主要的主数据有用户主数据、卡片主数据、机构主数据、员工主数据、设备主数据和商户主数据等，主要解决的是黄金记录数据的问题。

（7）数据模型管理。

数据模型是指结合交通一卡通自身业务，从定量、定性的角度分析，综合外界因素，根据数据所需维度进行汇总从而预测或研究交通一卡通各业务的发展趋势等建立的模型。具体分为逻辑数据模型和概念数据模型。主要解决的是数据存储结构的问题。

三、数据处理

数据处理是从大量的原始数据抽取出有价值的信息，即数据转换成信息的过程。主要对所输入的各种形式的数据进行加工整理，其过程包含对数据的收集、存储、加工、分类、归并、计算、排序、转换、检索和传播的演变与推导全过程。数据处理中，通常计算比较简单，且数据处理业务中的加工计算因业务的不同而不同，需要根据业务的需要来编写应用程序加以解决。而数据管理则比较复杂，由于可利用的数据呈爆炸性增长，且数据的种类繁杂，从数据管理角度而言，不仅要使用数据，而且要有效地管理数据 。因此需要一个通用的、使用方便且高效的管理软件，把数据有效地管理起来。

在数据转换部分，有专业的 ETL 工具来帮助完成数据的提取、转换和加载，相应的工具有 Informatica 和开源的 Kettle。在数据存储和计算部分，主要指数据库和数据仓库等工具，有 Oracle、DB2、MySQL 等。数据处理的软件有 Excel、MATLAB、Origin 等等，当前流行的图形可视化和数据分析软件有 MATLAB、Mathmatica 和 Maple 等。这些软件功能强大，可满足科技工作中的许多需要，但使用这些软件需要一定的计算机编程知识和矩阵知识，并熟悉其中大量的函数和命令，而使用 Origin 较为简单。

对于交通一卡通数据的处理，进行数据的填补是较为重要的一个环节。基于前文分析，由于单票制的原始数据信息不完整，部分区域的分段计价制线路也会缺少如上车时间等信息，因此还需进一步对其进行数据处理，以满足数据分析的需求。

1. 单票制线路

对于单票制线路，乘客只上车刷卡。刷卡产生的数据中只记录了上车时间，没有上车站点，这就需要对上车站点进行推测。

当一个出行者在一天中有多次公交出行时，如果其下一次公交出行的起点为本次公交出行的终点，那么本次公交出行可称为具有连续性的公交出行。对于一天中的最后一次公交出行而言，如果其出行终点为当天第一次公交出行的起点，那么最后一次公交出行也称为具有连续性的公交出行，根据公交出行连续性假设可以依次得到乘客的四次乘车记录中的下车站点。

基于公交出行的连续性概念和假设条件，利用相应的算法对一次公交出行的下车车站位置进行推测。目前常用的三种上车站点推测方法如下：

第一，GPS 数据融合法，根据上车时间匹配 GPS 对应时间的位置来推测上车站点，如图 8-3所示。

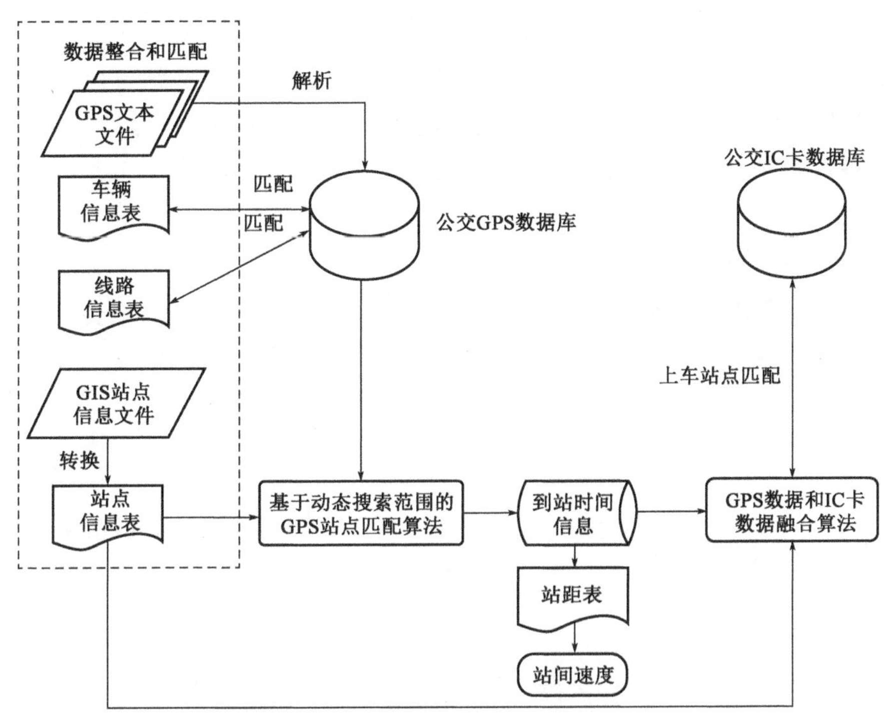

图 8-3　GPS 数据与交通一卡通数据融合法

第二，上车时间聚类方法，基于上车时间聚类推测上车站点，同一站点上车的记录刷卡时间间隔较小，而不同站点上车的记录刷卡时间间隔就大。

第三，上车站点区段方法，针对第二种方法的不足，提出线路区段的概念，并利用区段 OD 来代替站点 OD。

2. 分段计价制线路

分段计价制线路需要乘客上下车时进行两次刷卡，通常其交通一卡通原始数据通常包含用户卡号、上下车时间、线路和上下车站点等信息。然而部分地区（如北京）原始数据中缺少上车时间等关键信息，还需进一步推测与信息补全。

目前常用的两种上车时间推测方法如下：

(1)基于客流下车时间推测上车时间：在缺少线路位置数据的情况下，可以通过客流下车时间来推测客流上车时间，客流上下车主要包括三种情况，具体如图 8-4 所示。

上下车客流均有：本站上车时间取下车时间中位数。

无下车人员：本站上车时间取前后相邻两站上车时间中位值推测。

无上车人员：本站到站时间取前后相邻两站下车时间中位值。

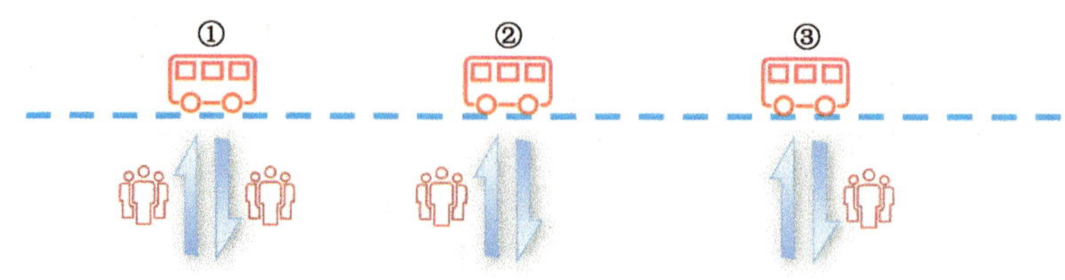

图 8-4　公交客流上下车类型

首站上车人员时间:①计算两站之间距离与公交车平均行驶车速之间的比值,根据下一站下车乘客时间向前推测;②若情况①无法计算时,时间赋固定值,处理过程中将其滤掉。

(2)GPS 数据融合法:如果有线路位置数据,也可以采用 GPS 数据融合法,根据上车站点的经纬度匹配 GPS 对应位置的时间来推测上车时间,这一方法通常更为精确。

四、数据分析

1.数据分析的内容

城市公共交通是现代城市的主动脉,是城市活动中不可须臾停滞的重要手段,在现代化都市中占有极其重要的地位。随着社会经济水平的提升、人们生活质量的提高以及交通方式的快速发展,人们跨区域出行的需求也加速增长,全国互联互通卡给跨区域出行提供了极大的便利,为了提升公共交通的服务质量,需要对区域客流、跨区域客流情况进行分析。

因此,基于互联互通的一卡通数据的服务应当突破城市范畴限制,不断从异地交易、客流规律以及用户消费习惯等角度提出交通一卡通数据分析的主题,目前主要的数据分析内容有:

(1)异地交易分析。

异地交易分析通常包括:全国不同省份、城市群不同省份或城市、省内不同城市之间的交通迁徙情况;按照不同的出行方式(商户类型)从发卡、收单统计角度各机构、各城市、各省的交易量、交易金额等指标;交通一卡通和二维码交易的对比分析;省级的差错统计;备付金变动情况统计等分析。

(2)本地交易分析。

本地交易分析通常包括:时空维度下的出行规律分析、居民出行特征(出行时段、迁徙、热点区域,换乘等)、线路运营特征分析(饱和度、上下客的频繁度、热点下客站点、热点上客站点等)、不同交通方式下各区域的人流量特征以及结合单价数据分析的出行时长、距离等指标。

(3)专题化分析。

基于交通一卡通数据,还可以进行各类专题化的分析,一般有:

①伪跨区域交易识别。

②结合单价统计各地区异地交易的出行者的在不同出行方式上的出行特征,进而得出各地居民的消费理念等量化指标。

③对居民出行特征进一步进行分析,得出居民出行规律(出发热点区域、目的地热点区域等信息)。

④结合本地交易分析异地交易的比例情况。

⑤结合本地交易、本地互联互通卡的发卡情况分析互联互通卡的使用率、使用频率等，进而得出互联互通卡在各地区的受欢迎程度。

2. 数据分析的方法

数据分析的技术方法有很多，且存在多种分类法。根据分析任务，可分为分类或预测模型分析、数据总结、聚类、关联规则分析、序列模式分析、依赖关系或依赖模型分析、异常和趋势分析等等；根据分析对象，可分为关系数据库、面向对象数据库、空间数据库、时态数据库、文本数据源、多媒体数据库、异质数据库、遗产数据库等；根据分析方法，可粗分为机器学习方法、统计方法、神经网络方法和数据库方法。

(1)分类与回归模式。

分类就是构造一个分类函数(分类模型)，把具有某些特征的数据项映射到某个给定的类别上。该过程由两步构成：模型创建和模型使用。模型创建是指通过对训练数据集的学习来建立分类模型；模型使用是指使用分类模型对测试数据和新的数据进行分类。其中，训练的数据集是带有类标号的，也就是说分类之前，要划分的类别是已经确定的。通常分类模型是以分类规则、决策树或数学表达式的形式给出的。

解决分类问题的方法很多，单一的分类方法主要包括决策树、贝叶斯、人工神经网络、K-近邻、支持向量机和基于关联规则的分类等，每一种方法对应的算法各异。此外，还有组合单一分类方法的集成学习算法，如装袋(Bagging)和提升/推进(Boosting)等。

回归分析时根据自变量和因变量来确立变量之间的因果关系，然后建立回归模型，并根据实测数据来求解模型中的各项参数，观察评价回归模型是否能够很好地拟合实测数据。如果能够很好地拟合，则可以根据自变量做进一步预测。

回归算法是试图采用对误差的衡量来探索变量之间的关系的一类算法。回归算法是统计机器学习的利器。常见的回归算法包括最小二乘法(Ordinary Least Square)、逻辑回归(Logistic Regression)、逐步式回归(Stepwise Regression)、多元自适应回归样条(Multivariate Adaptive Regression Splines)以及本地散点平滑估计(Locally Estimated Scatterplot Smoothing)。

(2)聚类模式。

聚类可根据数据的不同特征，将其划分为不同的数据类，使得属于同一类别的个体之前的距离尽可能的小(很高的相似度)，而不同类别上的个体间的距离尽可能得大(相似度尽可能的小)。聚类的算法多种多样，主要分为五类：划分方法、层次方法、基于密度方法、基于网格方法和基于模型方法。

(3)关联模式。

关联模式旨在发现数据项之间存在的某种关联规则，它是对归集在数据库中不同对象之间关联性及程度的描述，反映一个事件和其他事件之间的依赖或关联。

数据库中的数据一般存在着关联关系，也就是说，两个或多个变量的取值之间存在某种规律性，数据库中的数据关联是现实世界中事物联系的表现。数据作为一种结构化的数据组织形式，利用其依附的数据模型可能描述数据间的关联。但是，数据之间的关联是复杂的，有时是隐含的。关联分析的目的就是要找出数据库中隐藏的关联信息。关联关系分为简单关联、时序关联、因果关联、数量关联等。这些关联并不总是事先知道的，而是通过数据库中的数据关联分析获得的，因而具有价值。

为找出数据间有意义的关联规则，实现需要设置两个阈值：最小支持度（Minimum Support）和最小可信度（Minimum Confidence）。分析出关联规则必须满足用户规定的最小支持度，它表示了一组项目关联在一起需要满足的最低联系程度。分析出的关联规则也必须满足用户规定的最小可信度，它反映了一个关联规则的最低可靠度。

关联分析的算法主要有经典的贫集算法、改进的贫集算法、FP-树贫集算法、多层关联规则挖掘以及多维关联规则挖掘。

（4）序列模式。

序列模式是描述基于时间或其他序列的经常发生的规律或趋势，并对其建模的一种分析方法。一个典型的例子就是在购买计算机的顾客当中，70%的人会在半年内购买内存条。序列模式将关联模式和时间模式结合起来，重点考虑数据之间在时间维上的关联性。有三个参数的选择对序列模式挖掘的结果影响很大：序列的持续时间 t，也就是某个时间序列的有效时间或者是用户选择的一个时间段；时间折叠窗口 $w(w \leq t)$，在某个时间内发生的事件可以被看作是同时发生的；所发现模式的时间间隔。常用的时序算法主要有指数平滑法、GM 灰色理论、RBF 神经网络以及多元回归。

（5）偏差分析。

偏差是对差异和极端特例的描述，如聚类外的离群值不，不满足规则的特例等。大部分数据挖掘方法都这种差异信息视为噪声而丢弃，然而在一些应用中，罕见的数据可能比正常的数据更有用。比如信用卡的欺骗检测（Fraud Detection），通过检测一个给定账号与其历史上正常的付费相比，可以付款数额特别大这一异常数据为依据来发现信用卡被欺骗性使用。

（6）其他常用方法。

其他常用的数据分析方法有模糊方法、粗糙集方法、人工神经网络以及遗传算法。

五、数据服务

通过交通一卡通大数据的分析，可以衍生出多维度的数据服务，而数据服务又可以进一步改善公共交通的服务水平，为城市公共交通发展建立良性循环。目前，基于交通一卡通的大数据服务主要包括：

1. 评估政策效果及重大活动影响

针对票制票价改革、重大活动、特殊卡种发放等政策活动，基于交通一卡通大数据，可以进行事前仿真，事中监控，事后评估，充分体现大数据在政策实施过程中的支撑作用，为政府部门更好地服务大众提供支持。

2. 支撑城市规划

当今，我国城市经济、文化高速发展，需要及时调整城市规划策略与之匹配，否则会出现延缓城市发展进程，产生各类城市疾病。基于交通一卡通大数据，从公众出行需求以及出行行为特征分析入手，为城市规划提供数据支撑，衍生新的以人为本的规划理念，使城市规划更具人情味。

3. 分析特定人群出行规律与需求

对于不同类型的人群（如中小学生、大学生、残疾人、老年人等等）进行出行分析，是城市精准治理的关键技术，也是完善治理体系的重要环节，从而进一步深入以人为本的城市治理理念。

4. 优化公交系统

改善公共交通的供给情况可以给公共交通用户和运营企业双方都带来好处。首先，在与私家车等私人交通方式竞争的情况下，通过提供快捷高效的公共交通运输服务，可以为乘客创造更好的出行体验，提升公交吸引力。其次，科学优化的公共交通系统可以减少路线重复和冗余，提升公交运行效率，吸引更多客流从而增加收入，同时改善公共交通经营的财务可持续性。

5. 城市感知预警

城市感知是一种人性化的城市建设思路，旨在激励研究者及设计师以辨识和利用人们多维度的感官体验为出发点，强化城市空间的感知力度，拓宽感知城市的方式方法，促进更具社会意义的城市设计。基于交通一卡通大数据，构建城市交通感知与预警平台，通过对地面公交车、轨道交通的流量、流速实时监测，协助相关部门及时判断城市交通状况，研判各类交通事件的严重性和持续时间，制定有效的应急策略。

六、技术演进

1. 数据多元化及知识图谱技术的发展

随着交通一卡通相关技术的快速发展、交通一卡通应用场景的扩展以及数据采集的时效性增强，针对交通系统中产生的海量、多源、异构、异质的数据，缺乏统一的数据组织与管理，无法完整描述交通系统的特性和统一动态变化。针对交通中数据的特性，可以考虑使用动态建立交通领域知识图谱来帮助交通数据及知识的统一组织和管理。现有从结构化数据到知识图谱模式层的本体构建有两种方式。

（1）直接映射，即利用关系型数据模式生成对应的局部本体。

（2）映射到已有的本体中。

由于交通数据中包含海量多源数据，数据库结构比较庞杂，手动构建本体，并完成数据源到知识图谱的映射，是一个十分浩大的工程，故需设计映射规则完成从关系型数据库中到本体的自动构建，本体的自动构建需要考虑根据数据库的特性设计映射规则。2011 年，主要采用一种从关系型数据库的表列约束、触发器等触发的方法，根据数据库和语义网的特点，给出了通用的映射规则，列出了十种主外键结合方式。2012 年，范畴论引入本体对齐，定义本体对齐为态射集，其中本体作为范畴论的对象。本体集成是实现异构本体之间知识重组、共享和重用的有效方法。2013 年，数据库管理方法分为数据驱动的全面更新和增量更新。全面更新需要更新后的全部数据为输入，从零开始构建，需要消耗大量资源，而增量更新仅以新增数据作为输入，资源消耗小，但目前仍需大量人工干预。知识更新的关键则是知识图谱模式层本体库的本体更新，可以使用本体对齐，以及局部本体与全局本体的集成等技术。2014 年，张凌宇构建了一种视图本体集成系统 OIS-View，首先通过查询的方式将多个局部本体集成到一个全局视图；然后整合各个局部本体之间相同或者相似的元素，并得到一种网状的知识模型；最后将网状知识模型转换成树型结构模型以得到集成后的全局本体。2015 年，出现 BOOTOX 系统，即从关系型数据库中抽取本体和映射，并将其用于工业和研究。2016 年，Zlatan 引入本体对齐是在两个源本体之间寻找相似性过程的理念，用来解决相同领域的知识本体异质的问题，整合本体知识体系。

2. 区块链技术的发展

传统的解决方案中，数据通常是以中心化的方式存储，本应共有的业务数据却被强势的参与方持有。这种模式下，数据的可信度是由数据持有者的商业或社会信用来保证的，只能建立主观的可信，对于一些重要的领域，仍需要付出额外的成本来规避数据被恶意篡改的风险。

区块链的解决方案是结合了密码学哈希和数字签名，以区块链条的形式将数据的变更历史按时间先后连在一起，并通过共识协议使得参与的各方都共同拥有这些数据。由于多方分别持有相同的数据副本，并且数据被签名确认，并记录数据的“指纹”（哈希值），以密码技术保证了数据无法被篡改，数据因此变得可信。区块链使数据持有变得去中心化，以技术手段实现数据客观“可信”。

区块链技术是电子加密货币的底层技术。同时，区块链也是一个交易数据库，其中存储的是在系统中由所有节点共享的信息，称为分布式加密总账本。通过这个总账本，区块链实现了其不需要一个中央权力机构或受信任的第三方来协调互动、验证交易或监管行为的特征。一个区块链上的完整副本包含了每一个曾经执行的交易，使得历史上的任何信息都可以被任何一个参加的节点所访问。简单来讲，区块链包括三个要素共享状态、更新规则、历史相关模型。这三个要素解决了分布式加密总账本的三个主要问题：①数据保存功能；②实用于所有节点的更新规则，解决了数据安全性的问题；③使用历史相关使得数据保存实现一致性。这样，区块链技术使得数据通过协议在多个独立计算机组成的网络间实现一致性。由于采用了数字加密技术，数据的安全性也得以保证。

目前，区块链巨大的应用价值已被广泛认可，但是区块链的技术发展却还没有到达成熟阶段，尤其在企业级应用方面，区块链的交易并发能力、数据存储能力、通用性、功能完备性、易用性都还存在明显不足。

区块链有着去中心化、点对点传输、透明、可追踪、不可篡改、数据安全等特点，随着后续区块链技术的不断成熟，能够用来解决现有公交一卡通数据分析业务的一些痛点，实现业务模式的创新。

3. 边缘计算

边缘计算起源于传媒领域，是指在靠近物或数据源头的一侧，采用网络、计算、存储、应用核心能力为一体的开放平台，就近提供最近端服务。其应用程序在边缘侧发起，产生更快的网络服务响应，满足行业在实时业务、应用智能、安全与隐私保护等方面的基本需求。边缘计算处于物理实体和工业连接之间，或处于物理实体的顶端。而云端计算，仍然可以访问边缘计算的历史数据。

边缘计算技术取得突破，意味着许多控制将通过本地设备实现而无须交由云端，处理过程将在本地边缘计算层完成。这无疑将大大提升处理效率，减轻云端的负荷。由于更加靠近用户，还可为用户提供更快的响应，将需求在边缘端解决。

随着边缘计算技术的进一步发展，能够为现有交通一卡通数据的分析提供新的技术支撑，提高数据处理分析的效率。

第三节　交通一卡通数据安全

一、交通一卡通数据隐私保护

交通一卡通数据从两个方面对数据进行隐私保护，一是通过数据存储、密码设置、存储介质的选择、数据权限的控制以及数据脱敏处理等方面保证数据存储安全可靠。二是数据使用方面，确保数据接入安全，在数据传输过程中，符合相关规范和标准，进行加密和脱敏处理。

1. 数据存储

(1)密码设置。

密码设置应具有安全性、保密性，不能使用简单的代码和标记。密码应每三个月定期修改，如密码遗失，发现或怀疑密码泄露应立即修改，并记录用户名、修改时间及修改人等内容。敏感计算机系统和设备的口令密码设置应在安全的环境下进行。

(2)存储介质。

所有备份介质必须明确标识备份内容和时间；所有备份介质进行编号统一管理，并实行异地存放；所有数据备份介质应注意防磁、防潮、防尘、防高温、防挤压存放；任何存储媒介入库或出库需经过授权，并保留相应记录，方便审计跟踪；关于文件的清退、销毁要建立定期的文件清理制度，定期做好文件的清退和销毁工作，并且严格履行登记手册。

(3)权限控制。

任何终端不得访问用于数据分析的服务器；对于不同角色进行访问时，应设置不同权限。

(4)数据脱敏。

对敏感数据应进行脱敏，经过模糊化处理，实现敏感隐私数据不能反推保证安全性、可靠性；对于所有敏感数据可通过加密保证数据安全性、可靠性。

2. 数据使用

(1)接入安全控制。

接入安全控制包含身份识别、权限控制、访问控制、操作日志四个方面。

(2)数据脱敏和数据加密。

对敏感数据应进行脱敏，经过模糊化处理，实现敏感隐私数据的可靠性；对于所有敏感数据，应进行加密。

(3)数据传输。

在对数据信息进行传输时，应该在风险评估的基础上采用合理的加密技术，选择和应用加密技术时，应符合相关规范；机密和绝密信息在存储和传输时必须加密，加密方式可以分为：对称加密和非称加密。机密和绝密数据在传输过程中必须使用数字签名以确保信息的不可否认性，使用数字签名时应符合相关规范。

二、交通一卡通数据安全

1. 数据安全

数据安全属于数据治理体系范畴，主要是从保护客户隐私的角度出发，定义并划分数据的安全等级，并且对各类环境之间数据处理过程提出脱敏要求，从而确保客户的数据安全。

2. 数据安全建设原则

建立交通一卡通完善的体系化的安全策略措施，全方位进行安全管控，通过多种手段保障数据安全，完成数据“存、管、用”的数据治理安全，做到“事前可管、事中可控、事后可查”。事前可管，全面分析系统，及时发现存在安全风险的环节设置防线，防患于未然。事中可控，利用敏感数据管控、隐私信息保护等手段，密切关注用户、工作人员操作，确保安全实施。事后可查，记录用户所有访问痕迹，保留用户操作日志提供审计。

3. 数据安全划分等级原则

(1)分级合理性。

数据信息和处理数据信息分级的系统应当仔细考虑分级范畴的数量以及使用这种分级所带来的好处。过于复杂的分级规划可能很累赘，而且使用和执行起来也不经济实用。

(2)分级周期性。

数据信息的分级具有一定的保密期限。对于任何数据信息的分级都不一定自始至终固定不变，可按照一些预定的策略发生改变。如果把安全保护的分级划定的过高就会导致不必要的业务开支。

4. 数据安全等级评估——安全等级定义

生产数据按照安全等级通常划分为低级、中级、高级，在具体操作层面，需要进一步细化安全分类的划分依据。

5. 数据安全管理技术功能

数据安全管理技术功能包含四个内容，分别为：数据使用、数据封装、数据处理及数据存储。数据使用包括接入安全控制和数据安全防护；数据封装包括数据最小化、数据脱敏、数据文件加水印等方面；数据处理包括数据安全防护和业务逻辑安全；数据存储主要指存储设备访问控制，包括身份识别、权限控制、访问控制、操作审计等方面。

6. 数据安全管理要求

数据安全的重要管理制度是“三权分立”管理制度。“三权”是指：数据库管理权限、隐私数据安全管理权限以及审计权限。三个权限分别掌握在不同的管理员手上，三个管理角色的权限相互独立、互不重叠，不允许越权，且相互制衡。

(1)数据库管理。

数据库管理员（以下简称 DBA）主要负责大数据平台的维护和管理，数据库设计方案及规划。DBA 拥有数据库最高的操作权限。经过隐私保护实施后，数据库中将不包含任何隐私信息。DBA 角色能够获取所有的数据，但无法读懂隐私信息，DBA 无法获取隐私信息保护的策略和密钥信息。

(2)隐私数据安全管理。

安全管理员（以下简称 SA）主要负责获取隐私信息属性，管理和配置去隐私处理的策略和密钥信息，制定版本更新计划和历史版本归档工作。SA 掌握所有去隐私处理使用的策略和密钥，但 SA 没有访问大数据平台任何主数据库的权限，无法获取隐私信息。

(3)审计权限。

审计员属于统一安全管理平台的专门的事后审计管理角色，审计专员有权限对 DBA 和 SA 的任何操作进行审计。一旦发现违规的行为可以及时通告和升级处理。

第九章　交通一卡通大数据应用与实践

第一节　交通一卡通数据服务体系

一、服务体系

交通一卡通作为一种支付功能的载体,首先具备应对各类支付场景的基本服务,另外基于其支付应用场景和后台数据分析而衍生出其他不同领域的数据服务。

目前,交通一卡通可以实现的基本服务包括交通服务、市政服务、金融服务、生活服务、定制服务等。

(1)交通服务:主要指乘坐城市内各类型交通工具或支付相关交通费用的功能,如乘坐地铁、公交车、铁路、出租汽车、公共自行车、定制公交,以及支付油费等。

(2)市政服务:办理发行养老助残卡、见义勇为卡、学生卡、残疾人卡、民政一卡通、居住证、居住登记卡等公共服务卡;为城市公园年票管理中心提供年票月票服务;用于燃气缴费、手机话费缴费、拨打公共电话、福利彩票、环保回收等服务。

(3)金融服务:用于银行自助充值及手机支付充值等服务。

(4)生活服务:超市、药店、商场、餐饮等领域的支付服务。

(5)定制服务:为企业、园区、高校、厂矿等提供定制化的一卡通服务。

交通一卡通使用过程中产生海量的数据,这些数据是相当宝贵且具有较大利用价值的。交通一卡通服务除了基本的各类支付服务,还可以基于其支付场景以及后台数据的分析,提供各类衍生的数据服务。基于数据的挖掘分析,可以为政府、企业和个人提供评估、决策支持、产生设计等不同类型的服务,具体内容将在后文详细说明。

二、数据服务

公共交通具有大众型和共享型的性质,服务于社会的绝大多数人。然而,公共交通的运营与政府、公交运营企业和普通乘客都存在一定程度的相关关系。所以,交通一卡通数据不仅可以直接用于分析公众的出行特征,也可以通过各种分析服务于政府的公交发展规划和企业的公交运营优化。

在交通一卡通数据服务应用体系中(图9-1),政府、企业和公众都是数据服务的对象,具体的服务内容又可以分为政府政策效果的评估、城市规划工作的数据支撑、公交线网的调整优化、特定人群的特征分析,以及城市感知与预警等。以下就服务内容进一步说明。

1.服务政府

基于交通一卡通大数据,通过开展特定区域职住平衡分析、公交运营日常监测等技术与手段,为政府进行政策效果评估、城市规划等工作提供有力的支撑。

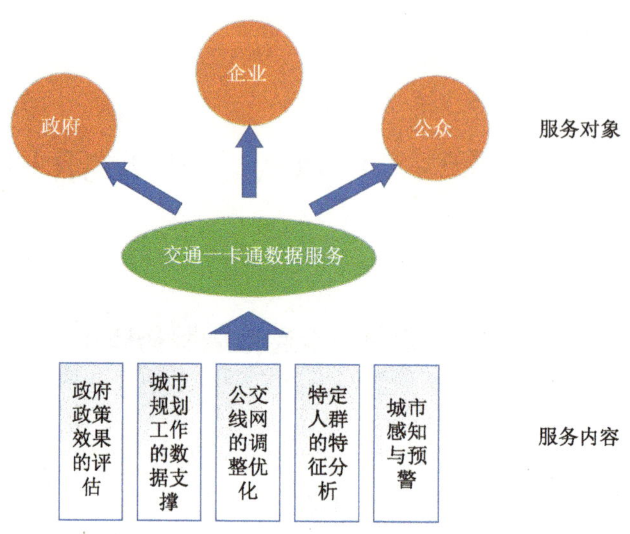

图 9-1 交通一卡通数据服务体系

通过对特定区域进行职住平衡分析，政府部门根据分析结果，可以改善区域因职住情况而带来的交通、生活等问题，提高居民的生活质量。构建城市公交实时监控平台，监测内容包含各条公交、地铁线路客流等信息。政府部门根据监控平台可以实时掌控公交、地铁的站点流量变动情况、换乘状况、客流的来源地和目的地，分析不同线路不同时间段下流量变化的原因，根据分析结果提出相应的改善措施，提高公共交通的服务水平，加强公共交通的吸引力。

2. 服务企业

大数据是指无法用常规软件工具进行捕捉、处理、利用的一定时间段内产生的海量数据，是需要新处理技术、模式才能进行处理和利用的数据集合。对大数据的挖掘分析能够有效辅助企业管理层做出具有更强实践性的决策力，有效弥补管理层在发现力、洞察力上的缺失，为企业生产经营流程、组织架构、市场定位的优化提供海量、高价值的信息。

公共交通相关产业亦是如此。公共交通是一个城市交通的基础，其发达、便利程度也与城市交通顺畅程度紧密相关。精准提升公共交通系统的合理规模与服务水平，为市民提供更加便捷的公共交通出行服务，都需要交通一卡通大数据的支撑。

例如，移动通信设备基本具备精准的 GPS 定位和畅通的无线传输网络，基础运营商与公共交通管理部门共同开发的 App 可以为出行人员提供最近的公交车、地铁站位置，车辆到达时间，提供抵达目的地的便捷路线，提供支付共享单车、预约出租汽车的调度和管理服务，为市民出行提供最大的便利，有效提高公共交通资源利用效率；为出租汽车驾驶员提供路面交通“实时路况”，提供行驶抵达目的地最近、最顺畅的路线数据。

上述公共交通的精准营销都依赖于大数据的汇集、整理和分析。因此，交通大数据可以为相关企业营造更大的发展空间。

3. 服务公众

通过交通一卡通大数据可以实现对城市路网的实时监控，监测特定时段内公共交通路网的动态变化,直观展现人群出行情况;通过一卡通大数据可以分析各类出行人员出行特征,优化公共交通线网,为公众出行带来更好的出行体验。

第二节　应用与实践

本节主要结合北京地区的交通一卡通数据实践案例,进一步阐述交通一卡通数据服务体系中各服务内容的具体应用。

一、政策效果及重大活动影响评估案例——纪念中国人民抗日战争暨世界反法西斯战争胜利 70 周年阅兵式(简称 9・3 阅兵)限行评估

1. 阅兵限行背景

北京市作为首都同时也是超大型城市,交通拥堵问题十分突出,加之经常承办各种活动,交通管控矛盾尤为明显。北京市政交通一卡通公司基于交通一卡通的海量数据,联合相关数据研究机构就重大事件(如奥运会、亚太经合组织会议、阅兵等)单双号限行的公共交通出行规律进行了系列探索,为政府部门重大交通控制的决策提供数据支撑。

9・3 阅兵机动车限行日期自 2015 年 8 月 20 日起开始,至 2015 年 9 月 3 日结束,限行机制为车牌尾号单双号限行。

2. 限行影响分析

通过对比 9・3 阅兵机动车限行前与 9・3 阅兵机动车限行期间一卡通数据(分析的样本数据量约为 5.41 亿笔)发现:一方面,9・3 阅兵机动车限行期间日均刷卡量显著增加,单双号限行期间相对限行前公共交通出行总量增长 6% ~7% ,具体如图 9-2 所示;另一方面公交线路受限行影响,客流变化幅度更大,限行期间主干道公交线路客流变动如图 9-3 和表 9-1 所示,以经由长安街的 1 路、经由二环路的 44 路和经由三环路的 300 路快三条公交线路为例,公交客流的增加幅度均在 10% 以上,工作日客流增加幅度最大的是 300 路快,非工作日客流增加幅度最大的是 1 路。机动车限行后自驾车转为公共交通出行趋势明显,此次分析为后续大型活动制定限行政策和公共交通的资源优化配置提供了数据支撑。

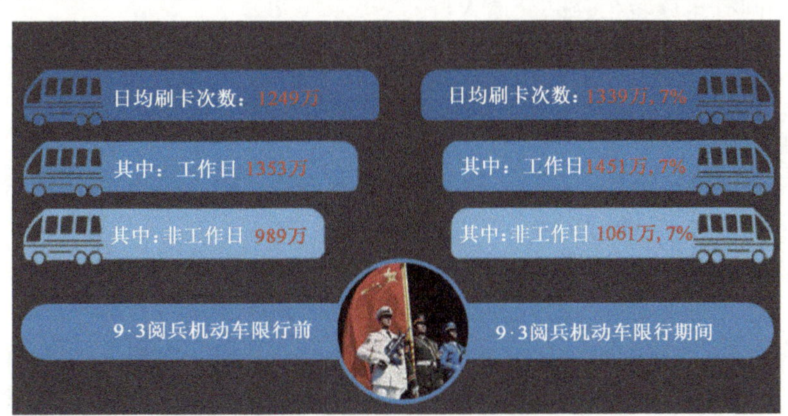

图 9-2　9・3 阅兵机动车限行前与 9・3 阅兵机动车限行期间刷卡量变化图

另外根据数据分析发现,在限行期间,除了有车族大量转至公共交通外,公租自行车使用人群显著增加。

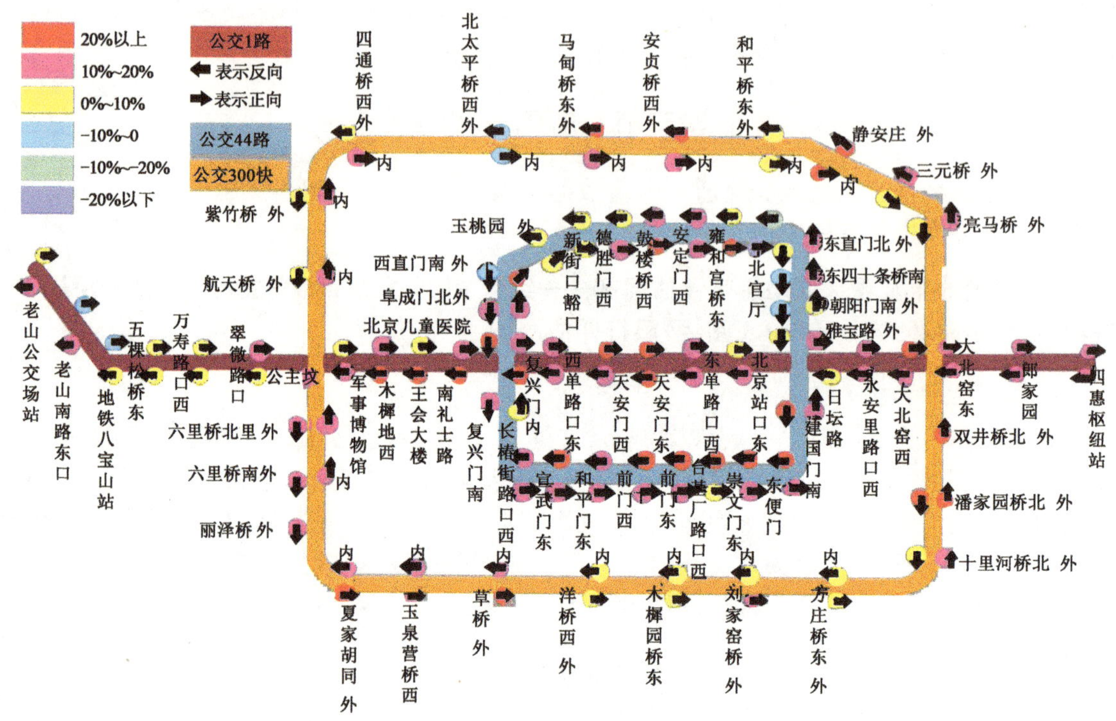

图 9-3　9·3 阅兵机动车限行前与 9·3 阅兵机动车限行期间主干道典型公交线路客流变动图

主干道典型公交线路客流增加幅度　　表 9-1

公交线路	工作日	非工作日
1 路	12%	23%
44 路	14%	18%
300 路快	15%	18%

(1)限行期间有车族转至公共交通人群。

有车族的出行结构，由私家车出行转至公共交通出行，公共交通出行次数显著增加，数据分析结果如图 9-4 所示。

(2)公租自行车人群增加 10%。

北京市限行措施实施后，从自行车刷卡次数区间分布图中(图 9-5)发现，限行后的卡数量明显高于限行前，公租自行车人群总体上上涨 10%。

二、城市规划支撑——首都副中心职住与公交客流分析

1. 首都副中心(通州新城)职住平衡分析

由于北京通州新城经过一系列改造，常住人口数量和结构发生改变，在通州居住且在外区工作的人群中，朝阳、海淀、石景山最高，通州工作外区居住的人群中，朝阳、丰台、大兴最高。

根据该分析结果，可以进一步分析通州新城的出行特征和出行需求，为通州新城城市规划工作提供数据支撑。

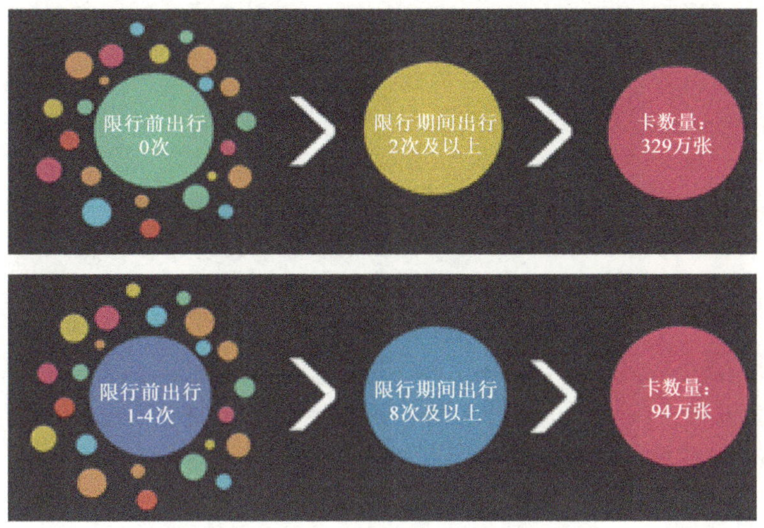

图 9-4　有车族转至公共交通变动图

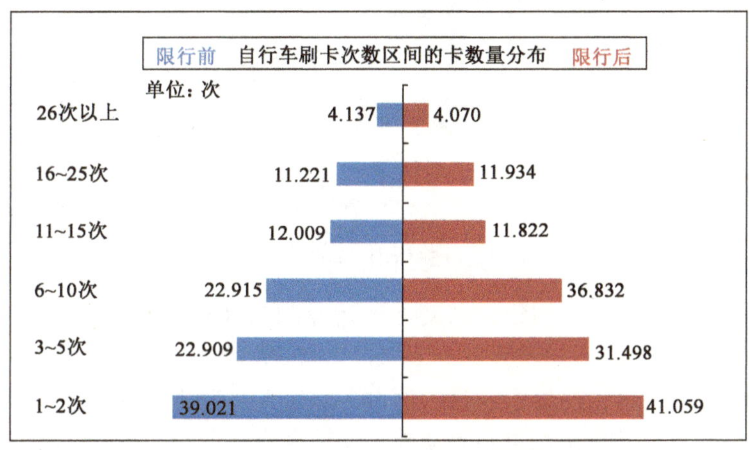

图 9-5　公租自行车人群变动图

2. 通州公交交通网格化客流量

利用交通一卡通数据，可对通州公共交通网络进行流量监控，通过对通州新城区域实现精细化网格管理。

根据通州新城公交网络客流量的差异对比，可以有针对性地提出规划建议，为居民提供更加快速便捷的出行服务。

三、特定人群分析——某市中小学生群体出行特征分析

在特定人群分析中，分别针对 0 ~ 10 公里、10 ~ 20 公里和大于 20 公里三个出行距离区间，进行中小学生群体出行分布分析，经分析，20 公里以下的出行分布都较为集中，而 20 公里以上的中小学生出行分布则相对分散。而且 10 ~ 20 公里的出行人数居多。

另外，通过分析中小学生和通勤人群的出行距离分布，对比发现，中小学生乘车距离 0 ~ 6 公里短程出行的人数占比居多，6 ~ 14 公里的人数骤减，大于 14 公里的人数占比很少，见图 9-6。

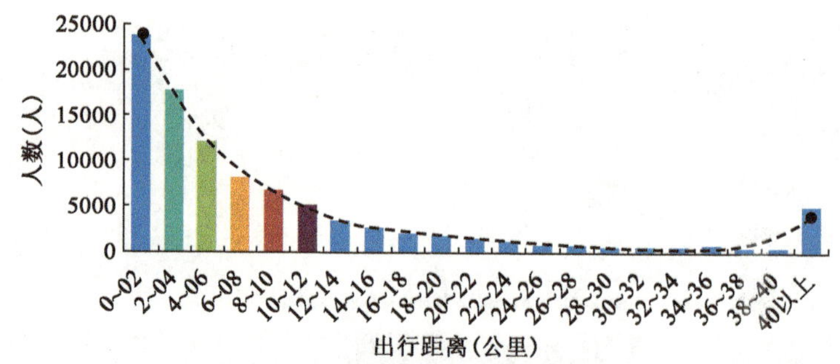

图 9-6 中小学生乘车距离分布图

从通勤人群乘车距离分布图(图 9-7)可以发现,2 ~ 12 公里的出行人数占了很大的比例,小于 12 公里和 12 ~ 18 公里的出行人数相对少,大于 18 公里的出行人数占比很少。可以认为,与中小学生相比,通勤人群的乘车距离多是长途。

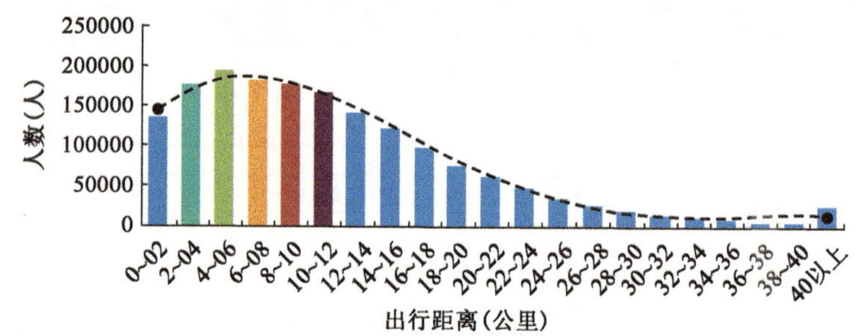

图 9-7 通勤人群乘车距离分布图

四、公共交通优化——公交运行监测与优化平台

基于交通一卡通数据,可以构建公共交通运行监测与优化平台,服务政府及企业。以下案例是北京市市政一卡通公司的轨道运行监测与优化平台,该平台可以实现公共交通客流的实时监测,根据线路客流监控界面包括线路/站点流量变动、换乘状况、来源地和目的地等几个因素,对各个地铁线路客流量进行数据分析,并生成公共交通组织优化调整方案建议,如图 9-8 所示。

图 9-8 线路客流监控界面图

五、城市感知及预警——某市公交及轨道客流量预测

1. 公共交通客流预测模型

(1)预测算法:BMAC - KL,主要采用回归 + ARIMA 形式的时间序列预测算法。

(2)主要影响因素:天气、工作日/节假日/周末、汽车限行、季节变动、线路调整及新开通线路。

(3)建模过程:以历史数据作为训练集,采用滚动建模预测方式得到各周客流量。

2. 预测效果分析

如图 9-9 所示,在非节假日期间,预测刷卡总笔数与实际刷卡总笔数较为接近,说明模型预测效果较好,可以应用于非节假日的公交客流预测。

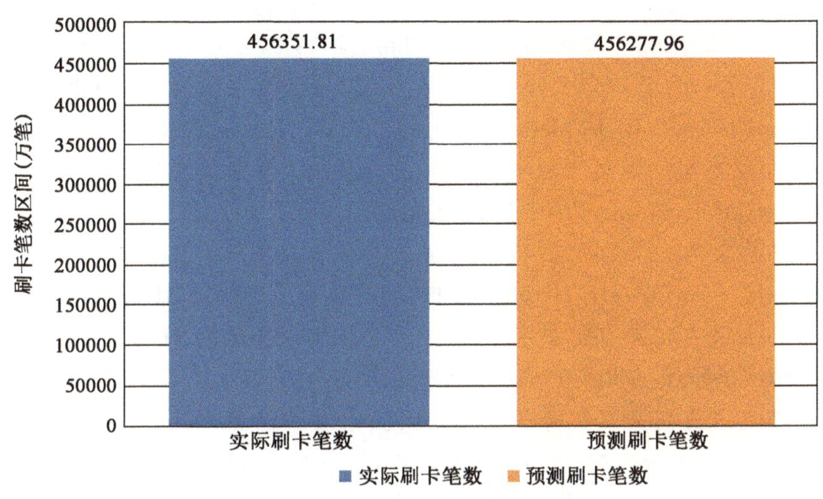

图 9-9　刷卡总笔数-实际值/预测值柱状图

3. 预警

公共交通总体客流、线路客流、站点客流可基于客流感知预测模型进行预测,同时依据历史峰值数据设定上限阈值,若实际客流超过预测值的 20%,可提醒增加站务人员(发卡、充值、退卡员,安全员、志愿者等),若超过上限阈值 20%,则建议采取临时封站等管理措施。

参 考 文 献

[1] 董峥. 一文看全公交卡支付的历史变迁云闪付开启新时代. 一卡通世界[EB/OL]. http://news. yktworld. com/201706/201706270957350189. html,2017-06-27.

[2] CPU 卡和 M1 卡的区别. 建和诚达[EB/OL]. http://www. 66sz. cn/zhuan_show-148. html,2017-11-18.

[3] CPU 卡成互联互通主力 2018 年停止 M1 卡支持. 一卡通世界[EB/OL]. http://news. yktworld. com/201312/201312111622591365. html,2013-12-11.

[4] 多地试行交通刷脸支付,看"脸"的时代要来了. 一卡通世界[EB/OL]. http://news. yktworld. com/201907/201907090854204173. html,2019-07-09.

[5] "长春轨道交通一卡通"与 43 座城市实现互联互通. 新浪吉林[EB/OL]. http://jl. sina. com. cn/news/b/2016-10-19/detail-ifxwvpaq1726517. shtml,2016-10-29.

[6] 2017 年度全国交通一卡通互联互通城市名单发布. 中国交通通信信息中心[EB/OL]. https://www. cttic. cn/info/3016,2018-03-29.

[7] 一篇文章了解全国一卡通进程 12 城市重复发行互通卡. 一卡通世界[EB/OL]. http://news. yktworld. com/201601/201601181419459218. html,2016-01-18.

[8] 全国交通一卡通互联互通城市达 110 个. 中国一卡通网[EB/OL]. http://news. yktchina. com/201612/860ba7d0339567c3. html,2016-12-30.

[9] 交通运输部发布最新全国交通一卡通互联互通城市名单. 中国一卡通网[EB/OL]. http://news. yktchina. com/201903/f0106093d8d926da. html,2019-03-19.

[10] 全国 260 个地级以上城市交通一卡通今年实现互联互通. 中国新闻网[EB/OL]. http://www. chinanews. com/cj/2019/06-11/8861378. shtml,2019-06-11.

[11] 全国百城交通一卡通初步实现互联互通卡已发 125 万张. 一卡通世界[EB/OL]. news. yktworld. com/2011/201611171757567983. html,2016-11-17.

[12] 全国交通一卡通互联互通工作统计报告(2018 年第四季度)[R]. 北京:中国交通通信信息中心,2019.

[13] 谢振东,余红玲,方秋水,等. 日本交通一卡通发展模式与经验剖析[J]. 交通与港航,2014,1(3):58-62.

[14] 日本公共交通 IC 卡全国一卡通互联互通情况. 一卡通世界[EB/OL]. http://news. yktworld. com/201311/201311220933194468. html,2013-11-22.

[15] 国民"西瓜卡"如何应对移动支付时代?. 日本通[EB/OL]. https://www. 517japan. com/viewnews-104773. html,2019-03-20.

[16] 薛高. 陕西省公共交通领域应用金融 IC 卡的经验与建议[J]. 金融科技时代,2016(6):42-44.

[17] 谢振东,方秋水,余红玲,等. 面向智慧城市的交通一卡通产业生态构建[M]. 北京:人民交通出版社股份有限公司,2017.

[18] 中国首颗国产 NFC 控制芯片通过了 NFC Forum 认证. 一卡通世界[EB/OL]. http://

news. yktworld. com/201311/201311121454496144. html,2013-11-12.

[19] 杨文银.试论交通公平[J].综合运输,2006(Z1):13-16.

[20] 省政府关于进一步落实城市公共交通优先发展战略的实施意见[J].江苏省人民政府公报,2014(17):28-35.

[21] 全面推进全省交通一卡通互联互通.江苏省交通运输厅[EB/OL].http://jtyst. jiangsu. gov. cn/col/col61266/index. html.

[22] 刘强,徐锋,何建兵,等.城市交通一卡通可信充值技术方法的研究[J].城市公共交通,2018,244(10):58-62.

[23] 王刚,梅新明,杨蕴.城市公共交通一卡通互联互通技术方案研[J].公路交通科技,2013.

[24] 曹思楠.城市一卡通互联互通发展困境及其对策研究[J].投资与创业,2017.

[25] 张子晗,王望雄,冯宇,等.从统计数据看城市公共交通[J].交通世界,2013.

[26] 张慧,何园娜.公交移动支付评估与风险应对策略研究[J].数码世界,2019.

[27] 李凤.关于交通一卡通互联互通实施难点的思考[N].交通运输部管理干部学院学报,2018.

[28] 王智光.规划先行实施公交优先发展战略[J].城乡建设,2017.

[29] 张鑫然,白雨,纪阳.国外城市公共交通财政补贴政策对于我国的启示[J].现代国企研究,2017.

[30] 谢振东,方秋水,吴金成,等.基于交通一卡通的产业生态研究[J].中国交通信息化,2015.

[31] 李之明,余红玲,吴金成.交通一卡通的产业微生态构建研究[J].交通企业管理,2017.

[32] 郎莹,李四洋,邢国敌,等.交通一卡通互联互通国际化发展分析和展望[J].交通世界,2018.

[33] 周永才,郭媛,吴金成,等.全国交通一卡通互联互通对城市交通一卡通的挑战与机遇[J].交通企业管理,2019.

[34] 杨晓丽,余红玲,赖秋梅.全国交通一卡通清结算问题研究[J].经济研究导刊,2016.

[35] 邹斌,基于全国交通一卡通互联互通区域清分结算系统的研究与设计[D].广东工业大学,2018.

[36] 张春勤.城市公共交通服务治理模式的比较研究[D].上海交通大学,2015.

[37] 马荣国.城市公共交通系统发展问题研究[D].长安大学,2003.

[38] 胡晓伟.城市客运交通系统参与主体经济决策模型研究[D].哈尔滨工业大学,2013.

[39] 刘大龙.轨道交通行业的清分系统设计与实现[D].大连海事大学,2013.

[40] 陈洋.基于移动支付服务价值的互联网支付用户渠道转移行为研究[D].江苏大学,2016.

[41] 高红波.论我国政府在城市一卡通建设中的规制作用[D].吉林大学,2008.

[42] 单其文.我国城市公共交通经济法规制问题研究[D].安徽大学,2011.

[43] 郑翊.新支付环境下TF公司发展策略研究[D].西南交通大学,2017.

[44] 赵存宝.A公司地铁云支付系统项目商业模式研究[D].北京交通大学,2017.

[45] 解飞. SZT 公交卡公司战略转型设计与研究[D]. 北京交通大学,2017.
[46] 日本:公交 IC 卡的跨国销售[J]. 中国交通信息产业(4):133-133.
[47] 谢振东,余红玲,方秋水,等. 日本交通卡发展模式与经验剖析[J]. 交通与港航,2014,1(3):58-62.
[48] 赵笃敬,周伟. 日本交通运输体系发展经验对山东省交通互联互通的启示[J]. 山东交通科技,2018,169(06):106-109.
[49] 重点地区率先实现交通一卡通互联互通[J]. 中国交通信息化,2015.
[50] 王一路,康雪. 制定交通一卡通移动支付技术规范——中国交通通信信息中心成果[J]. 科技成果管理与研究,2018(4).
[51] 明烁. 郑州市公共交通 IC 卡的发展[J]. 中小企业管理与科技(下旬刊),2009(09):121-122.
[52] 李倩. 我国城市交通外部性分析[J]. 山西师范大学学报(自然科学版),2012(S1):86-88.
[53] 王海涛. 我国城市公共交通现状浅析[J]. 改革与开放,2010(14):69.
[54] 谈谈“全国城市一卡通互联互通”发展与建设[J]. 金卡工程,2014(04):26-27.
[55] 李宾,郎莹,张印宝,等. 全国交通一卡通互联互通对社会及经济发展的影响[J]. 交通世界,2017(26):49-50.
[56] 东方瞭望周刊. 全国公交真能一卡通吗? 需建立第三方支付结算机构[J]. 金卡工程,2016(06):23-25.
[57] 交通一卡通互联互通双品牌并行卡与通的转换之道[J]. 金卡工程,2015(4):40-41.
[58] 建设事业 IC 卡密钥管理系统简介[J]. 金卡工程(9):57-58.